核心素养下的语文课堂

# 语文在活动中生长

黄滨 ◎ 著

中山大学出版社
·广州·

版权所有　翻印必究

### 图书在版编目（CIP）数据

语文在活动中生长/黄滨著. —广州：中山大学出版社，2019.12
ISBN 978-7-306-06717-3

Ⅰ.①语… Ⅱ.①黄… Ⅲ.①中学语文课—教学研究 Ⅳ.①G633.302

中国版本图书馆 CIP 数据核字（2019）第 207778 号

| | |
|---|---|
| 出　版　人： | 王天琪 |
| 策划编辑： | 廖丽玲 |
| 责任编辑： | 廖丽玲 |
| 封面设计： | 林绵华 |
| 责任校对： | 杨文泉 |
| 责任技编： | 何雅涛 |
| 出版发行： | 中山大学出版社 |
| 电　　话： | 编辑部 020-84110771，84110283，84111997，84110779 |
| | 发行部 020-84111998，84111981，84111160 |
| 地　　址： | 广州市新港西路 135 号 |
| 邮　　编： | 510275　　传　真：020-84036565 |
| 网　　址： | http://www.zsup.com.cn　E-mail：zdcbs@mail.sysu.edu.cn |
| 印　刷　者： | 广州家联印刷有限公司 |
| 规　　格： | 787mm×1092mm　1/16　14.75 印张　306 千字 |
| 版次印次： | 2019 年 12 月第 1 版　2019 年 12 月第 1 次印刷 |
| 定　　价： | 49.80 元 |

如发现本书因印装质量影响阅读，请与出版社发行部联系调换

本书为广东省教育科研"十三五"规划2019年度教育科研项目——"基于学科核心素养的高中语文活动课教学行动研究"的成果。

# 内 容 简 介

本书作者结合《普通高中语文课程标准（2017年版）》［简称为"新课标（2017年版）"］精神，从教育的本质、语文学科的属性出发，对"核心素养"下的语文教学做了大胆有益的教改尝试。本书包括课程理论、课堂概述、前期准备、教学主张、生成策略以及基本模式、案例评述六大部分，旨在让读者既懂得语文活动课的目的和理据，又掌握具体活动课堂的生成策略和实际操作。本书基本是依循"是什么""为什么""如何做"的写作思路。

目前，同类的书籍一般都集中在理论方面的解读，缺少课例分析，感觉"高大上"难以亲近，对教学的实际帮助不是很大，"核心素养"时代下的语文教学依旧是"新瓶旧酒"。针对这些不足，本书拟凸显如下几点：

1. 遵从语文的属性——综合实践性。贯彻"语言的建构与运用"的新课标理念，把学生做作业的过程变成学生用语言做事的过程。

2. 强化语文的课程意识——课程是经验。立足学生的"学"，让学生在体验中学习，在学科活动中形成学科素养。

3. 回归教育本质——以人为本。摒弃"分数本位""升学本位"的片面思想，真正从人的角度思考教育、定位教育，培育人的素养。

本书的目标读者主要为一线教师（特别是刚入职的新教师），理论简明、策略易懂、案例实用，是作者总结多年教改经验的呕心之作。既有接地气的课例分析，又不乏新课标的理论阐释，是理论结合实际的优秀范本。

# 序　言
## ——学理·学术·学养

张万利

《语文在活动中生长》即将付梓，黄滨老师嘱我写几句话。这让我既感荣幸又觉惶恐，唯恐辜负黄老师的信任，或言不及义，或高度不够，与此专著水准不符。

看到这个书名，心头为之一振。"活动""生长"，恰是语文学习的基本路径与教育追求。这几年，我一直在思考二者的关系，终不明晰。黄老师解了我的心头之惑。我相信，读了本书之后，也一定能解你的心中之惑。

"活动"这一说法、这一要求、这一理念，在《普通高中语文课程标准（2017年版）》中体现得非常彻底。可以说，"新课标"中处处有"活动"，处处要"活动"，处处搞"活动"。

兹举几例说明。

"新课标"在"课程性质"部分指出："语文课程应引导学生在真实的语言运用情境中，通过自主的语言实践活动，积累言语经验，把握祖国语言文字的特点和运用规律，加深对祖国语言文字的理解与热爱，培养运用祖国语言文字的能力。"在"基本理念"部分指出："坚持加强语文课程内容与学生成长的联系，引导学生积极参与实践活动，学习认识自然、认识社会、认识自我、规划人生，在促进人的全面发展方面发挥应有的功能。"

"新课标"在"学习任务群1　整本书阅读与研讨"中要求："教师的主要任务是提出专题学习目标，组织学习活动，引导学生深入思考、讨论和交流。"在"学习任务群2　当代文化参与"中要求："以参与性、体验性、探究性的语文学习活动为主，增加课程与学生成长的联系。""引导学生自主创建各类社团，开展各类语文学习活动，如读书交流、习作分享、辩论演说、诗歌朗诵、戏剧表演等。"在"学习任务群5　文学阅读与写作"中要求：教师应"提供阅读策略指导，适时组织经验分享和成果交流活动"。在"学习任务群10　中国现当代作家作品研习"中要求："要有足够的课时保证学生独立自主阅读，设计促进学生个性化体验的阅读活动。"

举这些例子，只想证明黄老师的研究，不仅来自他多年的实践探索和思考，其探索更与新课改一脉相承，完全体现了语文"新课标"的基本要求。这种实践远远走在改革前面，引领改革、深化改革。

"生长"这一理念，有其深刻的哲学底蕴和教育根源。古今中外的哲学家、教育家对此有关注、有研究、有著述。在本书中，你可以读出黄老师的独特理解和实践。课堂，一定要有生长。有学生的生长，有教师的生长，有教育的生长，更有生命的生长……唯有生长，才能见证课堂的活力、语文的魅力、教育的魔力。生长，是近年来基础教育研究的热门话题。

由此可见，"活动"与"生长"一结合，语文教育必将出现新的面貌。

对这一问题的思考，黄老师不仅有探索、有实践，还有很多成果问世。在这本书之前，《点燃希望的火种》《课本作文》已为此打好了基础。

这种研究充分体现了黄老师的学理、学术、学养追求。

学理，是真研究的基础和根本。要想成为一个真正的研究者，讲究学理是基本前提。人类所有学科的研究皆如此，语文教育教学也不例外。真研究应把基本的道理和思维过程呈现出来，让读者看清楚你的问题、你的分析、你的依据、你的理由、你的主张，等等。真研究不能只是举例、只是观点、只摆问题、只发议论，材料之间不能没有逻辑关系，不能缺乏基本的学科思考。黄老师的研究是讲究学理的。不管是全书的结构脉络、逻辑架构，还是章节间的相互支撑，都讲究学理。对核心概念——活动、生长，阐释得很清晰、很准确；对主要概念——课程观、教师观、学生观、教学观、评价观，顺序和层级排列得很科学。对所研究问题的现状、成因、原理、层次以及解决策略，都有深入的了解和全面的思考，而不是泛泛而论、蜻蜓点水。

学术，则是专业研究的必备品格和基本能力。这里所说的学术与专业机构的理论研究有所区别。它不要求研究者使用一套完整的学术话语体系，或者建立自己独立的话语表述系统。中学教育教学研究者，应立足现有的教学教育现状，从学术的高度来观照，以科学的态度来分析，以严谨的论证来架构，以翔实的数据和案例来支撑，以规范的学术语言来表述。这就是我所说的学术要求和标准。黄老师的研究符合此标准，可为同行示范。该研究既不以艰涩、抽象、空洞的术语唬人，又不同于一般一线教师的教学经验总结和实践分享，而是引经据典，直指教育核心问题，有视野、有思考、有识见。

学养，体现的是研究者的高度、厚度和境界。对一个问题、一类现象能否看得深、想得透，一种研究能否视野开阔、专业引领，一个成果是否有学术价值、有研究意义，全赖学养为后盾。

这里仅以文献的引用来说：卢梭、杜威、皮亚杰、陶行知等教育大家一一出现；自然教育、生活教育、活动教育、建构主义、知行合一等影响后世的教育思想和理念科学运用。正是通过对这些教育大家的思想和理念的活用、化用，因之而生成自己的教育主张——活动、生长。这就是学养的体现。唯有多读经典，亲近大家，不断生长，才能厚积薄发，才能有高度和境界，也才能由教学而教育。一个研究者最终能走多远，应由学养决定。

一个中学语文教师目标清晰、方向明确、孜孜矻矻，穷十几年之精力，思考一个问题，终有大成果问世，可喜可贺！这既是黄老师之福，也是语文同仁之福！从此，我们有了一个科学的"研究案例"可以参照。

当然，该研究还有一些值得探讨和商榷之处。瑕不掩瑜，该研究的实践价值和教育意义一定能产生应有的影响。

期待黄滨老师的研究更上一层楼！

2019 年 7 月 5 日于西安

# 前　言
## ——核心素养时代的语文课堂

语文到底教什么，语文应该如何教？这个问题困扰了我 30 年。想想初为人师的懵懂：不是"拾人牙慧"的照搬照抄，就是机械地做参考书的"传声筒"，教学处于一种完全迷失自我的状态。直到 2004 年，我开始思考教学应该是什么、我应该怎么教、我是否可以做一些改变等一系列教学问题。于是，我开始尝试、开始突围。终于有了不经意间的"演讲式教学"，有了不经意间的"课本作文"。也就是这不经意间的举动，不经意间的开始，促使我不断地思考、不断地学习、不断地向上、不断地生长。直到今天，我才略有感悟、略有收获，才从模糊走向清晰，从懵懂迈向成熟。继《点燃希望的火种》《课本作文》之后，新教法——《语文在活动中生长》成为我近 12 年来不断学习、不断感悟、不断思考、不断摸索、不断实践、不断总结的最终汇报。

### 一、困惑与思考

学习语文本来是愉悦的事，但为什么我们的学生却偏偏不喜欢语文，讨厌语文呢？学生到底需要什么，是课本知识，是一个好的考试成绩，抑或是其他？毕业学生反馈来的信息，让我开始担忧起学生的前途和未来：假如带着仅有的这点课本知识步入社会，他们的能力会怎样，他们的素养又会怎样？作为教师，我知道自己肩上的担子有多重，我告诉自己不能再这样"无效"地进行下去，否则误人子弟。2004 年，我开始了教书生涯的第一次突围。

### 二、认知与改变

随着教学经验的不断累积、理论学习的不断深入，我开始思考更深层次的问题，也慢慢地明白了下述几点。

#### （一）语文课程的本质属性

《普通高中语文课程标准（2017 年版）》给了我清晰的答案："语文课程，

是一门学习祖国语言文字运用的综合性、实践性课程。工具性与人文性的统一,是语文课程的基本特点。语文课程应引导学生在真实的语言运用情境中,通过自主的语言实践活动,积累源于经验,把握祖国语言文字的特点和运用规律,加深对祖国语言文字的理解与热爱,培养运用祖国语言文字的能力。"[①]语文是综合性、实践性的学科,语文活动是语文学习的主要路径。

### (二)"三维目标"与"核心素养"

2001年启动的新课程改革的一个基本标志就是从"双基"走向"三维目标"。从"双基"到"三维目标"再到今天的"核心素养",其中的变迁基本上体现了从"学科本位"到"人本位"的转变。"双基"是外在的,主要是从学科的角度来刻画课程与教学的内容和要求;"素养"是内在的,是从人的视角来界定课程与教学的内容和要求;"三维目标"是由外在走向内在的中间环节,既有外在的,又有内在的东西,只有从"三维目标"走向"核心素养",才能实现教育对人的真正的全面回归。

相对于"三维目标","素养"更具有内在性和终极性的意义。素养是素质加教养的产物,是天性和习性的结合。素养完全属于人,是人内在的秉性。它使人成其为人,决定人的发展方向。素养让我们真正从人的角度来思考教育、定位教育。素养导向的教育更能体现以人为本的思想。

### (三)语文课程意识

课程意识是相对于传统的教学意识而言的。是着眼于学生的眼前还是着眼于学生的未来,是区分教学意识与课程意识的重要标志。

传统意义上的课程是知识。在这种观点支配下的课程通常强调受教育者掌握完整而系统的科学知识,学习者是课程的接受者,教师是课程的说明者、解释者,这就是典型的学科本位和知识中心主义的课程观。从历史发展的角度看,这种课程观有其进步的一面,即便在现代也有其合理的一面。但是站在时代的高度,我们可以明显地发现它的局限性和弊端,对学科知识的完整性和专业化的强调已经越来越成为基础教育的一种通病,关注知识而不是关注人使教育背离了自身的宗旨。

"课程是经验",这种课程定义把课程视为学生在教师指导下所获得的经验或体验,同时也包括学生自发获得的经验或体验。在这种观点支配下的课程

---

① 中华人民共和国教育部:《普通高中语文课程标准(2017年版)》,人民教育出版社2018年版。

通常表现出以下特点：强调和突出学习者作为主体的角色，突出学习者在课程中的体验；注重从学习者的角度出发和设计；以学习者实践活动的形式实施；学习者本人是课程的组织者和参与者。

"课程是知识"的观点是"知识导向教学"的理论基础，而"课程是经验"的观点则是"素养导向教学"的理论基础。

### （四）语文生长课堂

杜威认为教育的本质和作用就是促进儿童本能生长的过程。人的生物性是教育的基础，用"生长"来定义教育，教育对象当然不应该只是生物学意义上的、工具性的、单向度的人，也不应该是抽象的、普遍的人，而应该是具体的、现实的、活生生的完整的人。生命是教育的原点，教育与生命共存。因此，面对有着丰富多彩的生命内涵的学生，教育只有回归到生长本身，才能展示出它的无穷魅力，也只有不停地在生长中对教育展开理解，才能真正理解教育，从而实现生命意义的回归。

本书之所以取名为《语文在活动中生长》，主要是想表达以下四层意思：一是语文的属性——实践性；二是语文的课程意识——语文是经验（体验或活动）；三是生长源于经验（活动）；四是教育的本质——生命（生长）教育。

核心素养下的活动课堂突出如下特点：①教学重心由"教"转向"学"，即由"知识本位"向"素养本位"转变；②学生由被动接受知识，变为主动地在活动中学习知识；③强调课堂的"活动"性。这种活动"有教师和学生真实的、情感的、智慧的、思维和能力的投入，有互动的过程，气氛相当活跃"[1]。在这个过程中，既有资源的生成，又有过程状态生成，它不同于一般的语文活动。

### （五）理想的语文

理想的语文应该是"活"的语文，我心中的语文应该是"鲜活"的语文，我的语文课堂应该是充满生长气息的"活动"课堂：

它应当是有深度的，能激发思维的活力，挑战我们不曾有过的思考；

它应当是有广度的，让我们看到更辽阔的纷繁世界；

它应当是有温度的，和生活的脉搏一起跳动；

它应当是有生命的，和我们的生长一起拔节；

---

[1] 叶澜：《一节好课的标准》，载《中小学教育教学》2014年第6期。

它应当是有长度的,指向未来,与我们的生命同在。

作为人,应该有自己的活法;作为语文,也需要有自己的"活"法。这"活"法,是一种教育的姿态,也是一种教育的情怀。

语文,应当向"生"(生命、生活、生长)而"活"(活力、活水、活动、生活)。

每一个行走在语文教学路上的老师,都在漫漫长路上摸索前行。我也是如此。语文的一课,如人生的一天;语文的三十年,如我的一生。每一课的精益求精,是对语文之"活"法的探讨;三十年的上下求索,是对语文"活"法的苦苦追寻。

在探讨语文之法时,我探寻语文的"活"法,最终寻找到了自己语文的"活"法。立足于生命、生活、生长之上,语文是诗意的栖居和现实的生存。语文作为鲜活的存在,应该活力四射,有"活水""生活""活动"作为助推。

语文向"生"而去,首先必为"活"而生。语文是充满活力的,因为它面对生命,解读曾经的生命和现在的生命留下的思想密码。每一次课堂都是对话,每一次对话都是一次温暖而百感交集的精神旅程。因为发自内心的感动,课堂充满活力;因为积极的思考,生命充满活力;因为奋力地攀登,思维充满活力。

法国启蒙思想家卢梭说:"生命不等于是呼吸,是活动。"英国诗人马修阿诺德说:"具有创造性活动的意识是巨大的幸福,也是人活着的伟大证明。"

语文也是如此。语文不等于听和记,它是"活动",是"体验";语文不等于"坐中学",而是"做中学",在活动中体悟,在体验中生长。语言,在活动中建构;生命,在体验中唤醒。没有生命体验的学习,不是真正的学习;没有生命体验的语文课,不是真正的语文课,至少,它不是完整的语文课。语文只有"活动"才具有生长的气息,语文只有"体验"才彰显生命的活力。

我追寻这样的语文:它熔铸了对生活的思考,引进阅读的活水,它有个性创意的活动,带来一段活力四射的旅程,也指向未来生活的航程。它是学生们终生难忘而又终身受用的语文,诗意和现实同行,云端的漫步和贴着地面的步行并存。

当生命和充满活力的语文相遇,那应该是一幅多么精彩的生活画卷。

作者于 2019 年 7 月 13 日

# 目 录

**第一章 活动生长课堂的课程理论** …………………………………（1）
 第一节 卢梭的启蒙思想：教育即生长 …………………………（1）
 第二节 杜威的教育论断：活动中生长是教育的本意 …………（4）
 第三节 皮亚杰的活动教学理论：以学生为中心 ………………（8）
 第四节 陶行知的"教学做合一"教育思想与新课程改革………（13）

**第二章 语文活动课堂概述** ………………………………………（19）
 第一节 语文活动课产生的背景 …………………………………（21）
 第二节 学科活动特性与语文活动课基本特征 …………………（25）
 第三节 语文活动课与情境 ………………………………………（33）
 第四节 语文活动课与深度学习 …………………………………（36）

**第三章 语文活动课堂的前期准备：十五年教改的孤独前行** …（44）
 第一节 活动课的启蒙期（2004—2006）：演讲式教学 ………（44）
 第二节 活动课的生长期（2006—2007）：课本作文 …………（47）
 第三节 活动课的困惑期（2008—2015）：希望与毁灭 ………（52）
 第四节 活动课的成熟期（2015—2019）：活动式教学 ………（53）

**第四章 语文活动课堂的教学主张** ………………………………（56）
 第一节 课程观：学生是课程的主角 ……………………………（57）
 第二节 教师观：做平等中的首席 ………………………………（65）
 第三节 学生观：学生是教育的主体 ……………………………（72）
 第四节 教学观：基于学生活动的教学 …………………………（76）
 第五节 评价观：着眼于学生核心素养的整体发展 ……………（81）

## 第五章　语文活动课堂的生成策略以及基本模式 …………………… (86)
### 第一节　语文活动课堂的预设路径 ……………………………… (86)
### 第二节　语文活动课堂的生成策略 ……………………………… (91)
### 第三节　语文活动课堂的基本模式 ……………………………… (98)
### 第四节　语文活动课堂存在的问题及解决办法 ………………… (102)

## 第六章　语文活动课案例评述 ………………………………………… (109)
### 课例1　在"建构与运用"中彰显成语教学智慧
——"复活成语，生长复习"活动课例分析 ………… (109)
### 课例2　"活动"生长着道德的力量
——"颁奖词大赛"活动课例分析 …………………… (115)
### 课例3　提升思维品质，让思维走向深刻
——思维的深刻性作文活动课例分析 ………………… (122)
### 课例4　站在"C位"，"讲"出精彩
——"由'华老栓'想到的"演讲活动课例分析 …… (126)
### 课例5　走进陌生，生成文本意义
——文本读、写活动课课例分析 ……………………… (133)
### 课例6　写出个性，"评"出佳作
——"生命"专题"课本作文"评选活动课案例分析 …… (139)
### 课例7　探究文言，互学共进
——《方山子传》文言教学课例分析 ………………… (144)
### 课例8　巧设活动，长文短教
——小说《封锁》活动课堂课例分析 ………………… (150)
### 课例9　君子无所争，其争也君子
——"人性本善还是恶"辩论赛活动课例分析 ……… (155)
### 课例10　探明真相，辨清意图
——材料作文审题活动课例分析 ……………………… (164)
### 课例11　一场寒风，彻悟人生
——点评胡美芬老师执教的《寒风吹彻》 …………… (172)
### 课例12　相思"一点"为哪般
——点评姜勇军老师执教的《四块玉·别情》 ……… (176)
### 课例13　建构语言，准确表达
——点评何烨老师执教的"语言表达准确得体" …… (180)

课例 14　刨根问底，追查真凶
　　　　——点评吴海老师执教的《祝福》 …………………（184）

**附：语文活动课的辐射与影响** ……………………………………（188）

**参考文献** ……………………………………………………………（216）

**后　记** ………………………………………………………………（218）

# 第一章　活动生长课堂的课程理论

## 第一节　卢梭的启蒙思想：教育即生长

卢梭，法国 18 世纪伟大的启蒙思想家、哲学家、教育家、文学家，法国大革命的思想先驱，杰出的民主政论家和浪漫主义文学流派的开创者，启蒙运动最卓越的代表人物之一。他的"自然教育"思想主要体现在以下几个方面。

### 一、生长教育的本源——回归自然

卢梭自然主义教育的核心是"回归自然"。一方面，他认为善良的人性存在于纯洁的自然状态中；另一方面，卢梭还从儿童所受的多方面的影响来论证教育必须"回归自然"。卢梭为之呼吁的"自然教育"，是针对专制制度下的社会及其危害人性的教育发出的挑战，"回归自然"、遵从天性，就是开创新教育的目标和根本原则。卢梭认为，大自然希望儿童在成人以前就像儿童的样子。如果我们打乱了这个次序，他们就成了一些早熟的果实，既长不丰满也不甜美，而且很快就会腐烂，我们很容易会造成一些年轻的博士和老态龙钟的儿童。① 我们要尊重他们的需要，为学生的自我完善营造一个绿色的环境，给学生提供更广阔的发展空间——一切为了孩子的成长需要。

卢梭提出教育就是应该让儿童的天性率性发展。他认为自然教育的核心是教育必须遵循自然，顺应人的自然本性。他在《爱弥儿》开卷即写道："出自造物主的东西都是好的，而一到了人的手里，就全变坏了。"同时，他也指

---

① ［法］卢梭：《爱弥儿：论教育（上）》，李平沤译，人民教育出版社 1985 年版，第 63～200 页。

出:"如果你想永远按照正确的方向前进,你就要始终遵循大自然的指引。"①因此,卢梭反对那种不顾儿童的特点,干涉并限制儿童自由发展,违背儿童天性的传统的古典教育,提出了教育要顺应自然的思想。在他看来,人类脱离自然状态以后,便进入了丧失人的自然本性的充满竞争、猜疑、倾轧、冲突、贪婪、野蛮的社会状态。

卢梭在其教育学名著《爱弥儿》一书中写道:"良好的教育,有赖于自然教育、人的教育和事物的教育这三种教育的有机结合。"② 在卢梭看来,我们每一个人都是由这三种教育培养起来的。一个学生,如果在他身上这三种不同的教育互相冲突的话,他所受的教育就不好,而且将永远不合他本人的心愿;如果在同一个学生身上,这三种不同的教育是一致的,都趋向同样的目的——自然的教育,这样的学生才是受到了良好的教育。首先,自然人是以天性为师,而不是以人为师,从而与"人所形成的人"是有区别的。自然人作为社会的新人,是大自然培养出来的。卢梭的自然人是生活在社会中的自然人,他不被欲念、偏见、权利所指引,而用自己的眼睛去看,用心去想,用理智去判断,不为其他因素所控制。其次,不为金钱而工作的崇高的教师是进行社会教育培养的主体。卢梭认为,我们生来就受母亲、父亲、保姆、仆人或家庭教师的熏陶和教育,而教师的教育尤为重要。教师必须具备优秀品质,不为金钱而工作,不为权利所诱,不为威慑所震。由于教师与学生接触时间比较多,因此容易成为学生学习和模仿的对象。所以,值得注意的是接触学生的人,即使是仆人也应当受良好的培养。③ 卢梭还进一步分析:"在这三种不同的教育中,自然的教育完全是不能由我们决定的;事物的教育中人在有些方面能够由我们决定;只有人的教育才是我们能够真正地加以控制的。"④ 因此,应该以自然的教育为中心,使事物的教育和人的教育服从于自然的教育,使这三方面教育相配合并趋于自然的目标,才能使儿童享受到良好的教育。卢梭适应自然的教育理论,从本质上说是对人性的教育、人性的完善。卢梭认为顺应自然的教育必然也是自由的教育,因为人最重要的自然权利就是自由。卢梭认为,"真正

---

① [法]卢梭:《爱弥儿:论教育(上)》,李平沤译,人民教育出版社1985年版,第1、505页。

② [法]卢梭:《爱弥儿:论教育(上)》,李平沤译,人民教育出版社1985年版,第3页。

③ [法]卢梭:《爱弥儿:论教育(上)》,李平沤译,人民教育出版社1985年版,第3～24页。

④ [法]卢梭:《爱弥儿:论教育(上)》,李平沤译,人民教育出版社1985年版,第3页。

自由的人只想他能够得到的东西，只做他喜欢做的事情"①，这就是我的第一基本原理。只要把这个原理应用于儿童，就可源源得出各种教育原理。

## 二、教育尊崇生长的个性——因材施教思想

卢梭注意到儿童天性的个体差异，要求因材施教。他指出，每一个人的心灵都有它自己的形式，必须按它的形式去指导它。他要求教育者必须在了解自己的学生之后才对他说第一句话。这个理论对当今教育具有重要的指导作用。

## 三、生长教育的主要途径——实践活动

卢梭还十分重视受教育者的实践行为，他认为学生只是被动接受书本知识，教育者的口头训示即"填鸭式"的教育是毫无效果的，重要的是要身临其境、身体力行。他反复指出："我要不厌其烦地一再说明这一点：要以行动而不以言辞去教育青年，他们在书本中学不到他们从经验中学到的那些东西的。"他甚至多次提出对儿童要仁慈，认为这是人的"头一个天职和唯一美德"②。

卢梭提出了儿童学习应遵循的三条原则：第一，学习者必须依赖自己的能力，通过自己的学习得出结论；第二，一切学习必须通过自己的观察、体验、理解、发现来进行；第三，鼓励儿童在学习的同时，更好地培养他的兴趣，发展他的能力，锻炼他的思维，为进一步学习打下基础。

## 四、教育要符合生长的规律：重视儿童成长的顺序性和阶段性教育

卢梭从"归于自然"的理论出发，重视儿童成长的顺序性和阶段性，强调要根据不同年龄时期的身心特点实施教育。卢梭教育思想的一个重要原则是，强调教育过程应与儿童的身心发展的各个阶段相一致。他认为，儿童的成长可分为具有本质差别的相对独立发展的阶段，不同阶段各有其生理和心理特征。

---

① 孙文武：《美在你心中》，远方出版社2006年版，第85页。
② ［法］卢梭：《爱弥儿：论教育（上）》，李平沤译，人民教育出版社1985年版，第272～500页。

## 第二节 杜威的教育论断：活动中生长是教育的本意

约翰·杜威（John Dewey，1859—1952年），美国著名哲学家、教育家，实用主义哲学的创始人之一，功能心理学的先驱，美国进步主义教育运动的代表。他提倡从儿童的天性出发，促进儿童的个性发展。杜威的理论是现代教育理论的代表，区别于传统教育"课堂中心""教材中心""教师中心"的"旧三中心论"，他提出"儿童中心（学生中心）""活动中心""经验中心"的"新三中心论"。

### 一、杜威教育生长论的内涵与路径

#### （一）杜威教育生长论的内涵

杜威教育生长论的内涵是：教育即生长。这也是整个实用主义教育思想的逻辑起点。"教育即生长"的核心是"本能的生长"，它包括儿童本能习惯、身体、智慧、道德、情绪等的全面生长。在杜威看来，本能与兴趣相通，兴趣是生产中能力的信号和象征，它是最初出现的能力。要细心观察儿童的兴趣，这是他们生产的心理能量。儿童的积极生长依赖于兴趣与本能，这种本能是冲动的、活泼的、自然的、生活的，是教育天然的基础。

现代教育就是要承认个体的本能，训练个体的本能。教育活动要让儿童的天然本能做主，教育者则在旁边利用他、指点他、引导他，让他朝一个方向长，向他能够到的地方长。这种生长是儿童内部发生的，不是外部注入的，生长就是生命，有生命就会有生长。教育要以儿童的兴趣与本能为素材与起点，保持持续不断的生长过程，并在生命的每一个阶段增加其生长的能力。总之，学校教育要努力组织并保证各种生长力量，使儿童乐于学习，创造并保持持续生长的愿望。教育的过程是不断改组、创新与改造的过程，教育与生长的目的就在过程本身。

可见，杜威的教育生长论超越了无数的自然教育生长论，清晰地指出了生长的内涵：生长是生活的特征，是朝着后来结果的行动的累积运动，是永不停歇的作用，与年龄无关。因为生活就是生长，所以教育是不问年龄大小、提供保证生长和充分生活条件的事业。在杜威看来，生长的首要前提是不成熟状态,它是一种积极的努力和能力,是一种向上的力量;生长具有依赖性和可塑性——依赖性指相互依赖的力量;可塑性是以从前经验的结果为基础而改变自己的行为力量,即形成习惯——儿童生长的形成,既离不开别人的帮助,也离不开自己的努力。

在杜威的教育论中,教育的目的是培养生长的人和良好的社会公民。杜威认为,站在每个人的角度来看,教育的目的就是促进儿童的生长,培养生长的人。杜威说:"生活就是发展,不断发展,不断生长,就是生活。用教育的术语来说就是:教育的过程在它自身以外没有目的,它就是它自己的目的;教育的过程是一个不断改组、不断改造、不断转化的过程;学校教育的目的在于通过组织保证生长的各种力量,以保证教育得以继续进行……"[①] 综上所述,杜威所认识到的教育个人性目的,是教育过程的内在目的,即促进儿童不断地生长,培育生长的人。在杜威看来,教育的目的是内在的、发展的、生成的、现实的、民主的,教育目的和手段是统一的,教育的个人性目的与社会性目的是统一的。

杜威同时又认为,教育的目的是社会的,这是教育历程的终点。教育的使命就是使受教育者受到教育后能参与社会生活,是对受教育者的本能动作加以指导。引导儿童本能的发展,就要用有益的知识、活用的知识来训练他,使他养成有益于社会的品行。

### (二) 杜威教育生长论的路径

#### 1. 儿童在生活中生长

杜威认为教育的本质和作用就是促进儿童本能生长的过程。它有三个从低到高的层次。一是儿童从未成年到成年,就其生理方面来看,儿童"有机体"是一个不断生长的过程。二是儿童从未成年到成年,他们的智慧与能力是不断发展的。这种发展是个人从经验中学习而获得的。在这个发展过程中,儿童虽然具有"从经验中学习的能力",但是成人和教育者对他们进行"辅助"也是必要的。学校教育的任务就在于培养儿童具有"不断生长"的欲望,学校教育价值怎样,要看它能将这件事办到什么程度。三是儿童的习惯与道德也是在生活与适应环境过程中逐渐形成的,成人和教育者要利用各种条件去促进儿童习惯与品性的形成。

杜威指出,儿童的本能生长总是在生活过程中展开的,生活就是生长的社

---

① [美] 杜威:《民主主义与教育》,王承绪译,人民教育出版社1990年版,第106~118页。

会性表现。最好的学习就是"从生活中学习",学校教育应该利用儿童现有的生活作为其学习的主要内容。应把教育与儿童眼前的生活结合起来,教儿童学会适应眼前的生活环境。

杜威认为"教育是生活的过程,而不是将来生活的准备"。他把教育与生活、生长与发展视为同一意义的概念,家庭生活、学校生活、集体生活、社会生活都是教育,尤其是道德教育。教育既始于社会又将归于社会。在学校生活、家庭生活和社会生活三者之中,社会生活是整合其他两种生活的关键。各种场合的教育实质上进行的是不同形式的生活。学校必须呈现现在的生活,即对于儿童来说是真实而生机勃勃的生活,像他在家庭里、在邻里间、在运动场上所经历的生活。儿童的社会生活是他的一切生长的基础。教育上的许多失败就是由于它忽视了把学校作为社会生活的一种形式这一基本原则,教育丝毫也离不开生活。离开了社会生活,学校就没有了道德的目标,也没有了什么目的。如果关闭在一个孤立的学校里,我们就没有指导原则。最好的教育就是"从生活中学习",因为"一切生活一开始就具有科学的一面、艺术和文化的一面以及相互交往的一面"。他认为整个生活的东西就是教育的东西,整个社会的活动都是教育的范围。

**2. 儿童在经验的不断改造中生长**

在杜威看来,经验是世界的基础,教育就是通过儿童自身活动去获得各种直接经验的过程。教育的主要任务并不是教给儿童既有的科学知识,而是要让儿童在活动中自己去获取经验。"经验是世界基础"的观点引申出他"一切学习来自经验"的看法。他认为,教育就是通过儿童的活动去获得各种直接经验。人类在适应环境的活动中,必须以经验为基础来解决问题。因此,杜威说:"教育就是继续不断地重组经验,使经验的意义格外增加,同时使控制后来经验的能力也格外增加。"

社会的组成是因为人们具有互通的信仰、目的、意识和情感,是由于人们之间的联系和交际,而教育正是实现有效联系和交际的渠道。教育的职能就是延续社会生命,即教育能传递人类世代积累的经验,丰富人类经验的内容,增强经验指导生活和适应社会的能力,从而维系和发展社会生活。不管是正规教育还是非正规教育,实际上都在进行经验的改造。生活和经验是教育的灵魂,离开了生活和经验就没有生长,也就没有教育。教育能传递人类积累的经验,丰富人类经验的内容,增强经验指导生活和适应社会的能力,从而把社会生活维系和发展起来。广义地讲,个人在社会生活中与人接触、相互影响,逐步积累和改进经验,养成道德品质和习得知识技能,就是教育。由于改造经验必须紧密地和生活结为一体,而且改造经验能够促使个人成长,杜威总结说:"教育即生活""教育即生长""教育即经验连续不断的改造"。

### 3. 儿童在活动中生长

杜威倡导从"做中学",这是从"教育即生活""儿童中心主义"的思想中引申出来的方法论,其基本含义是让儿童在活动中求知和生长。对于儿童来说,他的首要任务是自我保存,即自我保存为一个生长和发展中的人。儿童的活动不应该是漫无目的的,而应该是发觉、利用自己熟悉的世界,学习、使用自己能力的限度。自然生长的方法所注重的是要真切和广泛地亲自熟悉少数典型性的情境,以求掌握处理经验中的各种问题的方法,而不是累积知识。杜威深层次、多方面地尝试了从"做中学"的意义,具体表现在如下四个方面:

一是从现代心理学的角度关注人的本能在学习中的作用。人的固有本能是他学习的工具,一切本能都是通过身体表现出来的。自然的学习方法不应该抑制儿童身体的活动,教育要了解人的身心结构,不至于束缚儿童天性的发展。

二是强调从"做中学"是儿童内在的需要,而不是外在的逼迫。它解放了儿童的全部力量,使儿童把固有的首创精神和活动热情投入到学习生活中去,并因此而喜欢学校,纵情地享受童年的欢乐,从而忘记了他们正在"学习"。也就是说,学习是作为经验的副产品无意识地完成的,进而也让学习者认识到经验本身是有价值的。

三是使儿童的活动成为学校科目的中心。在杜威看来,生活、活动是儿童进行有价值的训练和获得知识的源泉。进步的教育是以儿童的活动、天性、本能为唯一元素,使学科顺应其天性。因此,"学校科目互相联系中的真正中心不是学科,不是文学,不是历史,不是地理,而是儿童本身的社会活动"[①]。

四是通过从"做中学"促进儿童全面生长。儿童的真正生活和生长全靠活动,通过不同形式的主动活动,使得学校有可能与生活联系,并成为儿童生长的地方。在那里,儿童通过直接生活进行学习,儿童的整个精神获得新生;在那里,儿童的学习不仅是身体的,而且是心理的、智力的,他们获得的是全面的生长。

因此,教师要为儿童提供各种活动,激活儿童本人的冲动。学校要为儿童安排各种活动,不管是课外活动还是课内活动。各种活动都要符合儿童的兴趣和需要,使他们情愿去做,用合理的动作表现心里的想法。教师侧重于指导儿

---

① [美]杜威:《民主主义与教育》,王承绪译,人民教育出版社1990年版,第207~220页。

童的活动，满足儿童的欲望，使他们主动、自觉地解决一切问题。此外，学校要为儿童提供自由的活动机会，使儿童在力所能及和别人所允许的范围内，发现什么事能做、什么事不能做，从而在一次次的活动中，日益积累经验、控制经验，获得全面而又自由的生长。

## 第三节　皮亚杰的活动教学理论：以学生为中心

### 一、以儿童的活动为中心的建构主义理论

让·皮亚杰（J. Piaget）是近代最有名的儿童心理学家，他所创立的关于儿童认知发展的学派被人们称为日内瓦学派。皮亚杰关于建构主义的基本观点是，儿童是在与周围环境相互作用的过程中，逐步建构起关于外部世界的知识，从而使自身认知结构得到发展的。儿童与环境的相互作用涉及两个基本过程："同化"与"顺应"。同化是指个体把外界刺激所提供的信息整合到自己原有认知结构内的过程；顺应是指个体的认知结构因外部刺激的影响而发生改变的过程。同化是认知结构数量的扩充，而顺应则是认知结构性质的改变。认知个体通过同化与顺应这两种形式来达到与周围环境的平衡。儿童的认知结构通过同化与顺应过程逐步建构起来，并在"平衡—不平衡—新的平衡"的循环中得到不断的丰富、提高和发展。

建构主义理论的内容很丰富，但其核心只需用一句话就可以概括：以学生为中心，强调学生对知识的主动探索、主动发现和对所学知识意义的主动建构（而不是像传统教学那样，只是把知识从教师头脑中传送到学生的笔记本上）。以学生为中心，强调的是"学"；以教师为中心，强调的是"教"。这正是两种教育思想、教学观念最根本的分歧点，由此而发展出两种对立的学习理论、教学理论和教学设计理论。由于建构主义所要求的学习环境得到了当代最新信息技术成果的强有力支持，这就使建构主义理论日益与广大教师的教学实践普遍地结合起来，从而成为国内外学校深化教学改革的指导思想。

建构主义学习理论的基本内容可从"学习的含义"（即关于"什么是学习"）与"学习的方法"（即关于"如何进行学习"）这两个方面进行说明。

建构主义认为，知识不是通过教师传授得到，而是学习者在一定的情境即社会文化背景下，借助学习过程中其他人（包括教师和学习伙伴）的帮助，

利用必要的学习资料，通过意义建构的方式而获得。由于学习是在一定的情境即社会文化背景下，借助其他人的帮助即通过人际间的协作活动而实现的意义建构过程，因此，建构主义学习理论认为"情境""协作""会话"和"意义建构"是学习环境中的四大要素或四大属性。①情境：学习环境中的情境必须有利于学生对所学内容的意义建构。这就对教学设计提出了新的要求，也就是说，在建构主义学习环境下，教学设计不仅要考虑教学目标分析，还要考虑有利于学生建构意义的情境的创设问题，并把情境创设看作是教学设计的最重要内容之一。②协作：协作贯穿学习过程的始终。协作对学习资料的搜集与分析、假设的提出与验证、学习成果的评价以及意义的最终建构均有重要作用。③会话：会话是协作过程中不可缺少的环节。学习小组成员之间必须通过会话商讨如何完成规定的学习任务的计划；此外，协作学习过程也是会话过程，在此过程中，每个学习者的思维成果（智慧）为整个学习群体所共享，因此，会话是达到意义建构的重要手段之一。④意义建构：这是整个学习过程的最终目标。所要建构的"意义"是指事物的性质、规律以及事物之间的内在联系。在学习过程中帮助学生建构意义就是要帮助学生对当前学习内容所反映的事物的性质、规律以及该事物与其他事物之间的内在联系形成较深刻的理解。学习的质量是学习者建构意义能力的函数，而不是学习者重现教师思维过程能力的函数。换句话说，获得知识的多少取决于学习者根据自身经验去建构有关知识的意义的能力，而不取决于学习者记忆和背诵教师讲授内容的能力。

建构主义提倡在教师指导下的、以学习者为中心的学习，也就是说，既强调学习者的认知主体作用，又不忽视教师的指导作用，教师是意义建构的帮助者、促进者，而不是知识的传授者与灌输者。学生是信息加工的主体，是意义的主动建构者，而不是外部刺激的被动接受者和被灌输的对象。学生要成为意义的主动建构者，就要在学习过程中从以下几个方面发挥主体作用：

（1）要用探索法、发现法去建构知识的意义。

（2）在建构意义过程中要主动去搜集并分析有关的信息和资料，对所遇到的问题要提出各种假设并努力加以验证。

（3）要把当前学习内容所反映的事物尽量和自己已经知道的事物相联系，并对这种联系加以认真的思考。联系与思考是意义构建的关键。如果能把联系与思考的过程与协作学习中的协商过程（即交流、讨论的过程）结合起来，则学生建构意义的效率会更高、质量会更好。协商有"自我协商"与"相互协商"（也叫"内部协商"与"社会协商"）两种。自我协商是指自己和自己争辩什么是正确的；相互协商则指学习小组内部相互之间的讨论与辩论。

教师要成为学生建构意义的帮助者，就要在教学过程中从以下几个方面发挥指导作用：

（1）激发学生的学习兴趣，帮助学生形成学习动机。

（2）通过创设符合教学内容要求的情境和提示新旧知识之间联系的线索，帮助学生建构当前所学知识的意义。

（3）为了使意义建构更有效，教师应在可能的条件下组织协作学习（开展讨论与交流），并对协作学习过程进行引导，使之朝有利于意义建构的方向发展。引导的方法包括：提出适当的问题以引起学生的思考和讨论；在讨论中设法把问题一步步引向深入，以加深学生对所学内容的理解；启发诱导学生自己去发现规律、纠正和补充错误的或片面的认识。

## 二、活动教学的启示

从现代教育的观点出发，一切教学均应按照学生身心发展过程的不同阶段去设计，以照顾学生的个别差异，发掘他们的学习潜能，从而达到全面发展的教育目标。著名心理学家皮亚杰在这方面有很深入的研究，他证实学生的学习能力往往受身心发展过程的影响，强调"以学生为主体"的活动教学法是配合学生在成长过程中的各种发展需求而制定的。活动教学在国外以及我国港台地区已经推广多年，卓有成效。

作为活动教学法的积极倡导者，皮亚杰在他所创立的发生认识论中，除了力图弄清认识过程中主体与客体的关系、遗传与环境的关系问题外，还力图说明认识过程中"知"和"行"的关系，重视个体活动（即动作）在认识中的作用。他认为，认识起源于活动，认识是从活动开始的，活动在儿童的智力和认知发展中起着重要的作用。认知结构是逐步建构起来的，它发生的起点是主客体相互作用的唯一可能的连接点——活动（动作），而不是知觉。他说，知道一个东西，知道一件事情，不是注视它，而是形成它的一个心理摹本。知道一个东西就是对它施加动作。他认为儿童主要是通过活动动作、实际摆弄物体而认识世界的。思维就是操作，思维是内化了的动作——在头脑中进行的具有可逆性、不变性和整体结构的活动。他把知识分为物理知识和逻辑数学知识，二者都起源于活动动作。物理知识作用于物体，通过简单抽象抽取物体本身的特征，得到所观察的物体的知识。例如，儿童玩红皮球，通过活动知觉把它的属性抽取出来，认识它是圆的和红色的。逻辑数学知识则指通过思考或反省自己的活动动作获得的经验，它不是来自物体本身，而是来自主体对客体所施加的活动动作的协调中收集到的信息，主体作用于客体，从而了解自己的动作之间相互协调所得到的知识。例如，儿童把小石子排列成一排，发现无论从左边数到右边还是从右边数到左边，或在一个圆圈里转动，这些石子的数目都是相同的。在这种情况下，在这些石子摆出来以前或者计算以前，它们的顺序或总数都不是这些实质固有的特性，而且总数和它们的顺序无关（它们是可以互相交换的）。儿童的发现，乃是从数数和排列顺序的活动中把所观察到的情况抽象出来的，因为总数和顺序的这些特征是通过活动动作赋予物体的。可见，数概念的形成离不开活动动作，这是一种包括大多数数学老师在内的一般人所不认识的知识。皮亚杰深信，就儿童而言，逻辑和数学的概念最初就表现为外观的活动，只有在后来的阶段中，才以概念的性质出现，成为内化了的动作，事物被符号所代替，具体动作被这些符号的运算所代替，但从起源发生的角度讲，总离不开儿童自己的活动。

因此，皮亚杰主张，教学中必须重视儿童的活动和动作，仅"坐听"而没有"活动"的学习，只不过是口头的学习，缺乏教育、教学和发展的价值。皮亚杰曾经做过一个实验，比较三组不同的儿童，记住许多小正方块是怎样结合在一起的：A组儿童只是注视或感知到集合在一起的一堆小正方块；B组儿童亲自把他们搭配起来；C组儿童在旁边看成人搭配。结果是B组记得最好，成人演示组并不比儿童简单感知组好多少。这表明，仅仅让儿童感知或让儿童看着做实验而不亲自动手，就失去了由活动本身所提供的那种信息性和培养性的价值。这也说明了尽管直观教学比起纯粹的口授法来说是一大进步，但这种拘泥于形象的直观法和活动法比较起来，是不具有同等教育价值的，二者不能混为一谈。因此，皮亚杰十分重视活动教学法，1959年国际公共教育会议年会曾提出小学阶段应用活动教学法。他要求教师布置情境，提供材料、工具和设备，让儿童积极参与教学，自由操作、观察和思考，通过活动自己认识事物、发现问题、得出答案，而不能只是被动地听老师讲授，旁观教师的演示。他指出，在教学过程中，如果忽视活动动作的作用，而始终停留在语言的水平上，那是一种极大的错误。特别是对年幼学生来说，活动对学习的理解和认识的发展是必不可少的。儿童应当通过活动来学习。皮亚杰的理论为活动教学法提供了科学的依据。

可见，活动教学法通常是指相对于传统教育中以教师的口授或以"课堂灌输"为基础的注入式教学法的一种教学理论和实践。在理论上，皮亚杰继承了历史进步的教育思想家重视通过活动使儿童多方面的个性和潜能得到充分发展的思想，反对"坐中学"，主张"做中学"。由此，在实践上提倡创设积极主动学习的课堂环境，摒弃传统的、被动的"填鸭式"方法，实施一种建立在儿童操作活动基础上的教学。

不过对于活动教学，有些人望文生义，把"活动"一词误解了，以为"活动"就是玩耍而没有学习。其实，活动教学的"活动"是指学生在学习过程中所做的所有工作，这些工作是有教学目的和组织的，重点在学生的主动积极参与，而不是纯粹被动式的听讲。当然，静坐听讲也是学习活动，做作业也是学习活动。然而其他的学习活动更包括了阅读、讨论、背诵、演讲、绘画、唱歌、跳舞、游戏、参观、访问等。

活动教学实验计划在我国刚开始试行，便受到教师和学生的欢迎。"活动教学法"强调把教学重点放在儿童身上。现行的传统教学法似乎过于偏重学生的学习成绩，而学习成绩似乎只是由校内考试或公开统一考试来评定。传统教学中，学生必须在指定的时间内达到某些既定的标准或要求，而学生的个人能力、思维和创造能力的培养却被忽略了，这对形成学生的核心素养极为不利。

"活动教学"很重视提供适当的学习环境以配合学生身心发展过程的需求，使学生能按本身的能力进行主动的、独立的学习。

"活动教学"着重鼓励学生从实践中学习，并强调思考、分析与表达能力的培养。如果知识学习与生活需要能紧密结合，这将有利于他们的全面发展。

分组教学便于教师给予学生适当的和有效的指导，并能给予学生较多的参与学习的机会。这样，学生不仅能主动掌握知识，还可以了解学习的途径，而学习过程中的每一项活动经历和体验应该都是教学的目的。

总而言之，"活动教学"把教与学的重心从教师转移到学生身上，尽可能多地照顾学生身心发展的需要，使他们能在比较轻松自然的环境下和鼓励、合作的氛围中，按照本身的能力参与一些有教师设计的学习活动。学生在进行这些活动时，由于得到了个别的帮助和指导，学会的知识和技能必定会更多，对概念的掌握也会更容易。因此，"活动教学"减少了静坐听讲的时间，而提高了学生学习的兴趣，体现了学生主体与教师主导作用的有机结合。传统教学法与活动教学法的基本特征比较见表1。

表1 传统教学法与活动教学法的基本特征比较

| 传统教学法的基本特征 | 活动教学法的基本特征 |
| --- | --- |
| 1. 教室桌椅排列式布置，活动空间小。 | 1. 教室布置活动角，采用小组活动形式，活动空间大。 |
| 2. 严肃、呆板、安静、服从。 | 2. 轻松、生动、活泼、多样化。 |
| 3. 以教师为主。 | 3. 以学生为主。 |
| 4. 较自我，注重竞争，冲突激烈。 | 4. 较友爱，注重合作、共享、互助。 |
| 5. 上课指定位置，"坐中学"。 | 5. 无指定座位，"做中学"。 |
| 6. 授课划一（全体听课）。 | 6. 分组教学（注重个别差异）。 |
| 7. 作业一致。 | 7. 作业有所区别。 |
| 8. 只使用指定课本，课文教学。 | 8. 根据情况选用各种教材。 |
| 9. 学科独立，缺少连贯性，是较零碎的知识学习。 | 9. 单元设计有连贯性，任务群、主题集中，综合性的内容，以学生的兴趣为中心完成学习活动。 |
| 10. 注重学习的成果（成绩的表现）。 | 10. 注重学习过程（学习兴趣和方法的培养）。 |
| 11. 注入式的、形式的教学法（被动学习）。 | 11. 自主自动、非形式的教学法（主动学习）。 |
| 12. 以知识为主，注重知识的传授。 | 12. 知行合一，注重全面发展的教育。 |

# 第四节　陶行知的"教学做合一"教育思想与新课程改革

新课程改革是发端于21世纪初的一场教育改革，旨在建设具有中国特色的现代化的基础教育课程体系，建构一种对话、合作与探究的课程文化，建立一种开放的、民主的、科学的现代课程。

本节把"陶行知教育思想"与"新课程改革"这两个相距半个多世纪的事件放在一起，意在寻找两者之间的逻辑关系，探求陶行知教育思想的现代意义，以及他对于新课程改革的重要启示。

客观地讲，后发型现代化国家的教育改革，无不是从向现代化先行国学习开始的。杜威是西方现代教育开端时期的"主帅"，陶行知也正是在我国现代教育发端之时，通过引进西方现代教育的先进思想和探索中国现代教育的发展路径，奠定了他作为中国现代教育当之无愧的先驱者的历史地位。

发端于21世纪初的第八次课程改革，其理论基础来自现代西方理论，如实用主义、后现代主义、多元智能、建构主义等理论，但正如陶行知教育思想来源于杜威教育思想而超越了杜威教育思想一样，新课程改革要"重在用西方的真理来改造中国的国情"，而不是"充当西方教育理论的试验田"①。尽管仔细解读新课程标准，会发现其中有很多西方现代教育思想的印记，但用"继承、借鉴、发展"的哲学观来思考当前的新课程改革，就能克服"本土化的缺失"和"情绪化倾向"，从而找到一条适合中国国情的新课程改革之路。而既汲取现代西方教育的精髓，又扎根中国土壤的"中西合璧"的，并至今仍熠熠生辉的教育思想，当首推"陶行知教育思想"。陶行知教育思想对新课程改革的引领和启示，主要体现在以下几个方面：

（一）新课程改革理念与陶行知教育思想相承

新课程改革的核心理念是"为了每一个学生的发展"。其要义有三：

**1. 课程要着眼于学生的发展**

这是课程价值取向定位问题。在如何处理经济发展、社会发展与人的发展的关系上，新课程定位在人的发展上，具体指向以能力和个性为核心的发展。

**2. 面向每一位学生**

基础教育是国民的奠基工程，面临的任务既要瞄准知识经济的需要培养高素质尖端人才，又要为农业经济、工业经济培养人才和合格的建设者。在新课程实施中，必须面向全体学生，开发其潜能，培养其特长，使全体学生成长为不同层次、不同规格的有用人才。

**3. 关注学生全面、和谐的发展**

学生是一个完整的人，学生的发展不应是某一方面的发展，而应是全面、和谐的发展。新课程改革提出了知识与技能、过程与方法，以及情感、态度、价值观三个维度的教学目标，达到了知识习得、思维训练、人格健全的协同，实现了在促进人的发展目标上的融合。在这一点上，陶行知先生是有远见卓识的。陶行知先生一生致力于创造一个"为民办学"的教育环境，以"爱满天下"为宗旨，以"生活教育"为路径，以"大众教育"为目的，以人的发展为本，尊重人的价值，呼唤人的主体意识和主体精神，把保护学生的想象力、激励学生的好奇心、培养学生的敏感性、增强学生的求知欲作为人性化教育的行为观念。陶行知的"六个解放"更是人性化教育的重要内容，为现代化人本教育树立了典范。

---

① 孟晓东：《陶行知教育思想与新课程改革》，载《江苏教育》2011年第2期，第49～52页。

新课程改革的核心目标是"培养学生的创新意识和实践能力",这也正是陶行知先生毕生所推崇和实践的。陶行知先生主张"行动"是中国教育的开始,"创造"是中国教育的完成。他提出的"教学做合一",其实就是培养创新意识和实践能力的基本教学原则和方法。"教学做合一"中的"做"是一种以行动为基础、思想为指导、创造为目的的实践活动。"教学做合一"的观点强调教学必须以实际生活为中心,要在"必有事焉"上下手,以创造作为"做"的最高境界,这是生活教育理论的精髓,今天的新课程改革理念与之一脉相承。

### (二) 新课程改革策略与陶行知教育思想相存

新课程改革策略主要有以下几个方面:

#### 1. 改革教学内容的策略

改革教学内容就是要突破以学科为中心的课程体系,遵循学生的认知发展规律,精心选择和组织学习内容;就要紧密联系社会生活实际,选择具体的教学内容;就要深入分析和挖掘教材内容的多重价值,使课程的学习和社会实践结合起来,体现课程学习的价值;就要善于根据学生实际合理调整教材体系,使不同地区、不同能力的学生有较大的选择空间,突出学生学习内容的自主性和教材内容的时代性。

这些基本的策略都包含在陶行知"生活即教育""社会即学校"的命题中。陶先生对"生活教育"下的定义是:"生活教育是给生活以教育,用生活来教育,为生活向前向上的需要而教育。"[1] 他认为"教育的根本变化是生活之变化",有什么生活,便应受什么教育,务必使大众受到适合其需要的教育。[2] 陶行知的生活教育理论始终把教育教学同人类的社会生活紧密地结合起来,为教学内容的变革提供了很好的注解。

#### 2. 转变教学方式和学生学习方式的策略

"教学做合一"是陶行知生活教育理论的重要组成部分,也是陶先生课程方法观的生动写照。陶行知先生在《教学做合一》一文中提出三项主张:"一、先生的责任在教学生学;二、先生教的法子必须根据学生学的法子;三、先生须一面教一面学。"陶行知鲜明地指出:"中国教育的一个普通的误解,便是以为用嘴讲便是教,用耳听便是学,用手干便是做;中国教育的第二个普通的误解,便是一提到教育就联想到笔杆和书本,以为教学便是读书、写

---

[1] 陶行知:《陶行知教育名篇》,教育科学出版社2013年版,第103页。
[2] 陶行知:《陶行知教育名篇》,教育科学出版社2013年版,第103~108页。

字，除了读书、写字之外便不是教育。"① 陶行知用"读死书、死读书、读书死"概括了传统教学方式的弊端，他认为教学的本质是学习，是实践，学而后能教人。他指出，教学过程是"师生合作、相互促进、共同提高"的过程。他强调教学要尊重人的差异，"人生天地间，各自有禀赋"……他坚定地说："教学做合一是生活法，也是教育法。"② 所有这些，无不都是新课程改革倡导并要践行的基本的教学策略。

### 3. 开发课程资源、注重社会实践的策略

陶行知曾一针见血地指出"中国教育弄到山穷水尽，没得路走"的原因是"中国的教育太重书本，和社会生活没有联系"。陶行知认为"课程为社会需要与个人能力调剂之工具"。他论述道："我们的实际生活，就是我们的全部课程；我们的课程，就是我们的实际生活。"③ 这是陶行知先生在长期教育实践中，对于课程资源的全新思考。这种以社会生活为源头活水的课程资源观不仅是陶行知生活教育理论在课程领域里的灵活运用，也是新课程资源观重要的理论基石，它阐明了课程源于生活、从属于生活和服务生活的道理。

陶行知倡导的"教学做合一"的关键在于"做"，"在做中教乃是真教，在做中学乃是真学"。这个"做"，不是盲行盲动的做，也不是胡思乱想的做，他倡导有意义的"做"，在劳力上劳心，手到心到才是有意义的做。陶行知的"手脑相长"歌，就生动形象地道出了"做"的真谛。陶行知生活教育的重要目标就是要通过"做"培养人的创造力，可以说，创造是其生活教育的出发点和归宿。他认为，倘使不照书本上所说而能独出心裁地指导小朋友在做上追求真知，那就格外的好了。他提出的"六大解放"及针对某些偏见提出的"处处是创造之地、人人是创造之人"的科学论断，④ 是今天开展新课程实验和创造教学的重要依据和行动指南。

### 4. 变革教学评价的策略

关于教学评价，陶行知再三强调"学生不应当专读书"，而"主要的责任是学习人生之道"，"分数不代表一个人的真本领"。陶先生对当时以会考科目取舍学校课程的做法进行了措辞更为激烈的批判。他说："会考所要的必须教，会考所不要的不必教，甚至于必不教，于是唱歌不教了，图画不教了，体

---

① 陶行知：《陶行知文集》，江苏教育出版社2008年版，第214页。
② 陶行知：《教学做合一讨论集》，上海儿童书局1932年版，第8～13页。
③ 孟晓东：《陶行知教育思想与新课程改革》，载《江苏教育》2011年第2期，第49～52页。
④ 徐明聪：《陶行知创造教育思想》，合肥工业大学出版社2009年版，第100～106页。

操不教了,家事不教了,农艺不教了,工艺不教了,科学的实验不教了,所谓课内课外的活动都不教了,所要教的只是书,只是考的书,只是《会考指南》。"他指出:"有些传统学校,名为认真,实际是再坏无比。他们把无所谓的功课排得满满的,把时间挤得滴水不漏,使得学生对于民族前途和别的大问题一点也不能想,并且周考、月考、学期考、毕业考、会考弄得大家忙个不得了,再也没有一点空闲去传达文化、唤起大众。""中国教育的歧途,在于抱着分数,忘记了人生;抱着标语口号,忘记了人生;抱着金钱,忘记了人生。"陶先生明白地表示:"我个人反对过分的考试制度的存在。"陶行知先生曾大声疾呼"停止那毁灭生活力之文字会考,发动那培养生活力之创造的考成"[1]……所有这些今天看来仍振聋发聩的话语,对于新课程改革所倡导的过程性评价、发展性评价,突出评价促进发展的功能,发挥评价使每一个学生具有自信心和持续发展的能力的作用,具有现实针对性和长远的历史意义。

(三) 新课程改革关键与陶行知教育思想相吻

新课程改革的关键是:教师队伍的整体素质。教师实施素质教育的能力和水平直接影响到基础教育改革的成功与否,不管是新课程理念的落实、内容的调整与整合、资源的开发与利用,还是教学方式的改变、评价手段的革新,都考验着广大教师的课程执行力与创新力。说到底,教师队伍整体素质是新课程改革的核心问题。

陶行知先生以他的远见卓识,从多方面论述了教师的修养和素质。他一生奉行"爱满天下"的教育情怀,"教师必须热爱学生,这是在教师素质中起决定作用的一种品质";他强调"以天下为己任"改造社会的意识和决心,"在教师的手里操着幼年人的命运,也便操着民族和人类的命运","你的冷眼下有瓦特,你的教鞭下有牛顿,你的讽刺中有爱迪生";他指明了教育的真正目的,"千教万教教人求真,千学万学学做真人";他找到了"探究、合作、创新"的教育法——"教学做合一";他提出了鲜明的教师观和终身教育观,"做学生的指导者、合作者、欣赏者","活到老,学到老"……他还认为,处在教育由传统走向现代的时代,教师必须精通业务,探觅新知,具有"科学的头脑",教师还应该具备创造精神和创造能力,要有"敢探未发明的新理""敢入未开化的边疆"的气概,引导学生追求真理做真人,用教育的力量改造社会、建造国家。[2]

---

[1] 陶行知:《行知书信集》,安徽人民出版社1981年版,第101~110页。
[2] 胡晓风等:《陶行知教育文集》,四川教育出版社2005年版,第332~336页。

陶行知先生不仅是这样说的，更重要的是他以自己一生的身体力行为广大教师树立了不愧是"万世师表"的光辉典范，也真正实现了他那"捧着一颗心来，不带半根草去"的自律格言。

陶行知借鉴杜威的实用主义教育思想，吸纳西方现代教育的最新成果，并扎根于民族的土壤，形成了自己独特的哲学观、人生观、教育观，散发着强烈的时代精神。如果说陶行知先生生不逢时，他的教育理想未能在有生之年得以真正实现，那么，处在教育改革不断深化与开放的今天，再次诠释陶行知教育思想的现代价值，领悟陶行知教育思想的时代意义，必将会引领新课程改革的不断深入，并必将对当今我国教育的改革与发展产生深远的影响。

# 第二章 语文活动课堂概述

语文活动课堂，就是把语文课堂教学"活动化"（又称之为语文"活动式"教学、活动教学法），就是指在语文教学中渗透活动因子，增强实践环节的一种教学方式。具体来说，它是一种在活动课程与教学思想的指导下，旨在克服传统语文教学中单一的采用抽象符号形式学习的弊端，充分调动学生的多种感官和学习兴趣，把语文感知学习与语文实践操作融合在一起的教学形式，是一种活动教学与语文教学相容的综合性教学模式。

语文活动式教学的思想源于"活动课程""活动教学"理论。它一方面吸取了中国古代"行知说"和近代陶行知"教学做合一"、陈鹤琴"活教育"理论的营养，另一方面又受西方卢梭、杜威、皮亚杰等人活动观和苏联列昂杰夫、达维多夫等人活动论的影响。

1998年，董闰聪等在《活动课程研究》中正式提出了"学科教学活动化"的概念。学科教学活动化落实到语文，就是语文活动式教学，即通过学生的主体活动和主动探索，结合语文感知学习，发展学生的整体语文素养。他强调学生操作实践，即学生的实践性学习活动。概括地说，语文活动式教学有如下特点：

（一）主体性

活动式教学的先决条件，就是要使学生发挥自觉自主性，确立学生的主体地位，淡化教师主导的传统形式而强化其主导的实质。这就是说，学生是活动的主体，各种内容的活动都必须由学生亲自实践和操作、体验，活动的具体计划、细则、步骤及行动方案的实施，基本上也由学生自己来进行。如果离开了学生的活动和主体，那活动便只会是有名无实。在活动教学中，要强调教师的主导实质，即要求教师去深入了解学生的内在活动需要，研究分析学生的思维方式与习惯，善于帮助学生转换直接与间接的经验，使学生能将已有的直接经验转化为各种间接经验，而将各种间接经验转换为活动情境中的直接经验。并且还客观地要求教师一专多能，在组织、操作、指导能力上要比较强，让主导的内涵、形式、层次、方向更加丰富、深刻。

## （二）实践性

语文活动式教学的形式灵活多样，活动的时间、地点、方式、规模等可以根据具体情况安排。语文活动以学生的实践生活和社会实践为基础，发掘课程资源，而不是在语文知识的逻辑序列中建构课程。以实践活动为主要形式强调亲身经历，要求学生积极参与到各项活动中去，在"做""考察""探究"等一系列活动中发现和解决问题，体验和感受生活，发展实践和创新能力。

## （三）过程性

在活动中，重视教学过程胜于教学结果，重视探究学习胜于接受学习，重视非智力的培养胜于智力因素，重视创造品质的形成胜于一般能力。反对以成败来论英雄，反对以一个简单标准来衡量评价所有的学生。无论是成功的经验抑或是失败的教训，只要能成为终身受益的精神财富，都是收获。"凡是走过必留下痕迹。"至关重要的是学生所走过的每一步和参与的整个过程。活动式教学在目标方面强调尊重学生个性，注重主动性和创造精神的培养；在内容方面注重知识的纵横联系，强调知识的综合性；在方式方面，提倡自主实践的方式，让学生在操作、实践中获得知识。

## （四）开放性

活动式教学的开放性主要表现为：①教学方式开放。课堂教学要坚决摒弃"满堂灌"的教法，增强师生活动的多项性和教学手段的多样性。要根据教材、学情、教情的不同特点，灵活选用不同的教学方法。②课堂提问开放。开放性的提问，是启发学生发散思维、逆向思维、批判性思维，培养学生思维的流畅性、变通性、独创性的有效途径。教师要鼓励学生去大胆探索，对不同的结论，可以组织学生进行课堂讨论。学生各执一词时，教师既可以放手让学生去自由争论，也可以参与辩论，但绝对不能压制学生的思维。③语文活动式教学面向每一个学生，尊重每一个学生发展的特殊需要，具有开放性，关注学生在活动过程中产生的丰富多彩的学习体验和个性化的表现。"把主权还给学生，把时空留给学生。"④在小组组合、活动形式、主题任务的选择、设计活动环节等方面都表现为自主开放。改变一支粉笔一块黑板的旧模式，实现教学内容贴近学生、教学手段先进、教学方法多样，注重教学的实用性。实践表明：积极开展丰富多元的开放性教学活动，在激发学生情趣、优化过程结构、丰富课程内涵、拓宽学习视野和促进学用结合等方面，能够充分发挥寓教于乐和厚积薄发的作用，为培养学生的自主学习能力和可持续发展能力源源不断地输入活力元素。

（五）趣味性

语文活动式教学倡导为学生创设良好的学习情境，激发学生学习兴趣，引发学生主动学习的动机，所以它遵循兴趣性原则，遵循学生身心发展规律和心理特点，依据学生的现实需要、兴趣爱好寓教于乐，让他们在活动中学有所乐、全面发展。

联合国教科文组织提出 21 世纪学生应具备的四种基本素质，即学会认知、学会做事、学会与他人共同生活、学会生存。在这一前提下，笔者认为在目前我国以学科教学为主的体制下，除专门开设综合实践活动课、倡导课外活动、利用闲暇活动外，提倡和推广学科活动式教学的教学模式更为重要，因为"活动"教学有利于纠正传统教学的思想偏差，有利于改变传统教学方式，有利于促进学生主体发展，因此，活动式教学是顺应时代要求、顺应新课改的需求而产生的，积极提倡推广语文活动式教学具有重要的价值和意义。

## 第一节　语文活动课产生的背景

2017 年 12 月 29 日颁布的《普通高中语文课程标准（2017 年版）》中正式提出了"语文学科核心素养"，搭建并阐述了"语言建构与运用""思维发展与提升""审美鉴赏与创造""文化传承与理解"的框架和具体内涵，这是顺应国际素质教育发展要求的必然选择。

新课标在"课程性质"中直接明确"语文课程是一门学习语言文字运用的综合性、实践性课程"。"新课标"在"学习任务群 1　整本书阅读与研讨"中要求："教师的主要任务是提出专题学习目标，组织学习活动，引导学生深入思考、讨论和交流。"在"学习任务群 2　当代文化参与"中要求："以参与性、体验性、探究性的语文学习活动为主，增加课程与学生成长的联系。""引导学生自主创建各类社团，开展各类语文学习活动，如读书交流、习作分享、辩论演说、诗歌朗诵、戏剧表演等。"在"学习任务群 5　文学阅读与写作"中要求：教师应"提供阅读策略指导，适时组织经验分享和成果交流活动。"在"学习任务群 10　中国现当代作家作品研习"中要求："要有足够的课时保证学生独立自主阅读,设计促进学生个性化体验的阅读活动。"① 等等。

可见,新课改下的语文课程不仅强调培养学生以听、说、读、写语文能力为基础的语文素养,而且重视在这一过程中融入多学科元素和实践能力的训练,足见语文课程性质之特殊。

## 一、当前高中语文活动课教学存在的问题

### (一)对语文的性质认识模糊

自从语文活动课程提出以来,许多一线语文教师为了转变以往"唯语文"的倾向,在实际的课堂教学中过多地加入跨学科、跨领域的元素,却造成了形式大于内容的教学现象,出现了"非语文""泛语文"的局面。语文活动课教学应坚持"语文性"还是"综合性",抑或是如何在语文综合性学习中平衡"语文性"和"综合性"的关系,一直是学者们论辩的焦点,高中语文活动课在意识层面的认同乃至行动层面的教学依然任重道远。

### (二)"知识本位"的教学观念根深蒂固,知识与素养的关系模糊不清

当谈到从"双基"到"三维目标"再到"核心素养"时,知识的地位和作用似乎在不断被弱化,很多人为此提出质疑:知识难道就不是素养吗?没有学科知识哪来学科素养?知识与素养的关系模糊不清。

知识是学校教育活动得以开展的一个"阿基米德点",教学活动离不开知识,教学活动对知识具有绝对的依赖性,但是,教学绝不能止于知识,人的发展更不限于掌握知识,教学的根本目的和人的发展的核心内涵是人的素养的提升,也即教学是通过知识的学习来提升人的素养的一种教育活动。目前教学中存在的突出问题是:作为工具、媒介、手段、材料的知识反倒变成了教学的目的,知识被绝对化、神圣化了,教育成了为了知识的教育,而能力和素养反被弱化、边缘化,有知识、没能力、缺素养成为我们教学中最突出、最致命的问题。因此,从教育思想的角度讲,我们要把为了知识的教育转化为通过知识获得教育,知识是教育活动中促进学生发展的一种文化资源和精神养料。

那么,究竟如何才能把学科知识转换为学科素养呢?笔者认为,学科知识

---

① 中华人民共和国教育部:《普通高中语文课程标准(2017年版)》,人民教育出版社2018年版。

只是形成学科素养的载体,是不能直接转化为素养的,学科活动才是形成学科素养的渠道。学科活动意味着对学科知识进行加工、消化、吸收,并在此基础上进行内化、转化、升华,从而达到形成能力和提升素养的目的。

(三)《高中语文》(粤教版)活动内容没有很好地体现核心素养

《高中语文》(粤教版)必修1至必修5活动课分为:"认识自我""体验情感""关注社会""感悟自然""走近经济"五部分内容,都是围绕"情感、态度、价值观"三维目标进行设定,缺乏清晰的关键能力的主线,活动的目的也仅局限于表达与写作。虽然较"双基"关注学科本位,转变到"三维"关注人本位有较大的进步,但从教学的角度来说还是静态的,因为缺少教学生成的动态特性。主要表现为:

(1)活动缺乏对教育内在的、人本性、整体性和终极性关注。
(2)对人的发展内涵,特别是关键的素质要求缺乏清晰的描述和科学的界定。

三维目标中的"过程与方法"不是素养本身,它只是素养形成的桥梁。新课标用"学科活动"来统整三维目标中的"过程与方法"以及学习方式中的"自主、合作、探究学习",目的是强化学科教学的学科性,聚焦学科核心素养的形成。

## 二、国内外语文活动课的研究现状

语文活动课是指在教师的指导下,学生自主进行的专题性和综合性语文实践活动课程,是基于学生的经验,密切联系学生自身生活和社会实际,体现对语文知识的综合运用的实践性课程。语文活动课具有综合性、自主性和开放性等特征,其理念与语文学科核心素养强调的"整体式培养学生能力与品格"相吻合。

"语文学科核心素养",乃是"学生在积极的语言实践活动中积累与构建起来,并在真实的语言运用情境中表现出来的语言能力及其品质;是学生在语文学习中获得的语言知识与语言能力,思维方法和思维品质,情感、态度和价值观的综合体现"。[①] 主要包括语言建构与运用、思维发展与提升、审美鉴赏与创造、文化传承与理解四个方面。

---

① 中华人民共和国教育部:《普通高中语文课程标准(2017年版)》,人民教育出版社2018年版。

### （一）国外研究现状

活动教学的思想有着悠久的历史。从苏格拉底的"产婆术"到杜威的"以儿童为中心"和"从做中学"的实用主义教育思想，都极大地推动了活动教学的发展。到了近代，皮亚杰运用发生心理学的原理对活动教学下了明确的定义，并对其进行了阐释。

20世纪七八十年代，美国一些学者如霍尔、赫林等人均从不同角度对活动课程进行了相关解释。而此时的日本也将"活动化"的教学引入各级各类学校，开始了活动课程的普及化。综合来看，活动课教学的出现是作为传统教育的对立面而言的，但在发展的过程中，以杜威以及新教育为主导的活动课教学开始成为欧美教育的主流，课堂教学活动化也成为西方国家的教育特色。近年来，发达国家进行了学习方式的变革，"活动化"的课堂教学贯穿始终，并成为其最大的特色。

### （二）国内研究现状

20世纪30年代，我国许多学者开始研究活动教学，比如，陶行知的"教学做合一"，陈鹤琴的"活教育"理论。陶行知在1927年以"教学做合一"作为他教学方法论的基础。陈鹤琴提出"活教育"理论，提出教师与学生要学会"做中教""做中学""做中求进步"。

目前，国内相关领域的理论研究以学者发表的学术论文为主，研究方向多集中于教学理论的某一个侧面或角度，如：研究者仇汉江先生在论文《语文综合实践活动课程的选题从何而来》中主要探讨语文综合实践活动课程的活动选题问题；桂良金先生从提高语文综合实践活动的有效性角度提出语文综合实践活动的五结合策略；等等。这些研究和理论探讨都对语文综合实践活动课程的发展起到了很好的推动作用，但普遍未能形成系统。

我国的活动课是在前期实验准备不足、理论研究未能提供有效实验策略的前提下出现的，因此，也暴露了一系列的问题，如学科活动与活动课程、课外活动与活动课程界限模糊，活动课的课时安排不明确等。通过中国知网检索可知，语文活动课尤其是高中语文活动课的研究尚有待深入，而将核心素养与高中语文活动课教学结合的相关研究更是处于空白状态。这反映了目前"核心素养"与"语文活动课"结合研究相对不足的现状。

语文活动课将围绕培育学生语文学科核心素养这一宗旨，开展系列高中语文主题活动教学，将语文学科核心素养与语文活动课有效结合，构建高中语文活动课教学模式，提升高中语文活动课的有效性、生成性、广泛性。

## 第二节　学科活动特性与语文活动课基本特征

### 一、学科活动特性

如果说学科知识是学科核心素养形成的主要载体，那么学科活动则是学科核心素养形成的主要路径。能力只有在需要能力的活动中才能得到培养，素养只有在需要素养的活动中才能得到形成。杜威指出，真正的知识应该是主体与客体对象在互相作用的过程中，主体与经验材料紧密联系在一起的结果。因此，他"强调把各门学科的教材或各部分知识恢复到原有的经验"，教师"考虑的不限于教材本身，而是把教材作为全部的和生长的经验中相关的因素考虑的。这就是使教材心里化"[①]。

#### (一) 学科活动的哲学论解读

完整的学科活动应包括实践活动和认识活动两方面。按照马克思主义观点，实践活动是一种主观见之于客观的过程，而认识活动则是一种客观见之于主观的过程。就实践与认识的关系而言，实践是认识的基础，实践决定着认识的产生、发展，是认识的标准和最终目的。同时，认识对实践具有能动的作用，即指导作用，学生在学科学习活动中的实践和认识的关系也是如此。不同的是，学生在学习活动中的实践和认识具有自身的特殊性，最终的目的也只是为了认识世界和改造世界，也是为了自身的发展，即学科核心素养的形成。

#### (二) 学科活动的教学论价值和意义

学科教学的实质就是学科活动，包括教师教的活动和学生学的活动，其中学的活动是根本。学科教学过程即学科活动的过程。黄厚江教授说："现在很多语文课堂不是由教学活动和学习活动组成的，而是由内容的堆砌、问题的罗列、形式的呈现、概念的演绎以及结论的传递，甚至就是由一个个题目和一个个答案组织的一堂课。而从课堂教学的基本要求看，语文课堂教学必须由语文活动组成。什么是语文的活动？语文的活动，应该是以语言为核心的活动，

---

[①] 约翰·杜威：《杜威教育论著选》，赵祥麟、王承绪编译，华东师范大学出版社1981年版，第89~90页。

听、说、读、写应该是基本形式,但很多语文课把大量的时间花在其他活动上。"① 老先生的话,道出了目前语文教学的现状,同时也强调了语文活动的重要性。

(三) 学科活动的特性

**1. 实践性**

学科活动的实践,本质上是一种学习,即实践型的学习和学习型的实践。从学科学习的角度讲,实践性包括以下几层意思。

(1) 凸显直接经验。学科知识即间接经验,与此对应的是直接经验。应该承认,强调书本知识的学习是符合教学过程的规律和特点的,它能快速有效地促进学生认知的发展。但是,我们不能因此忽视直接经验的作用,这是因为:

第一,没有一定的直接经验,学生难以理解和掌握间接经验。对此,陶行知先生有过一个精辟的比喻,"接知如接枝"。他说:"我们要有自己的经验做根,以这经验所发生的知识做枝,然后别人的知识方才可以接得上去,别人的知识方才成为我知识的一个有机部分。"②

第二,间接经验是基于直接经验和为了直接经验的,是无数直接经验整合的结果。只有间接经验真正转化为学生的直接经验的时候,它才具有教育价值,才能成为人的发展价值。直接经验是储备金,是母乳;间接经验,是纸币,是代乳品。

(2) 强调身体参与。现代脑科学研究表明,大脑本身并不能独立完成高级认知活动,大脑和通过身体与外部世界的互动,对理解高级认知过程起着关键的作用。对于心智的理解必须放到它与身体的关系背景中,而这个身体是与外部世界互动的身体。为此,现代认知科学强调自身认知。自身认知的核心内涵就是身体的参与。

因此,"教师在教学过程中注意引导学生在参与互动中学习,在交往中学习,在体验中学习,在游戏中学习,在探究中学习,在生活中学习,在各种亲自操作和实践活动中学习。让作为主体的学生的身体进入教学中,发挥身体知觉的认知能力,让学生把每一种感官都调动起来,以自己的方式来与物体交流,让线条、色彩、形状成为对事物的思考方式,打通感官之间的屏障,联系

---

① 黄厚江:《把语文课上成语文课》,载《语文建设》2013 年第 13 期。
② 陶行知:《"做学教合一"的总解释》,载《重庆陶研文史》2016 年第 4 期。

感官之间的感觉，发现声音的视觉、颜色的听觉，达到对事物本质的认识"①。

学习不仅要用自己的脑子思考，还要用自己的眼睛看，用自己的耳朵听，用自己的嘴巴说，用自己的手做，也就是说，用自己的身体亲自体验经历，用自己的心灵去亲自感悟。这不仅是理解知识的需要，更是激发学生生命活力、促进学生生命成长的需要。

在身体参与中，陶行知先生特别强调手脑并用的意义。他说："人生两个宝，双手与大脑。用脑不用手，快要被打倒。用手不用脑，饭也吃不饱。手脑都会用，方是开天辟地的大好老。"② 苏联教育家阿莫纳什维利也认为，学生单靠动脑，只能理解和领会知识。如果加上动手，他就会明白知识的实际意义；如果再加上心灵的力量，那么认识的所有大门都将在他面前敞开，知识将成为他改造事物和进行创造的工具。中国也有"纸上得来终觉浅，绝知此事要躬行"和"纸上得来终觉浅，心中悟出始知深"的古训。杜威的"做中学"理论更是全面深刻地阐述了动手的价值和意义，他认为，个体要获得真知，就必须在活动中主动体验、尝试、改造，必须"做"，因为经验都是从"做"中得来的。

（3）重视感性因素的作用。从心理学的角度讲，感性和理性是指人的两种不同的心理机制和功能，感性是指人的感知、想象、情感、灵感、直觉等心理机制与功能；理性是指人运用概念进行推理、判断的心理机制与功能。从人类学的角度讲，感性与理性是指同时存在于现实生活中的人身上的两种因素。感性因素是指人的本能、欲望、感觉、情感等；理性因素是指人的理智、思考、抽象思维等。感性和理性具备的不同特征和功能，决定了两者在人的身上发挥的不同作用与价值。对人的生长而言，这两种因素都是不可或缺的，这是人性丰富完满的必然要求。

然而，在认识世界的过程中，人们往往重理性、轻感性。从认识角度讲，即重理性认识、轻感性认识。人们认为，感性认识是低级的、粗糙的、不可靠的，只能提供认识的具体材料，理性认识才是高级的、精确的、牢靠的，才能把握事物的本质。于是，感性认识与理性认识之间被人为设置了一道鸿沟，前者被认为只有经过飞跃才能达到后者。这种重理性、轻感性的观念导致教学凭空追求理论化和抽象化，其结果是学生只能在理论层面掌握知识，使知识成为

---

① 杨晓：《知觉教学：身体现象对教学改革的启示》，载《课程·教材·教法》2015年第12期。
② 华中师范学院教育科学研究所：《陶行知全集（第2卷）》，湖南教育出版社1985年版，第606页。

空中楼阁。

教育心理学研究表明,学生掌握知识的过程是一个感性认识和理性认识相结合的过程。如果学生的感性认识丰富、表象清晰、想象生动,形成理性认识及理解书本知识就比较容易;反之,要掌握书本上的概念、公式、原理就比较困难。为此,教学不仅要关注和发展人的理性因素,同时也要关注和发展人的感性因素。重理性、轻感性只能造成对人性的肢解。而传统课堂教学缺乏人情味,缺乏对人的感性因素的刺激和满足,也就丧失了应有的感染力和号召力。

值得强调的是,对于感性认识和理性认识,我们不仅要看到两者的纵向联系,重视感性认识的基础作用,还要看到两者的横向联系,即感性认识和理性认识是互相交错、互相渗透的,两者总是具体地统一在一定的认识水平之上的。

(4) 倡导"用中学"。学习与应用是相辅相成、相互促进的关系。传统教学以学为本、以学为先,以此定位两者的关系,从而导致重学轻用;现代教学则强调以用为本、以用为先来定位两者的关系。有学者将"用中学"的内容归纳为以下三个方面:

第一,着眼于目的,将"用"知识作为"学"知识的重要目的,强调学习知识的目的在于运用知识与社会实践,即"因用而学""学以致用"。学而无用的知识使人迂腐,使人软弱;学有用的知识,使人聪慧,使人有力。心理学把理解不了的知识称为"假知",把应用不了的知识称为"惰性知识"。

第二,着眼于功能或作用,将"用"知识作为"学"知识的一种手段和方法,强调知识的运用可以促进知识的学习,可以发挥"以用促学"的功效。陶行知先生非常强调知识的运用,甚至提出要以"用书"来代替"读书"。在他看来,"书是一种工具,和锯子、锄头一样,都是给人用的。我们与其说'读书',不如说'用书'。书里有真知识和假知识。读它一辈子不能分辨它的真假;可是用它一下,书的本来面目便显了出来,真的便用得出去,假的便用不出去"。

第三,着眼于过程,将"用"知识的过程看作"学"知识的过程("用中学"的本义),认为知识的运用过程也包含着知识的学习过程,或者知识运用本身就是一种知识学习过程。如毛泽东曾指出:"读书是学习,使用也是学习,而且是更重要的学习。"后来的"学用结合"思想深受毛泽东这一知识学习观的影响,非常强调知识学习要密切联系实际,以达到活学活用的学习效果。[1]

---

[1] 张琼:《"用中学":指向实践能力发展的一种知识学习方式》,载《教育研究与实验》2014年第5期。

学生的学习有其特点，我们不能否定"用前学"即先学后用的意义，但是我们同时还要提倡"用中学"，即边用边学和边学边用，努力把知识的学习过程渗透和融入知识的应用过程，因为这种学习更有助于把知识转化为素养。

### 2. 思维性

思维主要指抽象概括与逻辑分析的一种认知活动过程、方法或能力，它是学生接受知识、发现知识和建构知识的基本前提。学科认识活动的核心是学科思维，其认识过程本质上是一种学科学习的思维过程，是学科特有的理解问题和分析问题的思维方式，使学生像学科专家一样深入思考问题。

首先，就学科知识本身而言，它是思维的产物、智慧的结晶。学科知识，在内容上包含着深刻的思维和丰富的智慧，而在形式上却简单、呆板，是现成的结论和论证。学科教学绝不仅仅意味着展现教材上的现成的结论和现成论证，而应重在揭示隐含在其中的精彩而又独特的思维过程，并引导学生深入学科知识的发现或再发现中去。唯其如此，学生才能真正理解和掌握学科知识，并把教材上的智慧转化为自己的智慧。教材编写和学科教学内容的组织、设计必须凸显学科知识的形成过程，即学科问题的发现过程、学科概念的提炼过程、学科命题的论证过程等。

其次，就学生认识活动而言，它主要是学生自主阅读、独立思考的过程。苏霍姆林斯基认为，所谓真正拥有知识，就是对知识有深刻的理解并且经过反复的思考。孔子也说过，"学而不思则罔"。所以说，学习过程必须是思考的过程。现代教育心理学研究指出，学生的学习过程和科学家的探索过程在本质上是一样的，都是一个发现问题、分析问题和解决问题的过程。这个过程一方面是暴露学生各种疑问、困难、障碍和矛盾的过程，另一方面也是展示学生聪明才智、独特个性、创造成果的过程。

最后，学科思维是体现学科性质和特点的思维活动。它既不是静态的学科知识与技能，也不是某剂解决问题的简单"处方"，而是寻求思考解决和评价学生问题有效方法的思维方式和模式。它根植于学科内容之中，是学科的灵魂。

### 3. 自主性

学科活动，无论是实践过程还是实践认识，都是一次"有我"的活动，而非"无我"的活动，"无我"的活动即"被活动"。正如第斯多惠所说："发展与培养不能给予人或传播给人，谁要想有发展和培养，必须用自己的内部活动和努力来获得。"① 这里所说的"有我"活动具有以下几个特征。

（1）自主性。喜欢活动是人的天性之一，中小学生尤其如此，教学要想更有效地利用好学生的这一天性，关键要把这种冲动和欲望转化为富有理性、持之以恒的学习热情和自主学习的行为。对此，可以从四个方面进行衡量："一是对实践活动有特别的爱好和追求；二是有强烈的实践主体意识，并能迅速转化为发起和积极参与实践活动的外显行为；三是能充分体验实践活动成功的喜悦，四是对实践活动中遇到的困难问题具有克服和解决的兴趣和耐心。"② 实践活动如此，认识活动也一样。

（2）完整性。完整的活动，指的是以活动为主线、为主体的完整学习过程。学科活动作为学科核心素养形成的主要路径，从教师教学的角度来讲，无论是这门学科的教学，还是主题单元的教学，都要强调其完整性和整体性，而不能是碎片的、局部的。从学生发展的角度讲，一定要让学生经历从感性到理性、从现象到本质、从猜测到验证的过程，经历从片面到全面、从浅到深、从易到难的过程。

（3）独立性。学生的独立性包括以下四层意思：第一，每个学生都是一个独立的人，真正的学习都要基于学生自身的独立活动，任何人都不能代替；第二，每个学生都是独立于教师的头脑之外，不以教师的意志为转移的客观存在；第三，每个学生都有强烈的独立倾向和独立要求；第四，除有特殊的原因之外，每个学生都有相当强的独立能力，无论是认识过程还是实践过程，都要强调学生的独立参与，而不能一切按照老师的意志来安排和设计行动，无论是活动的过程，还是活动的设计、组织以及活动的总结、评价，学生都应该是主角、主体。

#### 4. 教育性

学科活动的价值归宿是学生的发展，即学科核心素养的形成。这是学科活动与其他类型的实践活动的区别。一般类型的实践活动都是以认识和改造客观世界为主要目的的，而中学生的学科活动是以发展和完善素养为目的的。学科活动是一种学习活动，这种活动具有研究性，但本质上又不是一种研究活动，它与学科研究活动的价值取向不同，它的最终指向不是学科问题的解决，而是学科教育价值的实现。

值得强调的是，学科核心素养是学科知识与学科活动互相作用产生"化

---

① 第斯多惠：《德国教师培养指南》，人民教育出版社1990年版，第78页。
② 傅维利等：《论中小学生实践活动的特点及发展过程》，载《教育研究》2000年第9期。

学反应"的结果，两者缺一不可，而且必须是"化学反应"而不是"物理反应"。相对而言，学科知识彰显的是教学的深度，学科活动彰显的是教学的温度。深度强调的是学科知识的科学化、学术化处理，关注、强化的是学科知识的概念化、科学化、规范化、学术化、逻辑化，其核心和本质是学科思维、思考和文化，其宗旨是强调学生及其学习的学科化。而温度强调的是学科知识的教育化、心理化处理，把学科知识生活化、经验化、情境化、活动化，其核心和本质是学生化。学生的学科知识、学生的知识、学生的思维，是学生学习的根本。从一定角度讲，这是把学科知识浅化、宽化的过程，从而让学科知识走进学生的经验、生活，变成学生自己的知识。

就学生与学科的关系来说，学科知识把学生描述成"一个人在学习学科知识"。教师按照学科结构，固守学科的逻辑来传递学科知识，学生则按照学科逻辑来接受、复制、被动地掌握既定的学科知识。课堂学习成为一个纯粹的学科知识传承、恪守学科知识逻辑的流程。这种教学把学生排斥在课堂之外，成了课堂的局外人。而学科活动则把学生描述成"一个学习科学知识的人"，学生按照自己的意愿和兴趣，从自己的生活、经验出发，通过自己的实践和认识建构自己的学科知识。

没有深度的课堂，必然是平庸、表层的课堂；没有温度的课堂，必然是机械、乏味的课堂。深度和温度的均衡分布，最有利于课堂教学效益最大化。当然，深度与温度的具体分布比例，要取决于学科的性质、学生的基础和教学的任务等因素。

## 二、语文活动课的基本特征

著名语文教育家李海林先生认为语文活动课程的基本教学形态是"搞活动"，倡导老师从文本出发，设计一系列语文活动，让学生在活动中读懂课文、掌握知识、形成能力。[①] 实际上，开展语文课堂活动至少有三个方面的实践价值：一是体现语文课程属性。语文课程是一门学习语言文字运用的综合性、实践性课程。开展语文活动课能体现综合性、实践性等语文课程属性。二是提升学生的语文核心素养，即"新课标"提出的"语言、思维、审美、文化"四个方面语文核心素养，显然，这四个方面紧密联系，是一个不可分割的整体，开展语文活动能够使这四个方面的素养都有不同程度的提升。三是矫

---

[①] 王荣、李海林：《"搞活动"是语文活动课程的基本教学形态》，载《中学语文教学》2009年第5期，第18～24页。

正语文课堂教学积弊。"搞活动"能革除传统"传授式"("满堂灌"是变相的传授）教学形态的弊端，避免课堂教学的碎片化倾向，通过活动搭建一个师生对话的平台，师生双方可以围绕一个问题集中交流、探讨，从而克服单向度的课堂独语现象，实现师生向多向度的智识共享，生成真正意义上的对话课堂。

（一）语文活动课堂的特点

**1. 立足"语文"**

语文活动课的目标、内容、形式都要立足于语文，切合语文学科的本体特质，符合语文教学的规律，体现语文学习的特点，确保学生语文素养的提升。从目标来说，应着力提升学生的语文核心素养，通过课堂活动帮助学生在语言、思维、审美、文化等几个方面获得提升；从内容来看，用来开展活动的内容必须体现语文学科的工具性和人文性的特点，主要指向学习语言文字运用的语言作品；从活动形式来说，形式可以丰富多样，但一定要围绕"听、说、读、写、审、评、辩、思"等语文基本能力展开，切不可只有"歌、舞、光、电"等形式，滑向"泛语文""非语文"的境地。

**2. 指向"课堂"**

语文活动课强调在"课堂"中开展活动，旨在将语文"课堂活动"和"语文活动"加以区别；也就是说，"语文活动课"是一种狭义的语文活动，是指在课堂上基于某种教学任务而展开的语文活动，而非广义上的用于所有时空的语文学习活动。具体来说，有四个方面的限制：一是有明确的目标，在限定时间内完成相应的任务，达成预设的教学目的；二是在课堂现场进行，在特定的课堂情境中展开活动；第三是激活生成，课堂现场为教学生成提供丰富的资源，使活动产生一些未经预设的精彩；四是追求有效，课堂时间是有限的，开展活动的目的是找到更适切与适合的形式实施教学，取得更好的教学效果。

**3. 着眼"活动"**

语文活动课是在语文课堂中通过开展"活动"来实施教学的活动，实际是一种特殊的教学方式。活动就形式而言，包括外在活动和内在活动；就实质而言，包括感性活动和理性活动。如果外在活动是看学生实际"做"了什么、"做"得怎样，内在活动只是看学生"想"的什么、"想"得怎样，语文活动课强调通过学生的外在活动和内在活动，经历学生的感性认识和理性认识，来达到教学目的。这种"活动"应该具有如下特性：

（1）实践性。强调学习者通过实践进行学习。"做中学"是杜威提出的教学理论，他把教学过程看作是"做"的过程，主张学校里知识的获得要与生活过程中的活动相联系，杜威将"做中学"教学的过程归纳为以下几个步骤：

第一，学生要有一个真实的、经验的情境，即要有一个对活动本身感兴趣的连续的活动。

第二，在这个前期内部产生一个真实的问题，作为思维的刺激物。

第三，学生要占有知识资料，从事必要的观察，对付这个问题。

第四，学生必须负责一步步展开他所想出的解决方法。

第五，学生要有机会通过应用来检验自己的想法，使这些思想意义明确，并且由自己去发现是否有效。

（2）综合性。活动是基于学生直接经验的，密切联系学生的自身生活和社会生活，体现了对知识的综合运用，强调在活动中提升多种素养。

（3）交往性。交往性指活动中学生、教师、文本、编者等多个教学要素之间是互相往来的，而且这种交往是一种多层次、多向度的立体式的交往，而非单向度的讲解、倾听、接纳。

（4）过程性。强调活动从预设到完成有效完整的过程，课堂活动展开的过程就是学生、教师、文本作者、教材编者等教学主体基于活动内容充分对话的过程。

## 第三节 语文活动课与情境

正如前面所提及的：语文活动课就是把语文课堂活动化，目的是让课堂有一定生长性、生成性。建构主义认为，认知是主体在实践活动中的建构过程，认知的发展是身体与环节互动的结果。因此，活动离不开情境的创设，有活动就必须有情境，只有通过有目的的情境设置，作用于身体，并通过身体的中介作用，才能促进主体与环境的互动。

### 一、活动与情境

《普通高中语文课程标准（实验）（2003年版）》中，"情境"一词出现了3次；《义务教育语文课程标准（2011年版）》中，"情境"也出现了7次；而《普通高中语文课程标准（2017年版）》中"情境"一词共出现了34次。

为什么在基础教育课程改革深化阶段会如此重视"情境"，甚至在测试层面也要专门强调"情境",因为课程改革深化阶段以培养学生核心素养为目标,核心素养是指个体在应对21世纪各种复杂的、不确定性的现实生活环境时所需要的关键品质。为此,学校教育需要帮助学生学会应对各种复杂的现实情境,合理解决现实生活中各种挑战性的真实任务;这意味着,要提升学生核心素养,必须依赖于创设合理的真实的任务情境才有可能。

《义务教育语文课程标准(2011年版)》和《普通高中语文课程标准(实验)(2003年版)》在课程目标、教学建议和评价建议等部分提及了"情境"。概括而言,主要有如下三种情况:一是提示重视感受文学作品所描述的情境;二是提示创设各种丰富的教和学的情境;三是口语交际教学和评价应该在一定的交际情境中展开。

我国语文课程领域所说的"情境",可以从来源角度概括为三大类:一是语文学习对象内容本身所构筑的"情境",包括平常所说的文学意境、情境等;二是学习主体置身其中的客观、自然的现实"情境",包括某个时刻所处的自然环境、交际场景等;三是教学主体在教、学、评的过程中,有意识地为学习主体构筑的背景、环境、场景等,选择、组合、加工色彩较为突出,通常包含前面两类情境因素。从中不难看出"有意识地为学习主体构筑的情境"尤为重要。开展语文活动课最根本的前提条件就是创设有意义的真实情境,学生在真实的情境开展有意义的活动,从而到达对主题的意义建构。

《普通高中语文课程标准(2017年版)》所指的三类情境,即个人体验情境、社会生活情境和学科认知情境。与现代课程理论所主张的课程与教学目标的来源框架"学习者的需要、当代社会生活的需要、学科发展的需要"相吻合。

个人体验情境,指学生个体独自开展的语文实践活动,如在文学作品阅读过程中体验丰富的情感、尝试不同的阅读方法以及创作文学作品等。这一类情境旨在让学生充分感受和呈现自己个人独特的体验,建构属于自己的意义。社会生活情境,指向校内外具体的社会生活,强调学生在具体的生活场域中开展的语文实践活动,强调语言交际活动的对象、目的和表达方式等。这一类情境重在让学生运用语言文字,感受语言文字的交际能力,内化交际规则。学科认知情境,指向学生探究学科本体相关的问题,并在此过程中发展语文学科认知能力。这类情境重在引导学生调用和获得学科规律性知识,并发展学科探究能力。不管是哪类情境都离不开"语文实践活动",可见情境与活动密不可分。

## 二、活动情境与知识建构

任何知识只要具有生命力,都必须作为一个"过程"存在于一定的生活场景、问题情境或思想语境之中。在知识的情境中,知识是活的;脱离特定的情境,知识是死的。语文活动课,就是教师在教学的过程中有意识地创设一定的"真实情境",把知识转化为与知识产生和具体运用的情境具有相似性结构的组织形式,让学生参与、体验类似知识产生或运用过程的情境,从而直观地、富有意义地、快乐地理解知识或发现问题乃至创造知识。在情境教学中,学生是通过自己的身体来认识世界的,活动的出发点不是课本,不是抽象的知识,而是学生身体与自然、社会、他人和自我的相互作用。教师创设教学情境,目的是摒弃传统的用概念来代替学生的知觉、用语言来代替事物本身的教学模式,让学生在情境中发生自己对事物的原初性的感受,表达身体对事物的体验,激发他的感性思维和内在探究事物的渴望和能力,从而有效地建构知识。

总之,要用教学活动、教学情境和生活情境来刺激学生的身体感知,调动学生的眼、耳、口、手、身等多角度、多方面体验知觉外部世界,注重口动、手动、眼动、耳动、身动的互动和结合起来激发学生的学习兴趣。培养学生良好的学习习惯,使学生能自然地释放身体和情感,提高学习质量。

## 三、语文活动课情境创设的意义

情境就是"情"加"境"。它赋予知识和认识以情和境,从而使知识和认知变得具体化、形象化、生活化、情趣化、生动化、活泼化、背景化、问题化和思维化,从而大大提高学生的学习效果和效率。

情境的创设对语文活动产生积极的促进作用:第一,情境的创设可以有效刺激学生,不仅使学习过程成为对知识本身的接受,更会使学生产生情感共鸣;第二,情境的创设可以使枯燥乏味的知识产生丰富的附着点和切实的生长点,让教育具有深刻的意义;第三,情境的创设增加了学习活动的生动性、趣味性、直观性,让学生在理论知识与应用实践的交互碰撞中真正理解知识、提升能力。

知识只是素养的媒介和手段,知识转化为素养的重要途径是情境创设。语文活动课必须建构从真实的情境中学习的认知路径,因为它就是知识通向素养的必然要求。

语文在活动中生长

## 第四节 语文活动课与深度学习

### 一、什么是深度学习

深度学习是一种面向真实社会情境和复杂技术环境的学习方式和学习理念，倡导通过深度加工知识信息、深度理解复杂概念、深度掌握内在含义，主动建构个人知识体系迁移并应用到真实情境中解决复杂问题，最终促进全面学习目标的达成和高阶思维能力的发展。

深度学习不仅关注学习结果（学习者的知识、建构经验的生成和价值的领悟），而且注重学习过程，尤其是学习者的真实体验，强调深度学习"是在教师的引导下，学生围绕具有挑战性的学习主题，全身心积极参与、体验成功、获得发展的有意义的学习过程"。

深度学习以创新能力提升和精神影响为旨归，突出参与、体验和生成，并促进学习者核心素养培育的一种学习方式。

### 二、语文活动课是实现深度学习的最佳路径

语文活动课是指在教师的指导下，学生自主进行的专题性和综合性语文学习活动课程，是基于学生的经验，密切联系学生自身生活和社会实际，体现对语文知识的综合运用的实践性课程。① 语文活动课具有情境性、综合性、自主性、迁移性和开放性等特征，其理念与深度学习的特征相吻合。语文活动课与深度学习之间的联系就在于——迁移，即运用先前所学的知识和技能支持新的学习以及在文化关联的新情境中解决问题。语文活动和深度学习都是一个过程，既存在于个体的认知活动之中，也通过群体间的合作交流而生成，通过语文活动课这一路径，更好地促使学习走向深度，可以说，语文活动课是实现深度学习的最佳路径。

---

① 袁锦川：《关于高中语文活动课教学设计的研究》，载《新课程学习·观察视角》2009年第12期。

## 三、指向"深度学习"的语文活动课

### (一) 创设真实的活动情境

这里所说的真实情境,指的是情境应该来源于学生现实,对于学生来说是真实可感的。需要指出的是,使用"真实"的描述,并不是说情境一定来源于学生生活的实际发生,而是强调情境要与学生的经验相联系,要与学生的真实好奇相联结,通过对情境相关问题的探究,完成对主题的意义建构。

建构主义认为,认识既不起源于客观环境的刺激,也不起源于固有的先验范畴,而是主体在实践活动中的建构过程,认知的发展是身体与环境互动的结果。语文活动课注重学习情境的设置,通过有目的的情境设置,作用于主体身体,并通过身体的中介作用,促进主体与环境的互动。如,在开展"崇高的品质,我们的榜样"的颁奖词创作活动时,笔者既没有上成传统学习榜样的德育课,也没有上成歌功颂德的传统的纯写作课,而是从"理解"的角度,有目的地创设有意义有价值的真实活动情境:以"立德树人"为主题,模拟颁奖词大赛的比赛现场,让学生在规定时间内即兴创作。活动前,同学们纷纷查阅近期的先进人物事迹,并力争做到感动自己;活动中,主持人随机抽取先进人物事迹,待主持人宣读人物事迹后,立即进入比赛情境;在规定的5分钟内完成作品后,立即发布到平板电脑,学生审阅评价,投票决定名次。所有创作活动过程无不在老师设置的情境中进行,似曾相识的情境与学生的经验发生了联系,与学生的真实好奇产生了联结,通过对情境相关问题的理解、对比、探究、迁移,完成对主题的意义建构。基于此,通过创设和利用具有真实性、变异性、多样性的学习情境更好地使学生进入深度学习状态。看看学生5分钟创作的冠军颁奖词:

> 莽莽黄天沙,拳拳赤子心。
> 奇林崛起,你是否看见了那魂做的根,汗做的雨,泪做的肥。
> 无名,无名。
> 鞠躬尽瘁,为一个塞罕坝守护者的名字而骄傲余生。
> 永恒,永恒。
> 死而后已,将寂寂大漠的绿色希望献给后人。
> 何以移志?
> 你们说,

燃尽生命之光。

（事迹：塞罕坝的绿色守护者　作者：林珈禧）

## （二）追求对知识的理解、生成和建构的活动宗旨

笔者之所以践行活动课的教改，就是要打破传统的"教师传授知识、学生被动接受知识"教学窠臼，实现由"知识本位"到"素养本位"的转变。语文活动课的宗旨是让学生通过活动理解知识、生成知识、建构新的知识，强调学生对核心课程知识的深度理解以及在真实的问题和情境中应用这种理解的能力，尤其是基于理解基础之上的创新能力。在2007年笔者开展的"陌生感阅读"的"课本作文"写作活动中，学生在理解文本的基础上，通过"陌生感阅读"方式，自主生成建构语言，写出很多有创意的文字。如刘欣仪同学读完《朝抵抗力最大的路径走》后，写下：

> 奖牌是一阵风，
> 金杯是一阵雨，
> 跋涉才是太阳，
> 亘古的照耀，
> 是心灵，
> 永恒的土壤。
> 正因如此，我们才有了奋斗在抵抗力最大的路径上的勇气和骄傲！
>
> ——题记

生命就是一种奋斗

"生命就是一种奋斗，不能奋斗，就失去生命的意义和价值；能奋斗，则世间很少有不能征服的困难。"

我反复地，一遍又一遍地读那字里行间，读那言外之意，甚至连标点符号，我都读。

因为我想读——读出什么才是生命，读出什么方为奋斗，读出人其实应如何去追寻生命的意义。

……

或许，生命的意义，就在于尽自己最大的热量去点燃一支蜡烛，让所有习惯黑暗的眼睛都习惯光明；

或许，生命的意义，就在于倾自己最多的心情去喷涂一幅油画，让所有惨淡的事物焕发新的光彩；

　　或许，生命的意义，就在于一场舞蹈，为爱而舞，为生命而舞；

　　或许……

　　无须再"或许"了，因为此时此刻，聪明的我们，大概都懂得了，不管生命的意义如何，可实质只有两个字——奋斗。

　　奋斗在孤寂没有星光的黑夜里；

　　奋斗在荒芜却坚实的深谷底；

　　奋斗在抵抗力最大的路径上……

（摘自《课本作文》）

对《项链》中的玛蒂尔德，柯苑阳同学表述着这样的创新理解：

　　"只要给生活插上梦想的翅膀，即使堕落也格外动人。"有人说这是玛蒂尔德的写照。

　　……

　　玛蒂尔德不是悲剧，因为她曾经那样零距离地触摸到梦想，触摸到人生的幸福。

　　在我们生活的旋涡里，只要插上梦想的翅膀，你就将飞向美丽的天堂。

　　因梦想而天真，因天真而美丽，因美丽而动人。

　　多可爱的玛蒂尔德呀！

（摘自《课本作文》）

这些在传统教学中不曾听到过的思考与判断，就是学生调动了已有的个体经验，并把个体经验与所学知识有机结合起来，在活动过程中生成知识，形成自己独到的、创新性的理解，建构自己的知识体系。在活动过程中，学生不再是被动地接受知识、储存知识和再现知识，而是在教师的引导下，凭借着经验能动地对知识的价值进行审慎性判断和合理的建构。虽然稚嫩，但那毕竟是学生自己的学习体验，毕竟是一个拔节、生长的过程。

### （三）体现主体性、能动性和发展性的活动形式

语文活动课的宗旨就是，摒弃陈旧的以教师为主导的"满堂灌"的课堂形式，充分发挥和调动学生的主动性。"让学生走上讲坛，点亮学生智慧的心火，就是演讲式教学模式的宗旨，从这一宗旨出发，充分发挥学生的主观能动

性，内化学习机制，从学生的视界出发，以全新的角度解读教材，打破过分依赖教材，相信权威的传统教学模式……"①，学生全身心投入活动，对教材进行理解、反思、提炼、加工，最后形成演讲文字，这一活动过程是思维高度摄入的深层次的学习过程。其主体性体现为深度学习的自觉自为的实践活动，不同于被动式学习和接受学习，是由学习者的内在动机和个体兴趣所诱发，是主动为之而非被动接受，是一种"乐学"或者是"痛并快乐着"的学习过程。笔者是这样设计演讲活动课堂的：

**课堂设计** 　　　　　　　　　　**对话演讲的教学模式**

操作程序：

### 1. 活动目的

改变教师垄断讲台的地位；培养学生开阔的视野和批判性思维；凸显写作的目的性；培养学生口头语交际过程中保持客观的态度，提升学生口头交际能力。

### 2. 活动要求

教师给定探究学习教材内容，3～4人一组进行阅读探究学习。

学生可以借助资料对课文进行初步的理解，但探究后形成的发言文字，力求不人云亦云。完成500字左右的"经典"发言。

### 3. 教师准备

首先，教师要熟悉教材、教参以及互联网上的文章，防止学生抄袭。

其次，教师本身要精心探究、挖掘教材，提炼教材本身蕴含的信息，以及可能延伸的信息，也可以进行情境化的思维引导。如，通过探究学习，我们挖掘出《季氏将伐颛臾》一文中包含如下信息：在其位谋其政（陈力就列，不能者止）；问责制（虎兕出于柙，龟玉毁椟中，是谁之过与？）；和平稳定的思想（不患寡而患不均，不患贫而患不安。盖均无贫，和无寡，安无倾）；诚实的品质（君子疾夫舍曰欲之而必为之辞）；以理服人的教育原则（故远人不服，则修文德以来之）；等等。从而，让学生带着思维的火花进入探究学习的情境，找到新旧知识之间的连接点，并在此基础上，通过集体的智慧，形成有价值的文字。

最后，教师要思考学生可能出现的结论或写作内容，研究点评的精妙用语。这样，教师走出了只备答案的枯燥困境，由枯燥的知识走向鲜活的思想。

---

① 黄滨：《点燃希望的火种》，中国评论学术出版社2005年版。

教学活动成了心灵沟通、思想碰撞的快乐列车。

**4. 活动课堂**

学生演讲和教师精炼简洁的点评。学生在教师点评的基础上,可以继续发表见解,其他学生做好聆听记录。为了防止一些学生偷懒,我把演讲分为三个时段:

教师真实情境引导阶段(2分钟左右);

演讲阶段(分15分钟抽签演讲、20分钟自由演讲、6分钟点名演讲三个时段);

教师总结(2分钟左右)。

演讲时间:每人3分钟。重点是自由演讲时段,因为它最能展示学生的特长、激发起学生的斗志、培养学生的兴趣。

两个注意:老师注意引导、点评;学生注意聆听,并有意识地做好聆听纪录。

目的:检测学生对教材以外知识的挖掘,展示理解能力、迁移能力和审美能力,反映学生思维的广度与深度;训练学生的写作、表达、鉴赏能力。

目标指向:关注学生的终极价值——素养教育。

**5. 活动评价**

效果评价:学生的演讲不仅展示了自己的才学,而且也展示了自己的思想,张扬了自己的个性。

师生的倾听、评价过程就是作业的批改过程。这样既减轻老师的一些负担,也可以提高学生的阅读、写作、鉴赏水平,开启了学生的思维,拓宽了学生的视野,提升了学生的综合素养。

愉快的教学、积极的发言、大胆的表达……这种内化学生学习机制的学习比"无效的知识"的浅层说教来得生动,来得鲜活。

过程评价:过程评价等级主要是关注学生的讲稿内容、上台演讲的次数、演讲的效果。改变传统单一依靠分数的评价机制,充分关照学生在成长过程中主体参与意识、合作意识,关注个体的终身发展的特征。

学生这样评价演讲活动课:

……自从上高一老师实行演讲活动以来,我才体会到什么是真正的语文课,并且第一次感受到上语文课的乐趣,这都是黄滨老师带给我的。从此,我们的语文课变得鲜活灵动而不再是枯燥无味,活动充满了欢乐、和谐、动感、刺激……老师为我们提供了一个张扬个性、展示自己的舞台,

同学们个个抢着举手发言、争着上台演讲，就连我这个从前不爱发言的"胆小鬼"也受到了感染，每当上语文课就有一种发言冲动，因为我知道这是个充满竞争的课堂，如果再不努力，就赶不上别人了……

（摘自《点燃希望的火种》）

实行演讲式活动课的目的就是遵循"树立以人为本、自主学习、教育关怀和教育品质的理念"，遵循"教育要与人的幸福、自由、尊严、终极价值联系起来，使教育真正成为人的教育，而不是机器的教育。教育不只是获得生存技能的一种途径，而是提升人的需要层次、丰富人的精神世界的一种方式"。

（四）坚持任务挑战性、过程体验性、知识迁移性活动原则

毫不夸张地说，语文活动课处处充满挑战、充满竞争、充满激情、充满感动、充满人文关怀、充满智慧的火花和生长的气息。只有尝试过，才能真实地感受到它"美妙"。活动强调在真实情境下，利用原有知识、个人经验，通过自主合作探究，生成新的知识。笔者把语文活动课概括为："任务驱动活动，活动串联合作，合作促进探究，探究激发情趣，情趣唤醒学习，学习提升素养。"以成语复习为例，学生接受任务后，充满着期待，充满创作激情，磨刀霍霍，奇招不断。有"中美贸易"的辩论赛，有"共享单车"的相声，有"感动人物"的新闻报道，有"作家的成长之路"小品，还有"红楼网购"故事新编，等等，他们参与其中，体验创作的快乐，陶醉于成语被"复活"的喜悦。活动过程中，学生扮演不同的角色，不仅要体验角色的性格、揣摩角色语言建构的合理表达，还要关照知识迁移过程中的语义情境，等等。不管是课前"预学"、课中"互学"、还是课后"思学"，无不体现"互助、互学、互问"的浓浓氛围。由于篇幅原因，在此不一一列举。

（五）五大步骤建构语文活动

**1. 自主预学（课外时间）**

教师根据预设情境发布学习任务，小组根据情境理解方案，利用互联网搜集材料，分工准备，写出学习预案。

**2. 合作研学（4～7分钟）**

各小组在预学过程中，根据搜集的资料进行优化，共同研究，形成小组的学习成果，做展示准备。

**3. 质疑问学（10～12分钟）**

各小组对其他小组展示的成果开展自由讨论，发现存疑，并利用"平板

电脑"在讨论区发布问题理由，准备问学。这一环节设置的目的是：通过发现问题、分析问题和解决问题的过程，一方面暴露学生的各种疑问、困难、障碍和矛盾，另一方面展示学生的聪明才智、独特个性。

### 4. 探究互学（10～15分钟）

在教师的引导下，各小组对存在的问题进行充分交叉讨论、研习、探究，网上查找资料、互问互学，最终形成解决问题的办法。在这一过程中，教师只是"平等中的首席"，教师充分尊重学生的智慧，学生可以互问互答。

### 5. 共解思学（3～5分钟）

通过质疑问学、探究互学，教师点拨、启迪悟道，同学们的知识得到了拓展，在共解的基础上增长了见识，累积了新的经验，为"思学"提供了坚实的基础。一方面，教师给学生适当的时间、空间，对本小组的成果、活动的过程进行自检、自纠或互查、互纠，可以帮助学生实现对问题的再思考、对内容的再丰富、对知识的再加工、对过程的再论证……为下一次活动的开展累积经验。另一方面，教师反思自己的预设情境是否真实，是否具有操作性。英国教育家伊恩·史密斯指出："反馈被称为'学习的生命线''冠军的早餐'。"他认为，给学生高质量的反馈是教师的核心职责之一，也是学习性评价的一个重要方面。

总之，语文活动是蕴含知识、能力、思维、审美、判断的一种深度学习方式，语文活动的过程伴随着决策、甄别、审慎、反思、批判等思维，这一过程本身也体现了学生的核心素养。

# 第三章 语文活动课堂的前期准备：
# 十五年教改的孤独前行

## 第一节 活动课的启蒙期（2004—2006）：
## 演讲式教学

《普通高中语文课程标准（实验）（2003年版）》指出："教育要以人为本"，改变以往知识本位的教学传统。自2004年暑假参加广东省"新课标"的培训后，笔者便抱着"好玩""试试"的心态，进行"演讲式"教学的尝试。2004年下半期，笔者找准了教改与自己爱好的契合点后，便大胆地尝试改变自己的教学行为，实行"演讲式"的教学方式。之所以这样做是基于：一是践行新课标理念——"以人为本""自主、探究与合作的学习方式"。教师不再仅仅是"教教材"，而是与学生一起探究"学生正在经验到的一切"。二是想摆脱大量的拾人牙慧教学（做教参、教案的传声筒）的被动局面。三是教出自己的个性，活出自己的精彩。一年多来的实践尝试证明：演讲式教学形式丰富、效果好。记得当时广州培正中学老师听了笔者的演讲课教学随堂课后，都不约而同地道出了他们的心声：感觉到这才叫真正的课改，才算得上是真正的"以人为本"的教学。或许，现在听来有些可笑。但在当时（2004年），特别是在知识本位"满堂灌""教师包打天下""分数至上"的背景下，敢第一个站出来"让学生走向讲台"，这本身就是一种勇气，就是一种"冒险"的行为。鲁迅先生曾称赞："第一个吃螃蟹的人是很令人佩服的，不是勇士谁敢去吃它呢？"《普通高中语文课程标准（实验）（2003年版）》刚颁布时，我手头没有任何有关的"新课标（2013年版）"资料解读、没有任何外出学习的机会，笔者仅仅凭着一股"初生牛犊不怕虎"的闯劲，硬是踏出了一条常人不敢走的路。在得到了学生认可和同行高度评价之后，笔者的干劲越来越大，最终萌生了写书的念头。2005年，《点燃希望的火种》教改专著出版。虽然只是教改尝试的处女作，但它在笔者心中的地位不亚于"第一颗原子弹",因为它是笔者走向教改之路的启蒙老师,也是笔者教改前路上的"航标""灯塔"。回想当初的"好玩""试试",今天觉得是对的,若没有当初的开始,就没今天和将来的延续;若没有当初的改变,便没有今天的进步与超越。从"双基"到"三维目标"再到今天的"核心素养",教学重心已经由"知识本位"转向"素养本位",当下的课堂越来越重视人的体验、人的活动、人的发展。对比自己15年前的做法,庆幸自己有"先见之明",特别是2019年的高考作文明确要求写演讲稿,也算是对笔者教改的一种最好的回报吧。最让笔者抱憾的是:当时只有自己一个人在教改路上孤独地前行,没有人重视、没有人支持、没有外出学习的机会,更不用提团队协助,最终也止步于个人的行为。记得2014年,参观山东昌乐二中的教改成果展后,在《由"海量阅读"引发的思考》一文中,笔者这样写道:

"海量阅读",一个让广东教育人不可思议的词语,却在山东一个小小的城郊中学——昌乐二中实现了。也正是其中的"海量阅读"王牌染亮了昌乐二中名校的文化底色,也正是"海量阅读"的第二张王牌,让我们感觉到了山东人改革的胆识与魄力。试问在广东能行吗?

当我们还停留在20世纪80年代的题海战术时,别人早已与时俱进,落实课程标准的精神全面发展学生的素养;当我们还津津乐道于过时的高考成绩时,别人早已培养出精神文明的精英贵族。因为他们懂得,未来社会需要的是有着广博知识、广阔视野的高素质人才。正如昌乐二中的校长所言:"我的愿望就是我要让我的学生在最该读书的年龄读最好的书。"

反观我们的教学,我们想搞课改,但又对成绩有所顾忌,心怕改革波及一些人的利益,课堂教学永远走不出"应试、分数、升学"的怪圈。我们也在谈如何提高学生的素养,我们也在考虑学生的人生,但我们更多的是安慰自己、赶赶时髦。试问,我们为自己的美好设想落实了多少,为我们的蓝图涂抹了几笔?没有相应的时间、没有相应的举措,试问,挣扎在题海里的学生哪里有时间阅读和拓展?没有广泛的涉猎,何谈"为学生的发展奠基、铺路"?或许我们赢得了高考,但我们输掉的却是学生的终生;或许我们赢得家长的称赞,但我们失去的却是教师应有的进取精神。

……

昌乐二中的改革是2004年开始的,记得2004年笔者也在实行"对话演讲式模式"的课改。时隔10年,为什么一个全国闻名,一个则默默无闻,其间除了个人的能力外，还有团队与领导重视。昌乐二中的改革是校长带头的学校行为，而笔者的课改是孤军奋战的"个人英雄主义"，能走多远，不言自明。虽然，笔者有《点燃希望火种》的呐喊，但它毕竟还是远处黑夜里被人遗忘的一点豆大的灯光……

《点燃希望的种》的前言，笔者这样写道：

> 教学不仅是一种艺术，有时更体现为一种思想、一种理念。明明有教参却闲着不用，或许有人说你缺少经验；但若明明有聪慧的学生却弃之不使，则可能不单是经验，有人会说你缺少智慧，说确切一点，是教育的失败。有些老师事必躬亲，以为只有这样，学生才会学到东西，才会提高成绩；有些老师则采取扫描式的教学，以为这样滴水不漏地教过去，便会心安理得。殊不知，"辛苦了我一个，也害苦了下一辈"。学生的学习积极性没有调动起来，个性没有得到应有的张扬，能力没有得到应有的提升。一句话，没有内化学生的学习机制，哪来教育的成功。广东人有句话叫"懒人出智慧"。这"懒"字指的是思想、观念。教学便是如此，抱着陈旧的东西不放，既累死自己，又折磨学生。在以人为本、关注人的全面而有个性发展的时代，教师如何摆脱陈旧的观念，让学生走上讲坛，点亮学生那智慧的星火，就成为我们共同探讨的教育话题。本书就是带着这一目的，试着用新的教学模式对新教材进行有益的教学尝试。①

在书本的背面，笔者写下这样的一段话：

> 学生不仅是知识的接受者，更是知识的生成者，任何低估、轻视学生才智的观点都是不明智的，最终难以成就学生。早在古罗马时期，普罗塔克就曾经说过："儿童不是一个需要填满的罐子，而是一颗需要点燃的火种。"要点燃这颗生命的火种，就必须把学生置于文化之中、时代之中，充分尊重学生的主体人格，发挥学生的聪明才智。只要有一种从沙粒中窥到珍珠、从泥土中探出金子的精神，就能发掘被埋没的金子（2005年7月）。

建构主义认为，知识不是通过教师传授得到，而是学习者在一定的情境及

---

① 黄滨：《点燃希望的火种》，中国评论学术出版社2005年版。

社会文化背景下，借助其他人（包括教师和学习伙伴）的帮助，利用必要的学习资料，通过意义建构的方式而获得。让学生走上讲坛，点亮学生智慧的星火，就是演讲教学模式的宗旨。笔者的教改就是从这一观点出发，充分发挥学生的主观能动性，内化学习机制，从学生的视界出发，以全新的方式解读教材，打破传统过分依赖教参、相信权威的教学模式。它的出现，是新形势下教改的强劲东风。

也许，把自己比作"先知先觉"未免有些狂妄与自大，然而，在今天看来，当初的"明知山有虎，偏向虎山行"的勇气，确实感动了自己（在百度网搜索"演讲式"教学，在2004年出现的只有一篇论文涉及）。原教研室曾晓英老师每每谈及笔者的"演讲式"教学时，总免不了回忆起自己曾到重庆市进行教研交流活动的情形："当时，我例举你的演讲式教学活动时，重庆很多老师追问我，一定要把这位老师请来，他的教改真的很有创意。"2005年，我应佛山市教研室之邀，以专家身份为佛山全市的高中语文教师进行了暑假教改的培训，它预示着佛山市"演讲式"教学改革的春天的到来。

## 第二节　活动课的生长期（2006—2007）：课本作文

两年的演讲式教学实践，让我更清醒地认识到学生潜在的多元智能，学生不仅能清晰流畅地表达，还能有逻辑地写作；学生不仅能写出有个性的文章，而且还能写出有智慧的文字。这让我想到了个性化的"陌生感阅读""文本素读"的文本阅读教学，于是，我突发奇想，把读、写整合起来，找准切入点，2007年的《课本作文》就这样应运而生了。

如果说《点燃希望的火种》侧重点是表达交流的话，那么，《课本作文》则侧重读写的有效融合。陌生感的阅读，解放了学生的自我判断和自我评价。"信书但不唯书"，挑战权威的固化"结论"，其理论依据是"建构主义"与"接受美学"。《普通高中语文课程标准（实验）（2003年版）》指出："阅读是学生个性化行为，不应该以教师的分析代替学生的阅读实践，阅读教学的重点是培养学生具有感受、理解、欣赏、评价的能力。"

格式塔的整体性原则和顿悟说："在阅读教学的过程中，不应该把文章的各段落肢解，而要把课文视为一个整体。"这些主张，把我从语文的微观教学中解放出来，升华到语文能力及语文智慧等的更高层次。

我的初衷是"以'课本作文'为手段，整合读写教学"，如下文字就是当时的设想：

## 一、问题的提出

回想十几年的语文教学的心路，大致可以分三个阶段：拾人牙慧阶段（照搬照抄教参的片言只语，做传声筒）、回避困难阶段（拈轻怕重）、雁过留声阶段（基本上有点自己的想法了）。总觉得语文老师既累又辛苦，苦自己还不算什么，最让人担心的是学生的语文素养不见起色，语文水平跟自己的付出有些相悖，于是，笔者开始反思自己的语文教学，开始拯救自己。到目前为止，已基本形成自己的教学思路：高一实行对话演讲式教学，培养学生的听说能力、口头表达能力；高二实行"课本作文"教学方式，培养学生的阅读、写作与审美能力。

## 二、什么是"课本作文"

它是指依据义务教育教材、统编教材或地方教材中课后作文训练单元而写的作文，也包括以课文内容为主要材料的各种体裁的作文。笔者着重训练的是：以教材为蓝本，通过个性化的"反思阅读"或"陌生感阅读"而进行的一切作文训练，它包括续写、扩写、读后感、文学鉴赏、评论以及其他个性化的写作等。其中有两大优势：一是优于阅读不深入、过分依赖老师课堂分析的阅读教学；二是优于写作无材可取、文章没有自己的思想和灵魂的写作教学。

## 三、"课本作文"的特点

### 1. 以整合"读"与"写"为目的

把文本当话题，抛开传统的阅读习惯，大胆对文本进行个性、创新、反思性的阅读，充分调动读者的主观能动性，大胆地品味、质疑、感悟作品，从中提炼或挖掘出最有价值的信息为写作服务。最终是为了整合读写。

### 2. 写作更自由灵活

由于"课本作文"没有统一的命题，学生可以根据对课本的不同解读，各抒己见，比"话题作文"更开放、更自由，学生更容易张扬个性、发挥特长。话题从作品中来，联系现实，介入情感，它源于"文本"又高于"文本"（不是对作品的简写或扩写），是一种以"文本为写作触媒"的灵活性作文教学。只要学生读有所感都可以成文,有点像读后感,但又不等同于读后感,因为它比读后感写法更灵活,文体选择的空间更大。

## 四、"课本作文"如何整合读写教学

### 1. 从阅读的要求入手

为达到写好"课本作文"的目的,要求学生在阅读过程中遵循阅读为写作服务的宗旨。

(1) 读出时代精神。接受美学理论认为,"文本"是作品本身的自在状态,"作品"是被审美主体感知、规定和创造的文本。文本是召唤性的空筐结构,作品的意义生成,有待于通过阅读活动实现化、具体化。文本的空白和未定点,有待读者以开放的动态建构去完成。在市场经济时代,人们重新发现了《孙子兵法》《三国演义》的商战价值,这些都说明我们可以从经典作品中读出新意。在《药》中,华老栓除了传统的愚昧、麻木之外,我们同样可以读到"人性光芒"的一面;在《项链》一文中我们同样可以看到主人公诚信、单纯、美丽、坚毅的品质。

(2) 读出个人体验。传统阅读教学的理论认为:"知识是客观的,学习就是接受、积累和还原知识,教学就是教师把知识直接传授给学生的过程。"这样的阅读教学,只能是编者、教师的阅读,而不是学生的阅读,只能是统一的标准化的阅读,而不是个性化、创造性、反思性的阅读。久而久之,学生将缺乏阅读兴趣。"新课标"反复强调学生阅读要有"自己的看法""自己的判断""自己的心得""自己的疑问",明确提出"阅读是个性化行为"的阅读理念。实行"课本作文"的目的就是让学生充分发挥主体意识,克服传统阅读教学中学生被动接受、积累和还原知识的弊端。

### 2. 从写的角度入手

传统的作文教学是一种"老师布置作文——学生写作文——老师批改作文——老师讲评作文"的固定模式。写作的数量相当有限,与"新课标"阅读几十万字、写几十万字的要求相距甚远。这种作文教学,学生很少有选择写作的空间,个性化写作很难体现。为了改变这种现状,笔者设法从写的角度出发,把"文本"看作话题的材料,在阅读中让学生主体对文本进行处理与转换,学生可以通过个性、创新、反思性的阅读,挖掘作品的精髓,找到情感的动情点、共鸣点。每一基本篇目都得进行这种训练,老师只需抽样批改,这样省得老师为布置什么作文而犯愁,既解救了自己,又解放了学生的思维,学生可以根据对课本的个性解读进行写作。这样,写作的思路拓宽了,写作更自由了，又可以灵活地嫁接教材、熟悉教材，写出一些以"文本"为思维导引的个性化佳作。如，我们学习了屈原的《离骚》之后，刘欣仪同学通过"个性化阅读"，写出了佳作《汨罗江之祭》。作者"以景仰的心情，感受汨罗江下屈原颠沛流离的苦痛，以正义者的姿态感触屈原生不逢时的无奈，以追思的情怀祭奠着万古不变的汨罗江水，祭奠着汨罗江下的巍巍人格"。她在文章《在心的远景里》是这样感悟诗歌《迢迢牵牛星》的："爱，是等待的美丽，是坚实的依偎，……""爱，是将彼此的目光投向同一个满是星光的远方，在心的远景里，我瞥见了星星暖暖的色调"。冯少仪同学读完鲁迅先生的《阿Q正传》后写道：

……这种无赖，并不让人们觉得阿Q的劣性减少，相反，人更加痛恨他这样一个彻底没有灵魂的躯壳。这种勉强称其为"人"的人会让人在痛恨之余，发现他已不值得我们太痛恨，而长久环绕在我们心中的只是一种深刻的悲哀，一种欲哭无泪、欲诉无语的悲哀……

（摘自《课本作文》）

若是不进行"课本作文"的写作训练，也许，笔者所教过的课文，学生也只能是停留在表层的认知而已，不会产生如此深刻的个性化感悟和体验，更不会有思想的火花。永远不会忘记，《在心的远景里》中作者美好的憧憬、美好的情愫；永远不会忘记，《阿Q正传》中作者那"深刻的悲哀，欲哭无泪、欲诉无语的悲哀……"正是这些个性化、反思性阅读的思想火花，点燃了写作欲望，复苏了写作意识，开启了写作思维。学生找到了作品、读者、现实的链接点，加强了读与写的联系，阅读有目的、思维更广阔、文章有内涵，文本的生命力也得到了延展与生长。

让我们再来看看秦昕同学个性化阅读《阿房宫赋》之后的文章：

### 写给与我同姓朝代——秦

恕我顽梗
总以为那个秦字
昭示着
我们之间那段血脉相牵的脐带
掬一捧渭水，撷一缕残阳，我掸了掸衣襟，向始皇陵缓缓俯下身——凝重地——为一个远去的朝代——祭奠。
如果秦王的命令真的逐走了李斯，如果荆轲的剑刺得再准一些，如果没有焚书坑儒,如果没有收兵铸金人……如果世上真有如果,一统天下的还会不会是强秦,又抑或,秦是否可以"递三世,可至万世而为君"?如今的我,又将会是谁?

秦,我在想,你,我,我们脚下的这片土地,到底存着一种怎样的关系?

……

而如今,两千年过去了。两千年,如果可以触摸,应该如古刹后院菩提树筛落的阳光一样浑厚——不,不,应该是更加浑厚吧。在这么厚的光阴里,长城的秋月圆了三万回,武陵的桃花也红了两千次。昔日的"土馒头",变成了巍巍青山,我的家,不在中原,而在南岭以南。我们之间隔着千年万年、万水千山。在这么厚的光阴里,唯一未变的,或许就只有那温润的小篆,和那与我一样顽梗的"秦"了。

而我,依然愿意相信,曾有那么一天,长城上的烽火燃起来,狼烟映着斜阳,千里外,奏着一曲悠扬的古韵。我们一起骑着马,挥着长剑,奔跑在百二秦川上……

### 忆江南　潼关怀古

笛声残
回首望秦关
万里河山终易姓
千秋功过费人参
余韵绕骊山

(摘自《课本作文》)

作者站在同姓家族的角度是多么希望秦姓可"递三世,可至万世而为君"。但作者毕竟相信朝代的更替是历史的进步"我依然愿意相信,曾有那么一天,长城上的烽火燃起来,狼烟映着斜阳,千里外,奏着一曲悠扬的古韵"。作者用诗一般的语言,含蓄地把自己的情感融入历史当中,完成了情感体验与蜕变,完成了对知识的意义建构。正是通过个性化、反思性的阅读,使学生找到情感的共鸣点,拓宽了写作的思维空间,丰富了文本的意蕴。

总之,以"课本作文"为手段的反思性的阅读与写作,无一例外说明一个道理:语文能力的形成离不开读和写,只有在读中反思文本,才能挖掘作品的精髓,提升学生的思想认识;只有在写中运用文本,才能丰富文本的意蕴,延伸文本的价值。

语文在活动中生长

只要敢于挑战自我、挑战权威,遵循教育教学的规律,科学地利用现有的资源,相信,我们的教学将越来越接近语文的"本质"。

想不到这些稚嫩举动,竟成了笔者今天"语文活动课"最原始的积累。

## 第三节 活动课的困惑期(2008—2015):
## 希望与毁灭

当笔者再次读到英国伟大的剧作家莎士比亚的戏剧代表作《哈姆雷特》的台词"生存还是毁灭?这是个问题。究竟哪样更高贵,去忍受那狂暴的命运无情的摧残还是挺身去反抗那无边的烦恼,把它扫一个干净。去死,去睡就结束了"时,心被刺痛了,幸好自己的回答是勇敢而坚定的:现实把我打得伤痕累累,我偏要在伤口上长出翅膀。人生,不管什么时候都会面临很多困境,要看你怎么面对。作为男子汉要敢于面对残酷的现实和惨淡的人生。回想这些年,一路走来,其实也没有想象中的那么可怕,遇到难题,迎难而上,现在想来,一切都已经随着时光的流逝成为过往。人生短短数十载,没有什么是过不去的,不要计较太多,看开看淡一点,人生快乐和苦难并存,一切随缘。世上没有白费的努力,更没有碰巧的成功。生命中的一切无心插柳,其实都是水到渠成。正是自己多年的苦心积累、用心耕耘,才造就今日的看似毫不费力;没有白费的时间、没有白走的路,决定你成功的是努力努力再努力。没什么好埋怨的,今天的每一步,都是在为之前的每一次选择买单,这叫担当;没什么好抱怨的,今天的每一步,都是在为今后的每一点成功布局,这叫沉淀。总有一天,你会回头看看那些经历过的人和事,当时再大的事,现在看来也是轻描淡写、不过如此。你甚至会觉得自己当时有些太小题大做、太幼稚,根本没有什么是过不去的,也根本没有什么人是离不了的。可你也不得不承认,就是因为发生过的这些,才使你的步伐变得更坚定,才让你变成了现在这个样子……

当笔者完成《点燃希望的火种》和《课本作文》,想再进一步寻求突破时,举目张望,到处是"满堂灌"的传统,笔者困惑迷茫、举步维艰,没地方学习,更没有资料借鉴,因为《普通高中语文课程标准(实验)(2003年版)》还没有"深入人心"。最让笔者不解的是如何操作"真实对话"、如何进行"小组活动"、如何更有效地调动学生的积极性。因为之前的"演讲式"的课堂教学改革,只是粗浅地把课堂的主动权还给了学生,没有全面准确地理解

"新课标"的精神实质。在这迷茫、困惑的几年中，笔者想到过放弃，想到过就此作罢。在接下来的几年里，笔者的课堂几乎又回到了原点，重操"满堂灌"的旧业。但当笔者发现自己按部就班进行"知识灌输"的时候，学生不再那么喜欢我、接受我，我的课堂不再那么激情、不再那么精彩、不再那么灵动，觉得课堂已经失去了"灵魂"。这时，笔者才明白什么样的课堂才是学生真正需要的课堂，什么样的课堂才是属于自己的课堂。时间就这么一年一年地过去，笔者思索着、寻觅着，真的很渴望有外出学习的机会，渴望有高师指点。直到2013年暑假，学校才尝试着进行部分的改革，最早是6个班进行实验。笔者终于有机会去广州学习郭教授的"生本"课堂的教改实践课堂。经过几天的培训，加上到深圳听了荆志杨老师的小组合作教学，重新点燃了笔者教改的希望，笔者找到了前进的方向。回到学校后，不管是在科组、备课组，不管是在高一、高二，还是在高三，笔者都争着上公开课，反复实践、反复琢磨、反复研究课堂活动的各环节，终于揣摩出切合自己教学风格的活动课堂。三年间的时间里，一路走来，教改的路子越走越宽、教法越来越灵活、形式越来越丰富、成绩也越来越好，终于，完成了教改路上的又一次蜕变。

## 第四节 活动课的成熟期（2015—2019）：活动式教学

2015—2016年，虽然是短短的一年，却是最关键的一年，是"活动课"的希望期。因为，就是在这一年里，在2013—2015年取得成绩的基础之上，笔者又不断调整、不断尝试、不断总结、不断借鉴其他课堂教学改革的成果，并且不断地摆脱"生本""小组活动"的有限模式，走出一条属于自己的教改之路。冥冥之中，"活动课"雏形课便隐隐约约地出现在笔者的脑海里。2015年，笔者在高三16班上的一堂文言文"活动"科组公开课得到了老师的高度评价，为全科组的老师，特别是年轻教师做了一个很好的示范展示，有些老师甚至开始"效仿"起来。公开课的成功，如一缕冬日阳光照进了笔者的心房，笔者的教改之路"柳暗花明又一村"了。

"新课标（2017年版）"，特别是核心素养学习的不断推进，为语文活动课找到了坚实的理论依据。"核心素养包括四个方面：语言建构与运用、思维发展与提升、审美鉴赏与创造、文化传承与理解。这四个核心素养是一个整体，而使之成为整体的基础核心素养就是语言建构与运用这一要素，思维、审美与文化都是在语言的建构与运用中结成为一个整体，由此也内在地规定了语文课程是一门在语言的运用中发展能力素养的综合性和实践性课程，是工具性与人文性的统一。"

"语文核心素养是在积极的语言实践活动中进行广泛而深入的语言积累与构建，并在真实的语言运用情境中所形成的能力素养。"

"语言实践活动，包括三个方面：阅读与鉴赏、表达与交流、梳理与探究。"

"积累与构建，是指在语文学习的同化与顺应过程中，所形成的语言要素与认知结构的量与质的改变。"

"真实的语言运用情境包括三个方面，即个人体验、社会生活与学科认知，以及这三者的综合。在语文教学中，必须以这三者为前提条件，展开学生语文核心素养的培养。"①

听听"新课标"的表述、看看"新课标"的要求。笔者的"活动"课堂，不就正好地契合了"新课标"的语文核心素养的理念吗？

笔者清楚地记得，2017年11月25晚的上海，绵密的细雨带着春天的气息敲打着酒店的窗棂。在上海闸北郊区的一家小酒店内，笔者彻夜难眠，脑海里不停地浮现出白天参观、学习上海育才学校教改的片段。凌晨3点，笔者生怕惊醒室友谢植宣（区语文教研员）的休息，爬在被窝里借着手机微弱的亮光，写下了语文活动最原始的提纲：

题目：语文在活动中生长
以听、说、读、写为活动课主线，具体课例如下：
1. 走上教坛，我讲你来听——演讲式教学
2. 陌生感阅读，你写我来读——课本作文写作
3. 共解质疑，互学共进——小组合作
4. 君子不争，其争君子——辩论赛
5. 记忆比拼，飞花传令——诗词背诵大赛
6. 学习经典，品味经典——文学鉴赏活动
7. 崇高品质，我的榜样——"感到人物"颁奖词大赛
8. 认识自我，感动成长——故事会大赛
9. 复活成语，生长复习——成语复习活动课

---

① 中华人民共和国教育部：《普通高中语文课程标准（2017年版）》，人民教育出版社2018年版。

10. 接近真实，辨清意图——审题活动课
11. 拓宽思维，走向深刻——作文深刻性活动课

　　2017年4月6日，是一个最难忘日子，笔者应华南师范大学文学院之邀，到广雅中学与该校的年轻老师进行了杜甫专题的同课异构活动。那节课笔者尝试着采用"活动式"教学方式，结果带来了意想不到的效果。在评课的环节中，得到了前来听课的全省各中学老师及华南师范大学教授的高度赞扬。评课主持人、华南师范大学附属中学的黄德初老师这样说道："黄滨老师的课充分体现了语文核心素养的培养理念，他在课上不仅关注学生获得了什么，更关注学生是如何获得的。而其中的小组展示环节很值得我们学习，这一环节的设计让学生产生了多重获得感。"华南师范大学语文教学论专业周小蓬教授和董光柱老师更是不吝溢美之词，当即便决定邀请笔者于当月27日给华南师范大学的研究生上一堂模拟示范课。就这样，在不经意间笔者走向了大学的讲坛。或许，是笔者的"活动"课得到大学生、研究生的高度认可，抑或是上天为笔者的课堂教改打开了另外一扇窗。在接下来的两年里，笔者先后多次到华南师范大学进行"活动式"教学专题讲座，也到佛山科技学院为研究生做了"改变，让你变得更优秀"活动式教学专题讲座。不仅大学校园有笔者活动课的身影，就连中学也纷纷邀请笔者去做此类专题讲座。

　　2018—2019学年，笔者先后到初中、高中、大学讲学共达10余次。2019年5月，应广东省教育厅语言文字工作委员会办公室的邀请，笔者为南粤大学生做了"经典在活动中传颂"的专题讲座。

　　在不断学习、不断教学实践中，笔者不断总结，不断拓展"活动"课型的同时，也不断地在核心刊物发表论文，不断把它变成学术成果。2017—2019年两年间，笔者先后主持了区、市、省三项教育科学"十三五规划"课题，为新书的诞生提供了坚实的理论和实践素材。与此同时，笔者的教学成果、教学能力也得到了省内外专家的认可。2018年，笔者被聘为华南师范大学教育专业硕士导师，同时，也被聘为佛山科技学院文学院副教授，2019年被聘为首届广东省高考研究会专家成员。

# 第四章　语文活动课堂的教学主张

　　教学主张是教师在个人的实践基础之上产生的，它蕴含着教师的理想、信念、情感、意志，是教师对于什么是教学的目的以及如何开展教学等方面的见解和认识，是教师个人对教学实践经验的理性升华和概括化的认识。语文活动课堂的教学主张，同样是在长期的教学实践和不断的反思总结中凝练而成的。它以"活动"为课堂的核心价值和符号标识，将学习对象转化为自身的经验，并且实现自身的变化与发展，并一以贯之地建构了鲜明的语文教学观，表达了个人对语文教学的理解与追求。

　　语文活动课堂的课程观：课程不是知识的"载体"或学习内容的"运输线"，课程是经验，是通过活动体验各种各样的经历，并将学习对象转化为自身的经验。课程改革应该让学生成为课程的主角，将教学活动投放到课程的广阔背景之下。

　　语文活动课堂的教师观：教师要致力于改变传统的"霸权意识"和"权威地位"，构建民主、平等的师生伦理关系，在教学活动中"做平等中的首席"，成为学生学习的组织者、促进者、引导者、建设者、开发者。

　　语文活动课堂的学生观：学生是积极的、独特的、活生生的生命个体，是学习的主人，是真正在成长中的人，教育要立足学生的原点，让学习在个体亲身经历、体验的真实世界里发生。学生在活动中生长，素养在活动中培育。

　　语文活动课堂的教学观："学"是教学的出发点、落脚点、中心，重心在"学"而不在"教"，教学应该围绕学生来组织、设计、展开。学习必须变成学生自己的事情，学习必须发生在学生身上，学习必须按照学生的方式进行。

　　语文活动课堂的评价观：以"学"为评价标准，以学定教、以学评教、以学助教，重视学生学的过程、素养形成过程。课堂评价要着眼于学生核心素养的整体发展，真正发挥评价的诊断、矫正、激励功能。

## 第四章　语文活动课堂的教学主张

## 第一节　课程观：学生是课程的主角

课程观就是教师对课程的理解、看法、观点和态度。课程观决定教学教师怎样理解课程，会从根本上决定怎么理解教学，也就是说，教师不能就教学论教学、就教学谈教学，而一定要有课程的高度、课程的视野，即课程的意识，否则教学就会陷入就事论事的窠臼。从学科教学的角度讲，教学不能只停留在学科表层（现象），而应进入学科深层（本质），唯其如此，学科教学才能有效地促进学生核心素养的形成。

在杜威看来，经验是世界的基础，教育就是通过儿童自身活动去获得各种直接经验的过程。教育的主要任务并不是教给儿童既有的科学知识，而是要让儿童在活动中自己去获取经验。经验、生长和生活是三位一体的关系。教育寓于生活，教育为了生长，生长源于经验，这是杜威课程哲学的核心。在"学科本位"的教学中，教师的作用被抬高为"中心"，而学生更多的是接受者的角色。在功利主义观念的不断挤压下，"课程只引导学生去拥有知识，并用所拥有的知识去改变世界，这就抹去了课程探寻生活的意义"[1]。"新课标（2017年版）"的"核心素养"提出之后，学科教学重心已经明确从"学科本位"向"人本位"转变，教学不再只停留在学科表层（现象）——课程是知识，而进入学科深层（本质）——课程是经验，即生活体验，学生成为课程的主角，要达到此目的，就要做好如下两点。

首先，从学生的视角出发设计我们的课堂。多少年来，我们习惯于成人的思维和行为方式，以组织和控制课程为能事，学生处在依从、听从、服从的被动地位，尽管我们也曾经是学生，但我们已失去了那份纯净好奇……正如朱国平先生所讲："在孩子的眼睛里，世界充满着谜语，可是成人用千篇一律的谜底杀死了许多美丽的谜底。这个世界被孩子好奇的眼光照耀得色彩绚丽，却在成人洞察一切的眼睛注视下苍白无色。"[2] 从学生的视角出发设计我们的课堂，这就是现代教育的核心宗旨，也是基础教育的本质应然；从学生的视角出发设计我们的课堂，我们的课程就应该关注学生的心理逻辑而非内容逻辑；从学生

---

[1] 金志远：《课程的"知识困境"及其文化转向》，载《教育科学研究》2013年第9期，第15～19页。
[2] 孟晓东：《儿童在课程中央》，载《江苏教育》2015年第43期。

的视角出发设计我们的课堂，我们的课程就要求教育的原点和设计遵循"人"的发展规律，尊重学生立场、学生需要、学生权益。总之，从学生的视角出发，才能改变我们的教学方式，教育才能发生在学生身上，才会有学生的亲身经历和学习体验，才会有学生的生长记忆。

其次，从学生的视角出发，以儿童的方式学习。"儿童"从本质上说，就是"未成熟""未确定""生长中"，意味着可能性、独特性与创造性。儿童从本意上理解是自由者和探索者，以儿童的方式学习，第一，要解密"童心"。胡慎之在《童心密码》一书中说，孩子的每一个"无关紧要"或者不被理解的行为，都有其重要的心理学意义。"不要吝啬你的时间去寻找孩子内心的密码，不要宽容自己的懒惰，放弃对自我的觉察。"[①] 尽管这话出自一个心理师的育儿手记，但较之于教师，掌握儿童密码，以儿童的方式学习，也应该成为教育的应然之义。第二，要营造适合的学习真实情境。这里所说的真实情境，指的是情境应该来源于学生现实，对于学生来说是真实可感的。需要指出的是，使用"真实"的描述，并不是说情境一定来源于学生生活的实际发生，而是强调情境要与学生的经验相联系，要与学生的真实好奇相联结，通过对情境相关问题的探究，完成对主题的意义建构。第三，让学习真正发生在学生身上。要贯彻以学定教、先学后教、因材施教原则，让学生在学习活动中充分表达自己对于学习生活的认识、体验和感受，表现自己内心的担忧和冲突、快乐和困惑、期待和愿望，以满足他们鲜活的内心需要，并不断地改造和提升他们的经验。如，在开展"崇高的品质，我们的榜样"的颁奖词创作活动时，笔者既没有上成传统学习榜样的德育课，也没有上成传统歌功颂德的纯写作课，而是从"理解"的角度，有目的地创设有意义、有价值的真实活动情境，让学生以"立德树人"为主题，模拟颁奖词大赛的比赛现场，在规定时间内即兴创作，让学生充分表达自己对于先进人物认识、体验和感受。活动前，同学们纷纷查阅近期的先进人物事迹，并力争做到感动自己；活动中，主持人随机抽取先进人物事迹，待主持人宣读人物事迹后，立即进入比赛情境；学生在规定 5 分钟内完成作品。活动的所有过程无不在老师设置的情境中进行，并在真实情境中进行创作活动。似曾相识的情境与学生的经验发生了联系，与学生的真实好奇产生了联结，通过对情境相关问题的探究、迁移，完成对主题的意义建构。第四，从学生的视角出发，陪伴学生生长。作为教师，我们必须明白：我是"懂教育的"，而非只有文凭和教师资格证；教育只能依靠学生来展开和

---

① 胡慎之：《童心密码——一个心理师的育儿手记》，辽宁科学技术出版社 2010 年版。

进行，而非依靠预定的教案和流程；教育是为了学生，教师是学生成长的陪伴者。陪伴学生成长，教师就既能蹲下去"平视"，也能站起来"引领"，以学生之心度学生之腹；陪伴学生成长，教师就应该是"平等中的首席"，保持倾听和对话的姿态，引领学生生长；陪伴学生成长，教师就应该在教育过程中，关注全体而不是少数，关注全面而不是片面，关注全程而不是短程，就应该少一点"规"，多一点"范"，少一点"管"，多一点"理"，少一点"控制"，多一点"顺应"。

总之，课程是经验，学生是课程的主角，不能只停留在课程理念上，更要落实在具体的课程形态、实际的课堂情境中，要切实改变"高位理念和低位行动"的现实运作状态，通过不懈的努力和长久的坚守，真正使之成为学生生长的课程文化。唯其如此，学科教学才能有效地促进学生核心素养的形成。

## 一、对语文课程标准的再认识

课程标准是确立语文课程水平及课程结构的纲领性文件，是语文教材编写、教学评估和考试命题的依据。按理说，它应该是每位从事中小学生语文教育工作者案头必备且熟悉的工具书。然而在语文教学实践中，由于对语文课程标准理解上的偏差，总有教师将标准束之高阁，置于教学之外，导致"虚""杂"的问题成了语文教学之通病。改变这一现状，就需要语文教师在教学实践中正确地认识标准，坚持贯彻标准，认真落实标准，从而达到全面提高学生语文素养的目的。

### （一）以人为本，教学不"虚"

20世纪50年代初，我国曾颁布过《小学语文课程暂行标准》，跨入21世纪，《义务教育语文课程标准》取代《语文教学大纲》于2001年重新出台；10年以后，经过修订的《义务教育语文课程标准（2011年版）》颁布。名称"回归"，不是历史的重复，而是教育思想的"与时俱进"。

2011年版语文课程标准突出四个理念：第一，全面提高学生语文素养；第二，工具性和人文性的统一，是语文课程的基本特点；第三，积极倡导自主合作探究的学习方式；第四，努力建设开放而有活力的语文课程，贯穿其中的是以学生为本、促进学生的发展为本的新理念。

2017年版语文课程标准突出学科核心素养。学科核心素养是学科育人价值的集中体现，是学生通过学科学习而逐步形成的正确的价值观、必备的品格和关键能力。语文学科核心素养是学生在积极的语言实践活动中积累与构建起来，在真实的语言运用情境中表现出来的语言能力及其品质，主要包括"语言建构与运用""思维发展与提升""审美鉴赏与创造""文化传承与理解"四个方面。

不管是2011年版还是2017年版，都彰显课程"人本位"的理念，是教育本质的回归。语文核心素养是学生在积极的语言实践活动中进行广泛而深入的语言积累与构建，并在真实的语言运用情境中所形成的。学生是语文学习的主人，语文教学的过程是学生自主语言积累和构建的过程，是学生在习得语言的同时实现自我成长的过程。

站在这一"以人为本"的语文课程基本理念下，审视我们的语文教学现状，我们会发现，教学之所以"虚而不实"，是由于理性至上，知情分离，远离了学生的真实发展。因此，我们必须要打破传统的重理性、轻感悟，忽略学生在语言的积累与构建过程中的情感体悟和价值观形成的教学观。"新课标"要求我们"关注学生学习方式的转变，做好学生语文学习活动的设计、引导和组织，注重学习的效果，根据学生的发展需求围绕学生任务群，创设能够引起学生广泛深度参与学习的情境"。设置具有情境性、综合性、自主性、迁移性和开放性的语文实践活动，融合听说读写，跨越古今中外，打通语文学科和其他学科、语文学习和学生的生活世界，激发学生的学习兴趣和动力，提高语言文字运用能力。按"新课标"要求，落实课标精神，做好学生语文学习活动的设计、引导和组织，引导学生广泛深度参与到学习活动中去，把课堂教学落到活动的"实"处。

（二）把握语文本质，突出语言实践，教学不"杂"

语文课程标准的基本精神是什么？那就是遵循语文教育规律，全面提高学生的语文核心素养。《普通高中语文课程标准（2017年版）》指出："语文课程是一门学习祖国语言文字运用的综合性、实践性课程。工具性与人文性的统一，是语文课程的基本特点。语文课程应引导学生在真实的语言运用情境中，通过自主的语言实践活动，积累语言经验，把握祖国语言文字的特点和运用规律，加深对祖国语言文字的理解与热爱，培养运用祖国语言文字的能力。""新课标"突出强调了语文的实践性。相比核心素养，三维目标有其不足之处：其一是缺乏对教育内在的、人本性、整体性和终极性的关注；其二是对人的发展内涵，特别是关键的素质要求缺乏清晰的描述和科学的界定。我们只有从三维目标走向核心素养，才能够实现教育对人的真正的全面回归。我们要遵循语文课实践属性，让课堂教学始终围绕"语言的实践性"展开，"把做语文作业的过程，变成用语言做事的过程"；创设真实的语言活动情境，追求对知识的理解、生成和建构的语言活动宗旨，体现主体性、能动性和发展性的语言活动形式，坚持任务挑战性、过程体验性、知识迁移性的语言活动原则；让学生身临其境地学习，似曾相识的情境与学生的经验发生联系，与学生的真实好奇产生联结，通过对情境相关问题的探究、迁移，完成对主题的意义建构，从而达到培育学生核心素养的目的，实现教育对人的真正的全面回归。

## 二、语文课程意识下的课堂价值

深入学习语文课程标准，是正确认识语文课程的性质、功能、目标与内容的基本前提，有助于语文教师立足课程的视野观照与语文课程实施，科学地认识与把握语文课程价值。《普通高中语文课程标准（2017年版）》指出："语文课程作为一门实践性课程，应着力在语文实践中培养学生的语言文字运用能力。"

有学者曾一针见血地指出，我国传统课程的主要弊端是课程价值观的扭曲，主要表现为选拔与发展的尖锐对立。教学即发展，这是一个基本的教育命题，但就是这个看来毫无争议的真命题，到了日常的课堂，到了具体实施教的层面，往往被一只无形的手操纵歪曲了，语文课堂教学过分强调认知性目标，过分强调知识本位，教学肤浅化、片面化、孤立化，缺少知识的整合、迁移，缺少学生参与、体验和生成这一培育核心素养学习过程。课程从根本上失去了对人的生命存在及其"发展"的整体关怀。

让语文课堂为发展学生服务，就要从人的发展的本质处思考，核心是要进行价值本位的转移，从"课程是知识"的"知识导向的教学"向"课程是经验"的"素养导向的教学"转变，改变课堂教学中教师"主宰""控制"的局面，改变学生"服从""依从"的地位，把"课堂"转变为"活动"场，关注全体学生的综合素养发展，尊重学生的个体差异和个性特长，重视培养学生健全、完整的人格。具体来说，语文课堂应从以下四点考量和促进学生的发展：

### （一）回归学生的原点

原点，即事物发展的逻辑起点，是具有生命力的最核心的要素。黑格尔说，前进就是回溯到原始的、真正的东西。学生的原点亦即学生已有的个人知识、直接经验和生活实践，是学生发展的起点。语文课堂教学从本质上看是以"语言建构"为核心，为"语言建构"提供良好环境和支撑的过程，是学生在教师的帮助下通过新知识与原有旧知识和经验相互作用、改造、充实，来建构新的理解的过程。这种建构不是教师"辛勤浇灌"的被动接受,也不是"你发我收"的简单复制,更不是脱离原点的"拔苗助长",而应该是学生在教师引领下的自主参与、亲身体验,是师生共创共生的过程。在这个过程中,教师要由原来的单纯的知识传授者转为学生学习活动的指导者和参与者。教师要从学生的立场出发,把脉学生的学习心向,善于设置问题和情境,引导学生提取原有的知识,产生认识上的矛盾和冲突,进一步激发兴趣和好奇心,充分调动主观能动性和参与教学的积极性。

当然,课程教学是有效传承文化内容的过程,重在解决个体知识的有限性与人类知识的无限性之间的矛盾。教学从一定程度上必然存在脱离学生生活的可能性,教学回归学生的原点,不是学生生活和经验的简单化,甚至庸俗化。我们强调教学回归原点,主要是纠正严重脱离学生生活世界的偏差,校正不尊重学生原有基础和原创思维的误区,我们应在回归真实、尊重起点的过程中,促进学生多方面的发展。

## (二)找准教学的基点

找准教学基点,首先,要确立"以学定教"的概念。教学时,教师要根据学生的兴趣、状态、发展规律等调节教学的顺序,并依此合理选择教学内容和教学方法,"以学定教"就要遵循学生学路优先、学法优先、少教多学的原则,顺学而导,以学施教,以学评教,使"教"尽可能有效地向"学"的方向转化,最后达到"教是为了不教"。其次,要把握教学的基调,任何一堂成功的课,都要有一个基调,这种基调是围绕着教学目标的达成而逐步铺成的,它是课堂教学的主旋律,是课堂灵魂的引领。在具体的教学中,教学基调可以演绎为或情感、或思路、或环节、或细节……而这种基调的底色无疑是学生生活状态、学生的生存能力、学生的核心素养、学生的生命价值。最后,要找到教学的立足点。课堂教学的立足点应该着眼于培养学生的语言建构与运用、思维发展与提升、审美鉴赏与创造、文化传承与理解这四个核心素养。而使之成为整体的基础核心素养就是语言建构与运用这一要素,思维、审美与文化在语言的建构与运用中结成为一个整体。

## (三)把握课堂的支点

阿基米德曾说过:"给我一个支点,我可以撬动地球。"支点就是指事物的中心和关键。课堂教学的支点在哪,是教学的重点、难点,还是教师的训练点?其实,其根本还在于教学方式,特别是学生学习方式的切实转变。从苏格拉底的"产婆术"到布鲁纳的"发现学习",再到新课程倡导的自主、合作、探究，无不表明教学方式的"支点"地位。

首先，教学是有情趣的事。情趣是学生热爱学习的基础，是学生学习的内在动力。在课堂上，就是要尽一切办法去吸引、解放、激发、发展学生的情趣，让课堂真正成为情趣盎然的课堂。其次，教学应该是"基于问题的教学"。教学强调问题情境，关注问题体验，教学就是在不断地发现问题、提出问题和解决问题的螺旋上升中让学生顺利完成认知意义、情感价值的建构。教学是预设，更是生成——预设与生成作为一对矛盾统一体，"没有精心的预设，就没有精彩的生成"，千变万化的课堂，难以预料的因素考验着教师课前准备、课中调控、课后反思的能力，也体现着教师捕捉时机、重组信息、及时反馈的智慧和能力。最后，教学还应该是平等的"对话"。对话是优秀教师的本质性标识，这种对话是平等、理解、多向的，文本是师生、生生课堂对话的一个联系点；对话还应该是思维碰撞、思路交锋、思想升华的过程。说到底，教学应凸显学生的全员参与、全程参与、积极参与和有效参与，课堂应该是学生的"敢言堂""群言堂""乐言堂"。

（四）期待发展的远点

有专家说，课堂对学生而言是进入高速公路的入口处。也有专家说，课堂应向四面八方打开。由此可见，课堂应该是开放的课堂，是动态生成的课堂，是可持续发展的课堂。课堂不应只是教给学生及时的知识，应该教给学生"一生有用的东西"；教学不仅是为了"应试"，更应为了学生将来的"应世"。孔子的"愤""悱"是一种发展的期待，维果茨基的"最近发展区"是一种发展的策略。如果今天的课堂立足学生未来的发展，今天的教师执住了课堂"目标、方法、评价、重难点、生长点"的牛耳，用自己的"志气""底气""灵气"不断追问教学的现实，追问教学的前瞻，追求教学的增效，那么，学生就能尽可能地走向远方。

语文课堂是语文课程实施的主要载体，学生的绝大多数学习活动都在这一特定的时空中发生和进行，立足语文课程视野，正确认识课堂的价值，以发展学生核心素养为教学的旨归，回归学生的原点，找准教学的基点，把握课堂的支点，期待发展的远点，学生的语文素养成长才能得以丰盈和致远。

## 三、寻找语文课堂的课程意义

语文课堂呼唤课程视野的观照。但不可否认的是，在具体的教学实践中，很多语文课堂常常"只见树木、不见森林"，教师将一节节语文课视作单列的个体，缺乏应有的课程意识，缺乏对学科的整体把握。如何以学科本质给予学生生长的力量，给学生留下难忘的课程印记？对课堂教学中课程意义的认识，对语文"课程""课文""课堂"的独立思考、判断、选择，以及与之相应的教学设计，是极为关键的因素。

### （一）摒弃课程是知识的课程意识

把课程的本质看成是知识，这种观点的基本思想是，学校课程的主要使命是使学生获得知识。在这种观点支配下的课程通常表现出以下特点：强调受教育者完全掌握完整而系统的科学知识，往往分科开设；以相应学科的逻辑、结构为基础来组织其体系；外在于学习者个人生活，并经常凌驾于学习者之上；学习者是课程的接受者，教师是课程的说明者、解释者。这就是典型的学科本位和知识中心主义的课程观。从历史发展的角度看，这种课程观有其进步的一面，即便在现代，也有其合理的一面，但是，站在时代的高度，我们可以明显地发现它的局限性和弊端。对学科知识的完整性和专业化的强调已经越来越成为基础教育的一种通病，关注知识而不关注人使教育背离了自身的宗旨。在日常教学中，这样的现象极为普遍：语文老师似乎总是在一遍一遍地讲课文，以读懂课文内容为主要目标取向，课堂教学中大量的时间用于理解课文内容和感悟思想情感，语文课上完，给学生留下的都是语文内容的印象，而不是课程能力的长进、素养的提升。只有当语文超越了内容的解读分析，落实语文课标，语文才具有对学生语文课程能力的生长的"独特意义"，每一节课才能成为学生语文素养生长序列中的重要一环，赋予学生新的"学科经历"和"学科经验"。

### （二）尊重以人为本，课程是经验的课程视野

课程是经验，就是从学生出发，把课程视为学生在教师指导下所获得的经验或体验，同时也包括学生自发获得的经验或体验。将这种观点加以系统化、理论化并付诸实施，同时也将其推向极端的著名人物当数杜威。在杜威以后，人们拓展了经验对于课程的意义，即把学习者的经验与个体的个性发展结合起来，晚近的课程理论非常强调学生在学校和社会情境中自发获得的经验或体验的重要性，这种观点的基本思想是，只有个体亲生的经历才称得上是学习，也才能使外在的知识转化为学习者自身所拥有的经验。课程就是让受教育者体验各种各样的经历，并在这样的过程中，将学习对象——包括但不仅限于知识——转化为自身的经验，并且实现自身的变化与发展。

在这种观点支配下的课程通常表现出以下特点：强调和突出学习者作为主

体的角色,突出学习者在课程中的体验;注重从学习者的角度出发和设计;以学习者实践活动的形式实施;既不外在于学习者,也不凌驾于学习者之上,学习者本人是课程的组织者与参与者。

显而易见,"课程是知识"的观点是"知识导向的教学"的理论基础,而"课程是经验"的观点则是"素养导向的教学"的理论基础。当然,凡事不可走极端,知识和经验绝不是决然对立的关系,实际上,素养是在知识与经验的相互转化中生成的,学科核心素养是学科知识与学科活动产生"化学反应"的结果。

总而言之,课程意义决定课堂价值,课程教学实现课程意义,这两者是辩证统一的关系。语文教师要坚守语文课程本位,自觉树立课程意识,将教学活动投放到课程的广阔背景之下,和学生共同创造难忘的语文课堂生活,真正实现学生语文素养的成长。

## 第二节 教师观:做平等中的首席

"平等中的首席"这句话是后现代课程思想家关于教师角色的经典论断,随着我国新课程改革的不断深入,已经演化为一种课程概念和话语实践。也许小威廉姆斯·E. 多尔的这个隐喻只是他诗意的畅想,但他准确地道出了要破除教师绝对权威的神话,要建构一种新型师生关系的期许。

在我国的传统教学活动中,教师中有"言语霸权",教师在知识传授中居于主体和权威的地位,教学活动中多见单向的、独白式的、由教师到学生的简单线性的过程。将教师界定为"平等中的首席",旨在建构新型平等对话的师生关系,确立儿童学习的主体地位。这不仅是现代教育的鲜明特征,也是我国新课程改革要建立民主平等对话的课程、文化的时代需要。

那么,"平等中的首席"的教师角色特征究竟是什么?这一说法是不是意味着解构教师权威,而忽略教师作用?还是为了实现教育角色的转变?我们今天运用这一论断,不是为了提出某种质疑或进行无谓的思辨,而是基于教学的实践,基于传统"师道尊严"的惯性思维,基于课程改革和学生发展的需要,对教师角色的定位与走向做出我们的回答。所以,从这一认识出发,我们可以把"平等中的首席"教师角色归纳为三个方面:

(1) 朋友、知己、榜样的角色。包括公正、公平地关心爱护学生,熟悉理解学生,尊重信任学生,严格要求学生,以身作则,为人师表,是学生承认的平等，可以交心而又高于自己的朋友，是学生可以信赖和信服的表率。

（2）杂家、学者、权威的角色。包含知识结构、能力结构、教育学的技术与艺术等，是历史文化的传播者、学生求知的促进者。

（3）医生、向导、人师的角色。洞察学生的心理，能够帮助学生排除心理障碍，成为学生心理的保健医生；指导学生树立正确的适合其个性特长的职业理想，引导学生正确处理人际关系和社会关系，成为学生选择人生道路的引路人，以高尚的教育伦理、宽容广阔的胸怀、多才多艺的谋略、热烈深刻的爱，去引领学生的人格成长，真正成为人类灵魂的工程师。

可见，用"平等中的首席"来赋予教师角色，其价值和意义在于：

（1）师生关系是平等的关系。在所有的教学关系中，教师与学生的关系是最重要的关系。"师生关系平等"被广泛地看成是处理当代学校师生关系的一个基本价值尺度，它所反对的是那种"不平等的""专制的"师生关系。"师生关系平等"的内涵究竟是指什么？"师生关系平等"，不是指"身份平等"，而是指"人格平等"，指处于"人"的同等地位，享有同等权利。因此，师生双方在审视对方的时候，应该透过社会角色的"面具"，看到"面具"背后共同的人性或人格，采用"换位""协商""理解"的方法去建立一种有差别的"身份关系"和无差别的"人格关系"。正所谓"亲其师，信其道"，这种人格关系是师生关系最核心的组成部分。有时候，师生人格互相熏陶和砥砺对于学生成长的意义胜过于任何外在的要求和规范。

（2）教师具有"首席"的作用。平等并非相等，教师不能因为平等而放弃引导、促进、推动的职责，多尔也指出："作为平等中的首席，教师的作用没有被抛弃，而是得以重新构建。"他认为："教师是内在情境的领导者，而不是外在的专制者。"[1] 作为"首席"，教师要准确把握自己的定位，教师与学生是一对互相依赖的生命，是一对共同成长的伙伴，要有形象、学识、修养的要求，"闻道在先，学有专攻"；要在与学生的平等交往中，创造对话和理解的条件，激发学生的主观能动性和积极性。教师作为成熟程度较高的社会成员，要通过对学生进行思维的引领、情感的带动以及语言上的表率，促进学生"最近发展区"向现实发展和转化。

在具体的学校中，在真实的课堂上，在教学情境的创设中，教师的角色该如何定位？

---

[1] 金坤荣、周志强：《老师和学生之间要既近且远》，载《华人时刊·校长》2017年第7期。

## 一、教师的角色转变：知识的传授者到课程的设计者

新课程的实施需要以教师角色的一系列转变为前提，没有教师角色的转变，就没有课程理念的落实，就没有课堂形态的变化，没有学生学习方式的变革，所以，教师的角色转变意义深远。

在传统教学中，由于课程权力的缺乏和课程意识的淡薄，教师的角色定位是课程的执行者，教学活动也局限于教教材。所以，教师在教学改革中更多关注的是教法的改革，而教法的改革也只能限定在"怎么教"的范围内，如怎么设计教案、怎么复习旧知识、怎么导入课文、怎么解释新的知识、怎么板书、怎么提问、怎么布置作业、怎么运用教学手段和方法、怎么掌握教学节奏，等等，却忽略了课堂教学中重要的因素——学生。学生怎么感受、怎么反应、怎么思考、怎么发展、怎么成长，并未受到足够的重视，教师的潜意识里还严重地存在着对学生、对课堂的控制欲和支配欲。课堂发生的诸多变化，外在多于内在，形式多于实质，尽管在不少课堂出现了师生互动的生动局面，却忽略了一个重要的现实，真实的教学情景是具体的、动态生成的、不确定的，这种改革与学生真实的成长还存在很大的差距，新一轮基础教育课程改革，将课堂意识提到了重要位置，强调课程是由教科书、其他教学材料、教师与学生、教学情境、教学环境构成的一种生态系统，突出教师作为设计者的角色，在教学中应该如何设计有利于学生知识建构和学生成长的方案，注重应该如何设计在学生已有的文化背景和生活经验的基础之上建构起有效的教学方式。因此，作为教学设计者，我们可以从以下几方面下功夫：第一，在教学设计上，教师既要考虑作为文本的课程知识蕴含的文化类型，同时也要关注课程知识生成过程中学生文化的地域性与差异性，进而设计出合适的教学方案。第二，在教学过程中，教师应该考虑如何营造关怀、尊重的文化氛围，如何平等地对待不同文化背景的学生，采取包容的文化态度对待文化差异，如何鼓励学生基于课程知识进行文化间的对话、交流并反思与批判自身的文化传统。第三，教学活动设计可以采取对话式教学策略、探究式教学策略、批判式教学策略促进学生对课程知识中的文化进行体认，并调动自己的文化意识进行理解、批判，进而生成一种既能够根植传统又能够面向未来的新文化。第四，在教学评价上，教师可以采用教育鉴赏与教育批评的方式，以经验为基础感知、洞察、关心学生身上发生的文化观念与行为变化。总之，教师要把教学设计当作培育学生素养的主阵地，设计出既能在活动中学习、体悟知识，又能通过活动生成、创新知识的真正教学课堂，培养学生实践能力和创新精神。

## 二、教师的个性发展：成为你自己

随着新课程改革的推进，新课程理念逐步深入人心，全新的教师观得以确立，教师的角色转变成为现实，教育改革的焦点聚到了教师发展这一绕不过去的话题上。因为在所有影响制约课程与课堂改革的因素中，教师的素质与能力排第一位，它具有决定性的意义和作用。我国正处于特殊的历史时期，经济形态的变革，"不仅仅是经济学意义上的资源配置方式的变革，更是以经济生活为基础的全部社会生活的重大变革，即人的存在方式的变革"[1]。正是"人的存在方式的变革"，导致整个民族文化、民族心态以及行为方式的深刻变革。而教师的发展，必须要在当前多种教育观念冲突、矛盾、互补和融合的复杂格局中寻求发展的方向，选择教师的取向。

教师发展应该基于学生的发展。20世纪70年代，西方教育从赫尔巴特的教育理论——张扬系统主义、要素主义、注重传授知识，过渡到杜威的教育理念——张扬经验主义、活动主义、注重培养学生个性。培养学生成为能适应未来社会发展的人才，成为现代化教育改革的宗旨。各国的教育改革，无不体现出追求个性、重视创造性培养的思路和对教育个性发展的战略抉择。正如乌申斯基所说："在教育中，一切都应当以教育者个性为基础，只有个性才能影响个性的发展与定型，只有性格才能培养性格。"[2] 甚至可以说："教师教育力量的源泉则是在教师的个性。""成为你自己"，这句镌刻在奥林匹克山石上的名言，应该是每一位教师发展的方向。于是，"呼唤有个性的教师"便成为一个迫切的具有现实意义的重要命题。

### （一）做"人师"，关注人的发展

教育家徐特立曾说，教师有两种人格：一种是"经师"，即所谓"传道、授业"；一种是"人师"，即教学生怎样做人。圣贤之仁，可以百世为师；经师易得，人师难求。最佳为师者，当是想为人师而又堪为人师的人。

堪为人师者，不仅在于"学高"和"身正"的自我修为，更在于如何使我们的教学对象——学生发展得更好。新课程改革能否摆脱困境而顺利进行，

---

[1] 杨太清：《为创新人才成长奠定良好基础——"中国教育学会第23次全国学术年会"综述》，载《青年教师》2011年第5期。

[2] 周学芳：《以人为本，飞扬个性——让个性化阅读绽放生命的光彩》，载《中国农村教育》2010第12期，第61页。

关键在于解决教师在对新课程的认识上、态度上、行动上、方法上、素质结构上所存在的问题，所以，我们必须对教师角色有一个重新的认识与界定。

教师是因为他们懂教育才被聘用的，那种以为精通某些知识并能传授给他人就可以做教师的观念已经过时。要转变教师只是解释、美化、传输固定知识与特定意义形态的"代言人""传声筒"的职业角色，以及"百科全书""资料库"的职业作用。教师要由传统意义上的知识的传授者转变为学生发展的促进者和帮助者，由教育管理的"裁决者"转变为学生成长的"诊断者"和"引领者"，由简单的教书匠转变为实践的研究者或研究的实践者，由教学活动的"表演者"转变为学生的学习指导者和参谋者，由"消费者"转变为"生产者"，从"点菜者"转变为"菜单提供者"，从"独奏者"转变为"伴奏者"，从"执行者"转变为"决策者"……教师还应该成为学生潜能的呼唤者、学生发展的合作者、教育艺术的探索者、校本课程的开发者……总之，教师要努力成为负有组织创造性、自主性和实践性学习使命的教育者和研究者。教师在学生发展的同时，既成就学生，也成就自我。

有人说，教师的要义，最终不是着眼于自己如何聪明，而是着眼于让别人变得更为智慧。区别于以教书为职业追求的传统意义的教师，"个性化教师"是特殊时代下的特殊角色，是承担着特殊责任的现代意义上的教师。

教师的个性特色，是指教师在自己个性的基础上，在教育活动中形成并表现出来的个性特征与独特的教育风格，是教师自身具有的显著区别于他人的能力、气质、性格，以及动机、兴趣、理想、信念等。

教师专业发展已经超越了认知主义（知识本位）、行为主义（能力本位）、传统人文主义（情感本位）、人本主义（人格本位）等多种范式，日益走向综合与通融，其核心思想就是与学生共同成长。从教育学意义上看，教师的言行举止、言传身教不仅传递着一种文化，也不断再生着一种文化，师生共同实践、共同创造、共同享受这一文化，变成了教师的工作意义。

北京师范大学裴娣娜教授认为，"个性化教师"是富有使命感、积极进取、锐意改革、具有国际视野的教师个体和教师群体。从这一观点出发，建构个性化教师的意义，应关注以下两个方面：

**1. 从原点到远点的建构**

黑格尔说，前进就是回溯原始的、真正的东西。从原点到远点的建构，就是学生在教师的帮助下通过新知识与原有的旧知识和经验的互相作用、改造、充实来建构新的理解的过程，这种建构是学生在教师引领下自主参与的，是师生共创共生的过程。从原点到远点的建构，要求教师不但要从外在的方面"训练"人、"塑造"人、"培养"人，还要关注人作为人的生存及其意义，努力从内在方面"唤醒"人、"生成"人、"提升"人，使得人的生活"有尊严"。生命是教育的原点，教育与生命共存。面对有着丰富多彩的生命内涵的学生，教育只有回归生命，才能展示出它无穷的魅力，实现生命意义的回归。

**2. 从"应试"到"应世"的建构**

我国传统教学的主要弊端是课程价值观的扭曲，主要表现为选拔与发展的尖锐对立。一个基本的教育命题是"教育即发展"，教学为了发展，教学促进发展，教师为促进学生的发展服务。但就是这个看来毫无争议的真命题，到了日常课堂，到了具体施教的层面，往往被一只无形的手操控而歪曲。从"应试"到"应世"的建构，就是要摆脱"应试教育"的桎梏和束缚，正确厘清"评价"和"考试"的关系，从改革现行的考试制度入手，改进选拔考试，以促进学生全面、健康的成长；从"应试"到"应世"的建构，就应该建立"应试"（课堂教学体系）与"应世"（社会生活系统）两者之间的"超级链接"，让学校与社会、教育与生活紧密相连，把学生看作是"学生"，而非"容器"，看作"未来"而非"奴役"，看作"公民"而非"顺民"；从"应试"到"应世"的建构，就要求教师摒弃自己内心的"功利"，使自己沉静、慈爱和智慧。教育是慢的艺术，教育就是等待花开的过程。"教授的工作不是拯救孩子的灵魂，而是提供机会让他们拯救自己的灵魂"，教师要给学生终生受用的技能，让学生形成受益一生的行为准则，要帮助他们实现意义的获得及自我主体的建构，让他们"自己长大"。①

**（二）做反思型教师**

塑造符合新时代要求的新型教师，正日益成为新教育的迫切要求。而反思意识，正是新型教师的重要特质之一。当今世界，反思意识已成为学术界的重要特征。在教育领域，反思性教学已成为一种潮流，其实质是唤醒教师的自觉能动性和创造性，促进教师不断地追求教育实践的合理性和艺术性。广大教师要以科学的精神、研究者的姿态，不断审视自我的教育意识和行为，自觉运用先进的教育理念，探索教育规律，指导教学实践。这既是教师实现专业成长的必经之路，也是促进每一个学生得到发展的前提条件。

**1. 从案例入手，在分析教育行为中反思自我**

课堂制约大部分教师发展的瓶颈，是难以突破传统的教育束缚，习惯于完成任务式的教学，疏于思考，在某种程度上把复杂的劳动简单化，周而复始，

---

① 刘徽：《点燃孩子的热情——读第56号教室的奇迹2》，载《现代教学》2011年第11期。

使鲜活的教育过程程式化，缺乏动态生存。要突破这一瓶颈，可以从编写教案入手，把教育教学过程中的喜悦、困惑、问题撰写和记录下来，内容涉及课堂教学、班级管理、师生在新课程中的成长历程，等等。实践证明，这样做有两个好处：一是提升教师的专业化水平，二是带动教师的群体反思。

### 2. 从评价入手，在进行自我评价中剖析自我

课程改革与教师的发展密不可分，目前教育的普遍现状是，教师和学校的评价改革已滞后于学生的评价改革，尤其是对教师的评价，仍然沿用旧的评价体系，评价内容教条，评价手段单一，评价没有起到很好的导向作用。要改变这一现状，必须把评价建立在教师实际基础上，鼓励教师进行自我评价，促使其对自身存在的优势、不足和进步形成清晰的认识，注重分析现象的原因，提高教师自我反思的能力；另外，要给每个教师提供一个广泛的发展空间，让其根据自身的教育情况和教学实际，参与制定发展目标，并初步形成个性化的评价目标和评价方法。

### 3. 从问题入手，在强化行动研究中明辨自我

有问题就意味着对现实与现状的不满，就意味着有自己的思维。一个没有任何问题的人，不可能会打破现状、超越常规。教师要从问题入手，培养自己的问题意识。这种问题意识，即教师在面临需要解决的问题时有一种清醒、自觉并伴之以强烈的困惑、疑虑，想去探究的内心状态。

在实际工作中，教师要善于从微观的课堂教学、中观的专题研究、宏观的课题研究中发现问题，并对问题进行分析、探究，最终解决问题。一是从感兴趣的问题入手进行反思。围绕什么样的教育才算是最良好的教育、什么样的教师才算是一个好教师、什么样的学校才算是一个好学校等问题，结合新课程理念进行反思。二是营造对话情境促成教师反思。如请课程专家对一线教师的疑问进行答辩；或是让专家向一线教师提出问题请其答辩；同时还可以不定期地举行研讨会，通过交流座谈会的形式，让教师把每个月的收获、感悟与困惑，在课改实验中遇到的新问题摆出来，通过对话，使教师学会用理论思维审视自己的教育观念和行为。三是强化理论学习与专题论坛的形式，促进教师反思。通过举办针对性、实效性、开放性的专题论坛，促使教师在教育教学中增强法制意识和反思力度，改变自己原有的心智模式。

### 4. 从课程入手，在发展和丰富课程中提高自我

新课程改革要求教师积极主动并有意识、有主见地参与到课程开发中，在发展和丰富课程中提高自我，要关注自己的教育教学过程，对学生的发展情况、对自己的教学活动的质量、对自己与学生的对话与互动等进行思考与探索，并提出建设性的改进意见。

呼唤反思型教师，意味着教师要摆脱经验主义的窠臼，跳出四平八稳、惯性运行的教学思维方式，超越教学技巧，脱掉"匠气"，走向变革与创新。广大教师要有自我审视与剖析的勇气，有"众里寻他千百度"的执着，以勇立潮头的躬身实践，反思自我，超越自我，走出平庸，完成专业成长和角色重构的华丽转身。

## 第三节　学生观：学生是教育的主体

### 一、学生是什么？

学生是什么？在教育中，这不仅是一个定义、一个概念，更是学生观的具体体现。所谓学生观，是对学生的本质属性及其在教育过程中所处的位置和作用的看法。传统学生观把学生视为被动的客体、教育者管辖的对象、装知识的容器。而现代学生观则认为学生是积极的主体、学习的主人、正在成长的人，教育的目的就是育人。无疑，现代学生观更准确地阐述了新时代教育的特质——学生是教育的主体。学生的主体性是在两个维度上展开的：一是指向逻辑认知的求真活动；二是指向道德价值的趋善活动。[①]

#### （一）学生是认知主体

学习主体是对教学主要矛盾的反映，也是对学生角色的积极定位。反过来说，忽视学生主体性将导致教学质量低下、师生冲突加剧等问题。学生作为学习的主体，是知、情、意、行全面参与的主体。一方面，教学活动是知识学习、教学交往和情意审美统一的活动；另一方面，教学过程的主要矛盾及其本质决定了认知在教学过程中具有最基本的意义。

学生作为认知主体，直接体现为学生对课堂学习的全面而深度的参与。从动态发展的视角看，学生主体是学生后天努力的结果，是自致的地位而非先赋的身份。学生主体性发展，既与学生个体因素有关，更与教学活动相关。就前者而言，已有研究指出，学生非智力因素为高效率学习提供动力。陈佑清进一

---

[①] 沈建：《体验性：学生主体参与的一个重要维度》，载《中国教育学刊》2001年第2期。

步指出:"学生自身的能动活动是促进学生素质发展的基本机制。"① 从教学系统看,教师厌教、学生厌学的情况,严重影响教学质量,重要的原因是教学动力的理论把握不够,实践策略不当。裴娣娜自20世纪90年代以来,长期组织开展学生主体性发展教学实验,构建了学生主体性发展的指标体系,提出了学生主体性发展的四大教学策略:主动参与、合作学习、差异发展、体验成功。②

### (二) 学生是伦理主体

学生不仅是教学过程中的认知主体,也应成为伦理主体。首先,师生关系作为主体之间的伦理关系,仅仅强调教师一方面的伦理责任是不够的。事实上,固守传统的等级观念,强调教师的传统权威,加上功利主义的侵蚀,既在不断消解教师的主体责任,也易忽视学生的主体责任。以往只关注教师伦理、将学生视为教学伦理生活的旁观者的教学伦理是片面的。有必要把教学伦理生活视为师生共同的道德生活。其次,视学生为哲学伦理主体的观念,是建立民主、道德、合法的教育关系的基本前提,是现代教育区别于古代教育的重要特征,是教育民主的重要标志。

就此,我们提出四个基本命题:学生是发展的人、学生是独特的人、学生是教育活动的主体、学生是责权主体。教学活动中,要重视学生的主体地位。

## 二、学生是课堂的主体

### (一) 人是教学的出发点和归宿点,人的利益高于一切

我们认为,在学科教学中,知识获得能力的培养、成绩的提高都很重要,但是这一切都必须服从和服务于学生的健康、幸福、尊严和个性的发展以及内心的自由。的确,在现有的体制下,追求分数是不可避免的,但是,任何时候我们都不能以牺牲儿童的健康、幸福、品行为代价来换取所谓的高分。那样做不仅得不偿失,也会使分数异化,变成毫无价值的东西,最终导致对人性的扼杀。对教师而言,至关重要的就是学会尊重和宽容。每一个学生的潜能和素质不一样,个性和兴趣不一样,知识和能力的基础不一样,追求和理想也不一样,教师在鼓励或要求每个学生都学好学科内容的同时,一定要尊重和宽容那

---

① 陈佑清:《教学论新增》,人民教育出版社2011年版,第88页。
② 王本陆:《教学基本理论研究四十年的进展与成就》,载《教育学报》2018年第3期。

些学得慢的，甚至根本不学或学不了的、没有兴趣的学生。我们往往在课堂上声嘶力竭，可不少学生无动于衷。究其原因，正是由于老师眼中只有学科的教学任务和教学成绩，却丢掉了活生生的人。因此，教师在教学中，有责任引导和启发学生做好自己的人生选择，让学生无论是在现在还是在将来都过得有尊严、有意义、有幸福感。如果没有这样的担当和意识，那么教师越努力，就越可能误导学生。正如傅树京教授所指出的，教育的真谛在于："首先，教育应当让学生有价值感。教育是培养人的活动，在这种活动中，知识、技能的传授固然重要，但教育最本质的内在性是养成学生强烈的价值感，让他们变成有意义、有价值的人。其次，教育最核心的价值是让学生对未来充满希望。当学生早上醒来时，他们期盼来到学校；当学生走在上学路上时，他们期盼坐在教室里；当学生遇到困难时，学习会帮助他们渡过难关；当学生产生疑问时，学习会帮助他们解决问题。再次，教育应该让学生变成快乐的人。它包括两层含义：一是要让学生具有寻找快乐的能力，让他们有追求幸福生活的信心，产生深层的生活激情，让他们真正成为富有生活情趣快乐的人；二是应该带给学生快乐，这种快乐可以体现在评价的结果中，也可以体现在学习的过程中，既没有结果又没有过程的快乐，是失败的教育。"[1]

## （二）学生要成为教师在课堂教学中关注的中心

既然教师是教人而不是教书，那么教师在课堂中的关注中心当然是人，也就是学生，学生是课堂的中心，教师的眼睛要看着学生，心里要想着学生，并根据学生的学习状态组织实施和调整教学。

课堂上以学生为中心，需要教师关注学生的学习状态，学生的学习状态可以从五个方面进行评价。

### 1. 学生的情绪状态

新课程改革倡导，不仅要关注学生的知识能力发展，还要关注学生在知识和能力获得过程中的情感体验。学生的情绪状态主要体现在是否具有浓厚的学习兴趣，学习过程中是否充满好奇心与求知欲，是否能长时间保持学习兴趣，是否能自我控制和调节学习情绪，学习过程是否愉悦，学习的意愿是否持续增强。

### 2. 学生的参与状态

学生的参与状态主要表现在参与的主动程度、深度和广度上。考查学生参与的主动程度，具体可以看学生在课堂上是否积极主动地投入思考或踊跃发

---

[1] 傅树京：《教育应给予学生快乐、价值和希望》，载《教育测量与评价》2013年第2期。

言，是否兴致勃勃地投入学习和讨论。参与的深度体现在学生的参与是否包括行为参与、认知参与和情感参与，等等。参与的广度则表现在学生自主活动和学习时间有多少，学生回答问题和动手操作的人次有多少；是否全体学生参与了学习，是否投入了学习的全过程；参与活动的感观种类是否包括口、手、脑等。

### 3. 学生的交往状态

一种特殊的社会交往形式，是教师的教和学生的学统一，这种统一需要通过师生交往和生生交往来完成。考察课堂上学生的交往状态，要看学生之间是否有良好的合作；师生之间和学生之间能否协调、沟通各自的想法，联合力量为达到某一个目的而互相作用；是否有较多的信息交流和信息反馈；交往是否处于互相尊重、互相信任的状态，交往的气氛是否民主、宽松、和谐，学生在交往中能否大胆发言、提出问题和不同观点；学生的好奇心和自信心是否得到保护；等等。

### 4. 学生的思维状态

思维能力的发展是学生全面发展的重要内容之一。对学生思维状态的评价，必须关注学生在课堂上是否有足够的智力劳动量。表现在学生是否围绕重点的问题积极思考，敢于质疑，敢于提出具有挑战性和独创性的问题；学生回答问题的语言是否流畅、有条理，善于用自己的语言阐述观点；等等。

### 5. 学生的生成状态

在新课程理念下教学活动是一个动态生成的过程，生成性是指学生理解的过程，不是简单的知识搬运、转移的过程，是依据其自身的经验来建构发现和领悟的过程。课堂上，师生是否能生成预设内容，是否能自主生成非预算内容，得到意外的收获，是衡量课堂教学成功与否的一项重要内容。[①]

学生的学习状态决定课堂教学的质量和水平。学习状态不仅是教师观察的对象，也是教师工作的重点，只有基于对学生的关注和尊重，教师才能真正创造适合学生的教学。

## （三）在教学交往中发挥学生主体作用

### 1. 重视在教学交往中的主体性机制

即使是从最抽象的形式来看，教学交往也是教学认知得以进行的重要机制。促进学生的教学认知，离不开教学交往。首先，在教学生态系统中，师生

---

[①] 沈健美：《以学论教：课堂教学评价中静悄悄的革命》，载《中国教师》2010 年第 5 期。

关系的焦点是教学交往关系，任何其他关系都必须基于这一关系才具有合理性与合情性。进一步说，教学交往促进学生主体性发展，需要系统设计教学活动，科学确立主体性教学目标，实施主体性教学实践。在坚持教师主导作用的前提下，使学习成为学生自己的活动，教会学生学会选择、学会参与、学会学习、促进教学交往。教师要最大程度地发挥学生主体意识和主体能力，形成学生主体人格。① 其次，教学交往的规律由学生主体性发展的活动机制决定。学生发展的机制，简单地说，就是学生主体外部活动与学生主体内部活动的双向转化。也就是说，学生主体活动是学生作为教学认知主体的源泉，也是教师主导教学的落脚点。学生主体活动的方向、目标与途径等均是由教师来决定的。教师要在教学过程中发挥主导作用，就必须真正发挥学生学习的主体性与主动性，根据具体的教学目标、教学内容、教学条件及学生特点设计、组织并实施多样化的教学活动，并运用高超的教学技艺使教学更为灵活、更有吸引力，在高质、高效的教学交往中促进学生的主体发展。

### 2. 改变师生伦理地位，共构互生教学生态

教学关系的伦理探讨与教学实践的改革探索共构互生。"新基础教育"课堂教学改革在叶澜的领导下，积极探索课堂教学中实现师生积极有效和高质量多项互动策略，形成了有关教学过程的新认识。教师不仅要把学生看作"主体"，还要把学生看作教学"资源"的重要构成和生成者。学生作为教学资源，首先指学生进入教学的初始状态，是对教学能否对学生发挥真实、有效作用的积极性资源，也是师生教学交互作用的起点。学生在课堂中的情绪、言行等，都是教学过程中的生成性资源。此外，学生还是评价性资源与下一次教学流程的基础性资源。教师应把学生看作教学过程中的积极参与者和教学过程创生的不可或缺的重要组成部分，采用"多向互动、动态生成"式教学形式。

## 第四节 教学观：基于学生活动的教学

教学观是指教师对教学的本质和过程的基本看法。研究表明，教师的教学观一经形成，就会在他们的头脑中形成一个框架，影响到他们对教学过程的具体事物和现象的看法以及在教学中的决策和实际表现，进而影响到学生的学

---

① 和学新：《主体性的生成机制与教学设计》，载《教育研究》1997年第11期。

习。因此，顺应时代的要求，转变教学观念势在必行。

## 一、"双基"下的知识本位教学观

"双基"下的教学观概括为五种类型，可归结为两种取向，和西方教师的教学观既有一定程度的相似，也存在许多差异。根据华南师范大学教育科学学院教授高凌飚的研究，我国教师所持教学观的一般类型包括以下几个方面。

### （一）传授知识的教学观

认为教学的本质是传授知识，是把知识从外在于学生的源泉（教师或教科书）搬运到学生身上。教师是教学过程的中心，学生只是被动的接收者。教学过程的出发点是外在于学生的教科书或教学大纲，整个教学过程是一个从教学内容出发，经教师到学生的单向过程，教学效果表现为知识量的积累。

### （二）应付考试的教学观

认为教学是一种帮助学生获取某种资格或合格证书的手段，因此把焦点放在学生的成绩特别是考试成绩上。教学成为一种训练学生去适应考试要求的过程。教师是训练者，学生是训练对象。考试就像一根指挥棒，决定了教师和学生的行为，决定了教学的内容以至于教学的方法。

### （三）发展能力的教学观

认为教学的目的是促进学生能力的发展，学习的能力不可能通过传递交给学生，必须从学生内部发展起来。教师只不过是一个领路人、一个辅导员、一个帮助学生组织学习的人。教学过程被看成是促进学生理解和鼓励学生改变头脑中原有的观念的过程，教学内容必须与学生的生活有密切的联系，教学的效果表现为学生对世界、对问题的看法的转变。

### （四）端正态度的教学观

认为教学的主要目的是帮助学生确立正确的学习态度。要求教师在治学态度方面成为学生的榜样，通过师生间的互动、通过潜移默化促使学生转化，成为热爱学习、有独立精神和积极进取的态度的人。因此，教学的内容并不限于学科的知识或结构方法，还包括在师生互动过程中表现出来的态度。

### （五）教书育人的教学观

与端正态度的教学观相似，这种教学观也强调教师的模范作用，强调通过友好的正面的作用来促进学生的成长，注重的是学生的品行表现，课堂的教学过程不但给学生带来知识，使学生的能力得到发展，还使他们学会怎样为人处世，在思想和品德方面得到提高。教师既是学生的朋友，又是他们的行为表率。教学的内容不局限于教材，包括任何蕴含良好品德和价值取向的材料，如小说、故事等，不过最主要的"教材"是教师的表率作用。

上述"传授知识"和"应付考试"的教学观有一个共同的核心——"教"是教学的重点，即通过一个基本上是单向的教学过程，从外部将一定量的知识和技能灌输给学生，以满足外界对学生的要求。因此，可以进一步归结为高一层次的教学观念或思想取向，称之为单向灌输式的教学取向。这种教学取向把学生看成是被动的接受者或受训对象。教学过程是由外部因素控制的单向过程，以教学内容（大纲或教科书）为出发点，再到教师、学生。用一种量的观点，或者是知识的量的积累，或者是考试成绩，来衡量教学的效果。这两种教学观，在"核心素养"下的今天，显然与时代格格不入，背离了教育的本质。因此，重建教与学的关系势在必行。

"核心素养"下的教学观，"学"是教学的出发点、落脚点、教学的中心，重心在"学"而不在"教"，教学应该围绕"学"来组织、设计、展开。基于学生学习的教学不仅是教学本质的体现，也是学生形成学科核心素养的必然要求。教育部部长陈宝生在2017年全国教育工作会议上明确强调，要"建立以学习者为中心的人才培养模式"。把教与学关系变革提高到人才培养模式高度，这对我们推进教学改革，特别是教师持什么样的教学观具有重要的指导意义。

## 二、重建教与学的关系

当前教学改革呈现出繁荣的局面，取得了显著的成效，同时也出现了一些乱象，甚至是异化的现象。教育中的很多现象，诸如"多学一点知识没什么不好""技多不压身""不能让孩子输在起跑线上"，都表现出对这一规律的忽视。对于教育的内容，我们向来信奉"开卷有益"，似乎只要知识本身有价值，不管什么时候学，只要学了就一定会有好处，或者最起码不会有坏处；对于教育的方法，我们向来信奉"实用主义"和"头悬梁锥刺股"，似乎只要让学生记住了、考到高分了就是对的，而不管这种方法是不是以"收获分数但牺牲快乐""收获成绩但牺牲思维""收获成才但牺牲成人"为代价。这样的教育不是"生命的教育",而是"绩效的教育",最终使我们的教育不断偏离本真的轨道。

在"追求知识的加速跑"这样的目标导向下,学校教育集中一切力量,努力教学生知识。学生则拼命想办法记知识,以便能顺利通过知识的考试并获得成功。在这里,判定教育成效的核心标准锁定在知识的获取程度上,包括知识的量、知识的深度难度以及获取知识的进程速度,所有教育中的"较量"实际就是知识获取程度的较量。在加速跑的状态下,学习内容层层下放、学习难度不断加码、学习任务不断加重。学前教育小学化,高中三年课程一年半就基本结束,最后一年半基本用于备考训练,每堂课都把内容安排得密密麻麻,追求"教学进度"、追求"信息量最大化"的"高效课堂",这些都是"加速跑"的表现。"加速跑"本身就是"知识导向"的证明,因为唯有知识的追求才是可以加速的,思维的发展是绝不能够加速的。

"追求知识的加速跑"会给我们的教育带来多大的危害?"追求知识的加速跑"会压缩学生的其他学习时间,学生的发展不仅难以全面,甚至连基本的人性发展都被忽略;"追求知识的加速跑"让我们的孩子被迫接受难而深的知识,进而导致学习自信心和兴趣尽失;"追求知识的加速跑"使得我们忽视了学生智力发展的节奏,错过了思维发展的关键期。

这些教学现象,都违背了教学的原点,违背了教学的本源、本意、本质,也即教学的根本。只有正本清源,才能回到教学改革的正确方向。教和学的关系是贯穿教学活动的基本问题,是教学论和教学改革的永恒主题,学是本源性的存在,教是条件性的存在,无论是从知识累积还是从素养提升、个体成长、个人发展来说,学都先于教而存在,教是为学服务的。

为了实现以教学为主向以学为主的转变,真正建立起基于学生活动的新型课堂,要做到以下几点。

第一,要把学习的权力和责任还给学生,激发学生的学习兴趣,培养学生的学习能力,引导学生学会自主学习和自我教育,这是当代学习范式重建的前提与基础,也是教学改革深化发展的支点与标志。我们今天把重点放在教育与学习过程的"自学"原则上,而不是放在传统教育学的教学原则上。这是因为,最好的教育是自我教育,没有学生自我参与的教育只是一种外在的灌输。

第二,要致力于建立让学生的潜能得以充分发挥出来的教学文化和教学方式。学生的发展潜能是巨大的,教学的目的不是往学生头脑里灌塞知识,而是去激发学生的学习潜能、创造潜能。我们要致力打造一种新型的课堂文化,让学生的人格得到充分的尊重,让学生的安全得到充分的保障,让学生的潜能得到充分的开发,让学生的能力得到充分的发挥,让学生的思维得到充分的展开，让学生的自信得到充分的培养。正如高文教授所描述的那样："当今世界正面临着一场'学习革命'，我们将彻底改革几个世纪以来人们已经习以为常的、旧的、传统的教育观念和教学与学习方式，创造出一种在真正意义上尊重人的主体性、激发人的创造性、相信并注重开发人的潜力、使人与人交际与合作的崭新的教育观念和学习模式。"①

  第三，要致力于构建以学为主线、以学为本的课堂教学体系和结构。教学设计和教学活动要以学生的学习为主线，学生文本阅读和个人解读的全过程，学生观察、操作的全过程，学生问题生成、提出、解决的全过程，学生由浅入深、由表及里、由片面到全面、由不知到知、由不会到会的认知，特别是思维发展的全过程，应该成为贯穿课堂的主线和明线。钟启泉教授强调："课堂教学应以学生的自主活动为中心展开，教学目标的设定、教材教法的选择、班级的集体交互作用等，所有的构成要素都应当为形成学生的自主活动而加以统整，都必须服从于学生自主活动的组织。"② 以学为主线的课堂也被称之为"学习中心课堂"，所谓"学习中心课堂"，"是指以学生学习活动作为整个课堂教学过程的中心或本体的课堂。相比于讲授中心课堂，在学习中心课堂中，课堂教学的过程的组织要尽可能让学生能动、独立（自主）的学习成为学生学习的基本状态，并让学生能动、独立（自主）的学习占据主要的教学时空。教师的作用以激发、引导学生能动、独立的学习为最高追求和根本目的"③。学习中心课堂在教学组织形式上，将学生的个体学习（自学）、小组学习（互学）、全班学习（共学）等不同的教学组织形式结合起来，打破了传统教学以全班集体教学为唯一组织形式的格局。在这样的课堂中，学生的学习不仅是积极的、主动的、快乐的、个性的、多样的、丰富的，而且是完整的、有结构的、系统的，从而真正实现了海德尔的"让学"理念和大教学论专家夸美纽斯的"使教员可以少数、学生可以多数"④ 的目标。

---

① 高文：《学会学习与学习策略》，载《外国教育资料》2000 年第 1 期。
② 钟启泉：《课堂互动研究：意蕴与课题》，载《教育研究》2010 年第 10 期。
③ 陈佑清：《建构学习中心课堂：我国中小学课堂教学转型的取向探析》，载《教育研究》2014 年第 3 期。
④ 成尚荣：《回到教学的基本问题上去》，载《课程·教材·教法》2015 年第 1 期。

## 第五节　评价观：着眼于学生核心素养的整体发展

教育评价是按照一定的标准，运用科学可行的方法对评价对象和教学活动进行的价值判断和过程，是学生学习活动的杠杆，是实现教育目标的特殊手段。实施新课标以来，教育评价的研究和实践一直是广为关注的重点、难点和焦点领域。科学的教育评价既要关注学生知识与技能的理解和掌握，更要关注他们的情感态度的形成和发展；既要关注学生学习的结果，更要关注他们在学习过程中的变化和发展。一方面指向教育评价的导向与质量监控的作用，另一方面指向教育评价的促进发展作用。在现实教育过程和具体课堂情境中，如何认识这"两个作用"的意义及其内在的联系，以怎样的评价观来推动教育的发展，正是教育评价改革与深化的核心命题。

### 一、评价的价值、功能与旨归

#### （一）教育评价的价值：为了素养发展还是为了选拔？

新一轮基础教育课程把课程评价的转变作为重要枢纽，所以十余年来考试评价受到的批评和责难最多。其实，应试教育的"怪圈"与"幽灵"，绝不仅仅是教育制度、教育政策、教育形势与教材的问题，甚至不是考试自身的问题，而是来自根深蒂固的文化传统根源和极度功利主义的价值心理定式，所以，教育评价改革想要摆脱应试教育的桎梏与束缚，以体现其真正的教育性和神圣化，就必须回到教育的本质意义上来。

我国传统课程评价的弊端在于课程价值观的扭曲，主要表现为选拔与发展的尖锐对立。众所周知，学校教育的功能是促进人的发展，提升人的素养，同时也承担为社会选拔人才的功能，但发展不应该是选拔的副产品。

传统的课程评价有一个基本假设，即只有极个别的学生学习优秀，而大多数学生都属于中常。为此，评价就把优异的成绩给予极少数学生，其余的只能获得较低成绩。这样评价无形之中变为一种选拔过程。在这一过程中，只有少数学生能够获得鼓励，体验成功的快乐，大多数学生成了失败者，成了上述假设的殉葬品。这样的评价不是把教育看作是对人的一种关怀，而是将其看作一种单纯功利的需要；没有把学生当作教育的主体，去重视学生内在的独立人格的塑造培养，而是把学生当作知识的窗口，当作灌输、矫治的对象；没有把学生当作有着不同发展状况的个体，而是用一个标准去要求和评价学生，忽略了学生在认知程度和水平上的差异，忽视了学生个性的特点，重视外在的社会规范的强化，热衷于把发展暂时滞后的学生当作转化的对象，人为地给一些学生贴上"差生""后进生"的标签。

就目前来讲，在评价价值观上，应该改变长期以来片面强调学校为社会发展服务的观念，确立教育促进社会发展和人的发展统一的价值取向，着眼于学生核心素养的整体发展。在评价行为上，要积极倡导发展性评价，发挥评价的促进、引导、激励功能，使评价成为促进学生不断发展的过程；要强调评价指标的多元化，评价不仅要反映学生的学习成绩，而且要反映学生的学习变化和学习态度，对学生的评价既要有最基本的要求，也要关注学生的个体差异，以提高学生的综合素质；要强化运用多种方法综合评价，应灵活运用除考试或测试以外的多样化的评价方式，采用多种评价手段和评价工具，使评价成为教师、学生、家长及教育行政管理者共同参与的活动。总之，着眼于学生核心素养的整体发展的价值取向，必然会使从课程开发到课程实施与评价的每一个环节发生改变，学校的一切评价工作都应该体现这一价值取向，最终指向学生的发展，为学生的核心素养的整体发展服务。

### （二）教学评价的功能：从甄别转向诊断

新课标关于评价改革的目的不是为了"选择适合教育的儿童"，而是为了"创造适合儿童的教育"，要正确厘清评价和考试的关系，改变"考试＝评价"，把复杂的评价简单化的错误做法，要清醒地认识到改革现行的考试制度，并不是意味着取消考试，而是改进选拔性考试，以促进学生全面、健康的成长。

一些人把"评价"等同于"考试"，凡考试便认定为应试教育，这是错误的认识和片面的评价观。事实上，长期以来课程考试也确实进入了这样的误区并不能自拔，主要表现为颠倒了学习和考试的关系，本应以通过诊断、反馈促进学习为目的的课程考试，却普遍采用了为甄别而设计的考试模式。课程考试不仅采取了选拔考试的形式，而且借助于选拔考试中的实施方式、评价方法来实施学校课程层面的评估，甚至用选拔考试的解释方法来解释课程考试的结果。这种课程考试"重结果，轻过程；重知识，轻能力"，在考试方法上往往侧重于考知识的记忆与理解，记忆性内容偏多，忽视对学生分析、综合及创新能力的考查，容易导致学生在学习中把主要精力放在背诵和记忆方面，考试前临时突击，放松平时学习；对实践运用能力的考核偏少，不能真实、全面地考核学生掌握和综合运用所学知识解决问题的能力，达不到检验教学质量、提高人才培养素质的要求。

但课程考试作为教育评价的核心概念是毋庸置疑的。课程考试不是外在于教学和学习的，而是镶嵌于教学过程中的，是教学工作的一个重要环节，它不但可以评价学生的学习情况和教师的教学水平，诊断教与学中出现的问题，而且是整个教学工作中的一种延伸和深化。因此，课程考试不仅要反映学生学习，而且必须促进其学习；不是为了给出学生在群体中所处的位置，而是为了让学生在现有基础上谋求实实在在的发展；它关注让学生学会更多的学习策略，给学生提供表现自己所知所能的各种机会，通过评定形成自我认知和自我教育、自我进步的能力；它要立足于学生的个性差异，既保证能使绝大多数学生全面发展，又鼓励少数学生"超常"发展、追求卓越。总之，课程考试必须是"为学习"，而不是"对学习"的考试。

### (三) 课程评价的旨归：一切为了学生核心素养的整体发展

#### 1. 着眼于核心素养的整体发展

语文课程评价的根本目的在于全面提高学生语文学科核心素养。评价过程及学生学习的过程，应围绕阅读与鉴赏、表达与交流、梳理与探究等学习活动，在具体的语文学习情境、活动任务中，全面考查学生核心素养的发展情况。

语文课程评价要综合发挥检查、诊断、反馈、激励、甄别、选拔等多种功能，不宜片面地强调评价的甄别和选拔功能。评价不仅要关注学生外在的学习结果，更要关注内在的学习品质。注意通过评价引导学生学会学习，自觉提高语文学科核心素养。

语文教师要有意识地利用评价过程与结果，发现学生学习的个性特点和具体问题，及时引导，提出有针对性的建议，激发学生学习的动力。同时，依据评价结果反思日常教学，优化教学内容，调整教学策略，完善教学过程，为学生语文学科核心素养的发展提供有力支持。

#### 2. 在任务群的活动中全面评价

语文课程评价要把握学习任务群的特点，综合统筹评价过程。每个任务群的学习目标与内容各自独立又彼此关联。评价时既要突出每个任务群的学习重点，又要兼顾任务群之间的联系，体现学习目标内容与评价的一致性。

评价要充分考虑语文实践活动的特点，注意考查学生在活动中表现出来的参与程度、思维特征，以及沟通合作、解决问题、批判创新的能力，记录学生真实完整的任务群学习过程。

### 3. 尊重学生、评价主体的多元化

语文课程评价应该面向全体学生，尊重学生的主体地位。评价要注意展示学生自我发展的过程：要求评价重心由教师的"教"转向学生的"学"，要更多地关注学生活动的过程、探究的过程和合作的过程，既要关注学生的认知基础，又要关注学生的兴趣和热情、对课堂的参与程度和同学之间的合作协调程度，更要关注学习的有效性、探索性、拓展性、纵深性。形成评价不追求课堂教学产生立竿见影的教学效果，重视在真实情境下，利用原有知识、个人经验，通过自主合作探究，生成新的知识。在保证基本目标达成的基础上，评价要考虑学生的个体差异，关注学生的不同兴趣、表现，满足不同发展需求。

鼓励学生、家长、教师、教学管理人员等参与课程评价。语文教师应利用不同主体的多角度反馈，帮助学生更好地认识语文学习与个人发展的关系，学会自我监控和管理。学校应创造条件，引导学生参与多种评价活动，建构学习与评价的共同体，学会持续反思、终身学习。

### 4. 选用恰当的评价方式

语文学科核心素养需要在真实的语文学习任务情境中综合考查。语文教师根据实际需要，整合诊断性评价、形成性评价、终结性评价等多种评价方式，考查学生核心素养的发展情况。每种评价方式都有自身的优势和局限，教师应根据特定的评价目标选择使用。可采用纸笔测试、现场观察、对话交流、小组分享、自我反思等多种评价方式，提高评价效率，增强评价的科学性和可靠性。对学生的评价，既要有对基本目标的确定性要求，确保底线，也要注意以恰当的方式对希望继续提高的学生予以引导。

学生语文学科核心素养的发展呈现鲜明的个性特点。教师要注意收集学生在语文实践活动中产生的各类材料，如测试试卷、读书笔记、文学作品、小组研讨成果、调查报告、体验性表演活动和个人反思日志等。通过这些材料了解学生在语文学习活动中表现出的个性品质和精神态度，建立完整的学习档案，全面记录学生核心素养的发展轨迹，全面科学地衡量学生的发展。

### 5. 明确必修和选修课程评价的重点和联系

必修课程评价应立足于共同基础，考查学生在不同学习情境和实践活动中学习和运用语言文字的基本能力。重点考查学生语文学习过程中的体验和感受、学习策略，以及梳理、探究能力，尤其是基于社会情境的阅读、表达与交流的能力，读写活动中的思维表现以及不同体裁文学作品的审美感知、评价欣赏、独立创作情况；还要考察对多样文化的理解，对当代文化现象的关注和评析，以及对未来文化发展的思考和展望等。

选择性必修和选修课程评价，要关注共同基础的前提下，突出差异性和层

次性，以促进学生的个性发展。

选择性必修课程的评价应该更关注学生语文学习内容"面"的广度。评价重点包括：语言积累、梳理与迁移的运用能力；在独立研习古今中外经典作品过程中阐释文本阅读体验的能力；语言实践中的逻辑推理能力和实证意识，以及运用科学思想方法解决实际问题的能力；古代文化遗产的辨别，中外文化要义的理解，以及对科技文化的理解与反思；等等。

选修课程的评价应关注学生语文学习内容"点"的深度。评价要注重学生在专题研讨中对语言运用现象和规律探究，对学术论述语言特点的把握，语文实践活动中思维的严密性、深刻性、批判性；注重学生个性化的理解古今中外经典作家作品及其思想内涵、艺术价值；注重学生的多样文化认知，跨文化理解，文化批判、反思和创造能力；等等。

要明确必修课程评价与选修课程评价的区别和联系，选修课程评价要注意与必修课程衔接，在衔接中呈现体系和梯度。尤其是"整本书阅读与研讨""当代文化参与""跨媒介阅读与交流""语言积累、梳理与探究"四个学习任务群，他们贯穿必修课程和选修课程，在两类课程中有不同的广度、深度和难度。评价要注意区分重点和层次，考查学生完成不同难度的学习任务时语文学科核心素养发展的不同表现。

# 第五章　语文活动课堂的生成策略以及基本模式

## 第一节　语文活动课堂的预设路径

《普通高中语文课程标准（2017年版）》指出，学习任务群以自主、合作、探究性学习为主要学习方式，凸显学生学习语文的根本途径。这些学习任务群追求语言、知识、技能和思想情感、文化修养等方面多层次目标发展的综合效应，而不是学科知识逐"点"解析、学科技能逐项训练的简单线性排列和连接。学习任务群的设计，旨在引领高中语文教学的改革，力求改变教师大量讲解分析的教学模式。语文活动课就是落实《普通高中语文课程标准（2017年版）》精神的最好路径。笔者围绕"新课标"提出的"语言、思维、审美、文化"四个方面语文核心素养开展教学活动。

### 一、基于教学内容开展课堂活动

教学内容是实施教学、达成目标的载体；语文教材是教学的主要载体，而文本又是教材最主要的内容。因此，这里主要结合教材选文来谈教学活动的预设。

有时我们也可以根据学习任务群开展学习活动。

有时我们也可根据需要，根据社会热点问题，利用语文课堂实践开展讨论或主题辩论活动。

有时我们也可以设立"立德树人"的主题开展"演讲、写作"的大赛活动。

### 二、基于教学主体开展课堂活动

以教师的教为基点开展活动。教师的教要立足于学生的学，在有利于学生学的前提下，教师可以充分发挥自己的个性开展课堂活动。笔者的经验是根据自己的兴趣、特长，找到最契合自身特点的方法组织教学活动。比如善于演讲者，可以组织演讲活动，通过设置活动情境、方案组织学生参与演讲，在演讲的过程中根据自己的经验理解对学生的演讲进行及时的恰当的点评，提高学生的演讲水平；擅长辩论的老师，可以组织辩论赛，选好具有时代特色的、可辩性的主题进行辩论，并在辩论中传授技巧、方法等。

以学生的学为基点开展活动。学生的学主要指学生的实际学情，包括个人的基础、个人的学习习惯、个人的学习兴趣、个人的学习特点、个人的知识缺陷等，既有智力因素，也有非智力因素。如为了调动学生的学习兴趣，克服学生胆怯的心理障碍，笔者运用陌生感阅读法，让学生写出自己的感悟点，然后进行演讲。活动达到了预期的目的，不但有创新性的妙文，还培养了学生演讲的才情。在总结演讲的感受时，有学生这样写道：

> 长期以来习惯于传统语文教学方法，开始时对黄老师的教学有点不适应，甚至对此报以一丝担忧。后来我逐渐意识到，这种担忧是没有必要的。
>
> 传统的教学是教师"一言堂"的封闭式教学，只有老师讲，学生很少参与，总习惯于把学生活跃的思维纳入教师预定的轨迹：教师讲解，学生听，教师提问题，学生思考作答。这样，学生始终是被动地接受知识，虽然这样培养出来的学生成绩会不错，但我总觉得，这不利于学生综合素质的提高，不利于学生终身的发展。
>
> 课堂教学应该是师生互动、互相交流的过程。因而，在课堂教学中，教师应尽可能地创造条件，变换角色，让学生充当主角，上讲台表演，畅谈自己的看法，领悟成功的乐趣。黄老师就为我们提供了这样一个表现自我的舞台，同学们各抒己见，在说当中锻炼了自己的口头表达能力，提高了自身的素质。
>
> 我很后悔，有这么一个表现自我的舞台，我却极少参与。机会摆在面前，我决心不能再错过。因为我知道在沉默中死亡的可怕。
>
> （摘自《点燃希望的火种》）

以学生的成长认知过程为基点开展活动。学生的成长过程也是一个认知不断深化的过程。我们开展语文课堂活动可以依据学生成长的序列来设计我们的活动内容。如粤教版编写的活动课，就很好地遵从了这一原则。《高中语文》（粤教版）必修1至必修5活动课"认识自我""体验情感""关注社会""感悟自然""走近经济"五部分内容围绕"情感、态度、价值观"三维目标进行设定,有充分的表达交流与写作的课堂活动。

以作者的创作意图为基点开展活动。"知人论世"是文学鉴赏的重要途径和方法,文本作者的相关材料也是开展课堂活动的重要抓手。高一的学生在学习了《声声慢》后,体会了蕴含在文字背后作者的感情,写下了这样一篇感人至深的演讲稿:

### 轻触清照愁情

泪,从你眼中滚下,依恋大地,倾慕黄花;雨,轻吻你的脸颊,和着泪水,温柔降下。

历史只朦胧地托出你哀愁的背影,但足以引起我情感的泛滥。后世人都知道,你是愁的象征、愁的化身,但又有多少人真正读懂了你的愁,真正读懂了你那颗芬芳却孤寂的心?

没错,你的心迹都已注入了你的词中,它们是你的灵魂。我迫切地要跟你灵魂对话时,我却不明"绿肥红瘦",不晓"载不动许多愁",不懂"怎一个愁字了得",只有心中荡漾着被一种名为"愁"的情愫撞击的回响。

你的前半生是由甜蜜编织的,后半生却经历了风与雨的洗礼,祸与难的冲刷。

真难怪你呀!当你还是天真活泼的少女时,你已能轻松地驾驭文字。像"绣面芙蓉一笑开,斜飞宝鸭衬香腮,眼波才动被人猜。"这样的闺秀词实在无人能及!……

只是那句"女子无才便是德"也足以成为你愁的理由。

真难怪你呀!凭着满腹经纶,凭着那呼出"木兰横戈好女子,老矣不复志千里。但愿相将过淮水!"的壮志,凭着喊出"千古风流八咏楼,江山留与后人愁。水通南国三千里,气压江城十四州"的爱国之心,若你是"谈笑间樯橹灰飞烟灭"的八尺男儿,你早已是政坛上的叱咤风云人物。只可惜,你是个纤若杨柳的女子。满腔才情该如何施展?满腔爱国情该如何寄托?到老年才明白,原来有才有情有义的女子在这个社会是多余的。于是你愁,也只能愁,把才情化作愁情,寄托于清风与黄花,寄托于淡酒与冷雨。

女子难为丈夫,才高八斗,又有何用?这又足以成为你愁的理由。

真难怪你!丈夫赵明诚刚去世,金兵南犯。你,一个柔弱的女子,带着家破的痛，面临着国家的即将倾覆，你带着古物，颠沛流离，四处逃亡，为天下而担忧，却发现自己也狼狈不堪。……然而，不如人意事发生了，你所带的文物不断被人掠去，你也日益绝望，身心忍受着家破国亡的煎熬。"风住尘香已尽，日晚倦梳头。物是人非事事休，欲语泪先流。闻说双溪春尚好，也拟泛轻舟。只恐双溪舴艋舟，载不动，许多愁。"你如今所说的愁已不再是你一个人的愁。载不动，是因为这厚重愁，因为它承载的是国家、是天下。

你的愁情经历史的洗浸，已升华为无双的美，只要轻轻触碰，就会奏出那种让人心疼的啜泣鸣响。

（摘自《课本作文》）

以编者的编辑意图为基点开展活动。编者的意图也是重要的教学主体，编者意图同样是开展语文活动课的教学依据。如有些重要的背诵篇目，编者都要求学生背诵，特别是高考的背诵篇目。我们可以学习中央电视台诗词背诵"飞花令"的形式展开。

### 三、基于核心素养开展课堂活动

基于语言建构与运用开展活动。我们要学会围绕语言运用开展语文活动，在活动中了解汉语语言等特点，习得语言的运用规则。如在高三的成语复习中，笔者尝试了成语复习活动课，取得了很好的效果。基本步骤是：首先，分小组进行成语创作；然后，在各班进行活动展示；最后，挑选最好的一个小组，进入两班的决赛。在班级表演、比拼过程中，笔者惊讶地发现，学生居然能有如此的成语自觉和言语自信。活动的内容丰富且形式多样：有"中美贸易"的辩论赛，有"共享单车"的相声，有"感动人物"的新闻报道，有"作家的成长之路"小品，还有"红楼网购"故事新编等。

基于思维发展与提升开展活动。能够运用一定的思维技巧学习探究言语作品，是语文课程的重要任务。这里的思维技巧包括但不限于分析、比较、归纳、演绎、批判、质疑、求异、创新等；通过课堂活动，在文本研习的过程中渗透这些思维方式的训练。笔者的高一学生是这样解读《雷雨》中周冲的人物形象的：

……周冲，周冲。仿佛你的名字中就蕴含着一种与生俱来的抗争力，执意要同禁锢了整个社会的绳索来一次生命的拔河！或许它一失神，你就赢得了胜利。你永远对社会、家庭和爱情有着那么多美好的幻想，哪怕封建的绳索像茧一般紧紧地缚住你。你对懵懂的四凤说着"……海……天……光明……快乐"的话，在最腐朽的地方做着最香甜的梦。正因有你，在《雷雨》郁热的气氛中才让人有一个得以发泄的出口。尽管你的生命短促，但你可爱的心灵却唤起多少人追求光明与希望！它为你的青春的加冕挥洒上多么自由的一笔……

基于审美鉴赏与创造开展活动。通过课堂活动，在师生依托文本的多维对话中，搭建起进学生感知美、发现美、鉴赏美的审美平台。如我们在讨论戏剧《雷雨》的人物称谓"老爷"还是"朴园"时，笔者以语言文字的感受和品味为逻辑起点，在丰富的审美体验中培养学生的审美感悟能力。

  人物称谓："老爷"还是"朴园"？
  周朴园对鲁侍萍的怀念是"真"是"假"？这是一个在很多课堂都讨论过的经典问题，的确抓住了这篇文章的"牛鼻子"，一个问题带起了一串思考，也激发了同学们的讨论热情。一番唇枪舌剑之后，教师做了小结，同时抛出了一个出人意料的问题：此情此景之中的鲁侍萍对周朴园是怎样的态度？是否也有一点情不自禁回到当年的意味？老师循循引导：请看鲁侍萍对周朴园的称谓有何变化。于是，机灵的同学马上发现，全文中鲁侍萍对周朴园一直以"老爷"相称，但是有一处变了：
  ……
  周朴园：（徐徐立起）哦，你，你，你是——
  鲁侍萍：我是从前伺候过老爷的下人。
  周朴园：哦，侍萍！（低声）怎么，是你？
  鲁侍萍：你自然想不到，侍萍的相貌有一天也会老得连你都不认识了。
  周朴园：你——侍萍？（不觉地望望柜上的相片，又望鲁妈）
  鲁侍萍：朴园，你找侍萍吗？侍萍在这儿。
  ……
  此时此地，鲁侍萍为什么不称"老爷"而称"朴园"？称谓的变化意味着什么？
  经过讨论，大家明白，误入周府的鲁侍萍，面对周朴园精心布置的"怀念侍萍"的场景，恍惚之间也似乎回到了当年两人相爱的时光，于是，情不自禁"朴园"二字脱口而出，这似乎能说明，当年周朴园对鲁侍萍还有过真情实意实感，那侍萍也曾对周家公子真心相爱。而确证这段感情，不仅更能显示当年周家的无情无义，尤其更进一步暴露出今日周朴园的冷酷自私和虚伪的嘴脸。紧接着，周朴园"你来干什么"的严厉试问，就显得合乎逻辑、顺理成章。小小一句称谓变化，成为读者窥见人物内心深处情感波澜的窗口。正是教师、学生在活动中深刻地把握了文本的"真"，也就自然领悟了其中的"美"，寻找到了恰当的"美"的路径，也就容易逼近事物的本质"真"，从而感受和体验文学作品的语言、形象和情感之美。

基于文化传承与理解开展活动。"新课标"指出"文化传承与理解是指学生在语文学习中继承和弘扬中华优秀传统文化、革命文化、社会主义先进文化……"，通过开展课堂活动，在辨析和省思中汲取优秀的文化因子，获得自我的精神成长。如在教学《沂水春风》时，笔者设置了一个问题情境展开探究活动：假如留下来的不是曾皙而是子路，他可能也会这样问孔子："夫子何与点尔？"假设你是孔子，你会做怎样的回答？在回答中，学生对曾点的志向以及孔子的思想形成了初步感知：儒家礼乐社会的缩影，体现了孔子对这种理想社会的向往；悠闲自在的和美图景，体现了孔子消极遁世的思想……笔者在学生回答的基础上，投影列举王充、朱熹等历代学者的观点进行对照，最后引导学生得出自己对孔子及儒家思想的贴己认识。

## 第二节　语文活动课堂的生成策略

一、基于学习方式生成课堂活动

（一）读

"读"是最常见的语文学习策略，读可促思、可明志、可激情、可悟理。只有多读，才能使无生命的语言文字生动、活跃；只有多读，才能不断培养学生的语感，从而积淀学生的语文素养。"读"的方式有很多，如朗读、默读、齐读、单个读……无论采取哪种方式，开展课堂活动都要满足两个条件：首先是基于任务而读，也就是说，这里的读是为了解决某一问题，完成一定的教学任务；其次通过读引发的对话是读者多层次的，而不是单向度的教师读或者学生读。譬如，小说、戏剧就完全可以分角色读，诗歌教学也可采取读的方式开展活动，如开展诗歌诵读活动、朗诵比赛等，让学生在读的过程中感悟祖国语言文字的魅力，从而更加热爱祖国语言文字，热爱中华文化。

## （二）写

从"写"的目的来看，可以为写而"写"，基于写作教学开展活动，也可以为读而"写"，基于阅读教学开展的活动。笔者所开展的活动是读与写的高度融合。笔者在十多年前开展的陌生感阅读教学活动中，开展了"以课文为蓝本，以写作为抓手"的"课本作文"反思阅读与写作活动。在写作活动中，语文核心素养的"四种"能力得到了充分的体现。以下几篇佳作的部分内容就很好地体现了学生的综合素养。如《荷塘月色》，学生这样表达：

> 帕斯卡尔曾说，人只不过是一根苇草，是大自然里最脆弱的东西，但他是一根能思想的苇草。
> 那一片荷塘，是因了恬淡的月光才显得格外令人醉心，还是因了一个孤独而坚强的思想者才显得分外迷人。
> 答案属于每一个人，正如那荷塘月色一般，也属于每一个人。
> ……
> 想象不出，那一条曲折的小煤屑路上留下的脚印有多深，是否会透着主人疲惫又不安的气息；
> 想象不出，那一些不知道名字的树，是否会遮蔽了那个文人敏锐的视线，让他在踽踽独行时也难免犹豫着前行的步伐；
> 想象不出，月色下的荷塘，与那荷塘的月色，究竟有多大的不一样，它们会不会都来自同一个热衷自然与恬谧的艺术家灵巧的手下；
> 想象不出，那一池田田的荷叶，真的犹如那亭亭的少女热烈舞动的裙裾，那些开得袅娜零星的白花，会有多么羞涩地打着朵儿；
> 但我却能想象得出，这一片月色荷塘，能洗涤心的苦闷与彷徨，又能给他重新勾绘生命的色彩，倾注坚持理想的力量。将一切水样的哀愁都暂且搁置，让心能有片刻的幸福，如羽毛般轻灵地飘浮，怎么也不会摔出个破碎。
>
> （摘自《课本作文》）

我们再来看看《城南旧事》的习作《水晶心》的片段：

两颗陌生的心灵，在相遇的瞬间，散发出淡淡的光热。我忆起立陶宛诗人托·文克洛瓦的《记忆》：

> 这城市的温暖与行迹不定
> 被两个留下的声音触及
> 它们被赋予一滴记忆

——题记

……

时间是一个巨大的迷宫。随着我们渐渐长大，分岔的小径会越来越多，我们就会越容易迷失自己。而最可悲的不是眼睛迷路，而是心迷路。没有了眼睛我们仍可点燃心灵的灯盏，然而当心灵被污染，我们却要用无尽的爱与时间来洗涤。

记得英子对厚嘴唇的人说："我不懂什么好人坏人，人太多了，挺难分。你分得清海跟天吗？我分不清海跟天，我也分不清好人跟坏人。"

依稀看到英子望向天空的眼神，有些儿迷茫。天空映出了英子眼睛的颜色，那纯粹的、无杂质的颜色。

其实，世上所有"好人"都有犯错的时候，所有"坏人"都有和善的一面。在这个时候做的"好事"或许下一刻变成了"坏事"，而你认为自己做的"坏事"或许对别人来说就成了"好事"。

有很多东西都难以用简单的"好"与"坏"来界限。而我们常常被某个人为的定义所迷惑、所束缚。那些多数人所掌握的真相或许只是更深层真相的堂皇外衣。有的人浅尝辄止，于是便产生了本质与非本质的界线。此时，或许无知的人最清白。

英子流泪了，在《送别》悠远伤感的曲调中。她没有想过，她会在此时和一个朋友分别，而且是以这样的方式。

"长亭外，古道边，芳草碧连天。晚风拂柳笛声残，夕阳山外山……"

我坚信，英子的眼泪是送给厚嘴唇最好的礼物了。在每一个人都以轻蔑、嘲讽、冷漠的眼神看他的时候，只有这个善良的女孩，虔诚、真挚地怀念着他，以一颗水晶般的心。

（摘自《课本作文》）

以上这些文字都映照着高一学生那纯净的心灵，都散发着灵魂深处那智慧的光芒。在写作过程中，直觉思维、形象思维、逻辑思维、辩证思维和创造思维都得到了发展。学生在理解文本甄别善恶、美丑的过程中，提升了自我的审

美情趣和审美意识。

（三）听

"听"是开展"读"和"写"的桥梁，没有"听"，"读"和"写"根本无法开展。笔者开展的"演讲式"教学活动中，就曾经安排一系列听的活动。一是做好聆听笔记，然后点评学生的演讲。二是听感动人物故事，即兴写颁奖词。

著名特级教师于漪执教《晋祠》时，安排了一个非常精彩的听的活动，让学生听写《中国名胜词典》中有关晋祠的词条，同时要求学生把条目里介绍的内容和文章中的有关段落对应起来，自然引出下面的教学，十分精妙。这个活动既锻炼了学生听的能力，又检测了学生的语言运用水平。

（四）说

作为一种课堂活动策略，"说"有很大的开掘空间。具体而言，"说"在课堂中运用的策略包含概说、复述、演讲、辩论、讲故事等。在高三学生毕业前夕，笔者安排了一节语文活动课，就是"你说我们听"，让学生讲述自己高中三年以来的感人故事，为高中美好的生活做一个可贵的"交代"。听完同学的故事后，徐非同学说了这么一段感触的文字：

## 生命本身

——活动课"我的成长故事"有感

（2019 届徐非）

很少有机会，听到同学们用至纯的感性来讲述至真的情思，这是仅属于他们的情感，这是构成今天的他们的人与事。若没有这节课，同学们的故事会说给重要的人听，或者藏在心里。这样想来，兀然发觉自己竟是在享受不可多得的奢侈，实属有幸。

同学们在台上娓娓道来，我在台下静静聆听。我奢望能感同身受，却始终难以体会。生命本身，情感本身就是"私有财产"。我们的一生以种种事件带给个体的主观感受有机排序、构架，最终有了不同的我们。我们身上，哪怕一个至微小的毛孔都在述说生的感动。我们用眼、用鼻、用耳、用口、用手、用心，感受太阳的温热、清风的舒爽、细雨的缠绵，感受亲情的至纯、爱情的至美、友情的至真。生命本身啊，就足以令人感动。

　　……生命本身，就足以感动。感动，是生命本身的撼动，只需情真意切，便足以。

### （五）演

"演"的活动能使学生的语文核心素养得到综合训练，尤其是戏曲、小说类文本，更适合开展"演"的课堂活动。这里要注意的关键点：首先，"演"的活动是基于学生核心语文素养开展的；其次，活动与文本教学有密切的关联，通过"演"促进文本的深入学习。如《雷雨》高潮部分的片段表演，充分展示人物的性格。

当然，除此之外，还有审、思、评、辩、背、赏等活动。

## 二、基于思维方式生成课堂活动

课堂中的教学活动一般都应该有内在的逻辑性，因而思维方式也是生成课堂活动的有效策略，这里所说的思维方式包括但不限于归纳与演绎、发散与聚合、抽象与概括、比较与创新等。

### （一）加

"加"也可以叫"做加法"，就是创设一个问题情境，引导学生从不同的角度探索对问题的看法，其内蕴的思维方式是发散思维、演绎思维。笔者在教《项链》一课时，要求学生在人物玛蒂尔德的前面加上一个定语，即"……玛蒂尔德"，并说明理由。这个活动激活了学生的思维，答案丰富多彩：自私、虚荣、爱美、勤劳、诚实……居然还有学生得出"玛蒂尔德"四个字代表着四种品格。听听刘家豪是怎么说的：

　　玛蒂尔德，一个平凡的名字！"玛"是一种尽忠职守、老实听话的动物。为了不让朋友认为自己是贼，为了偿还朋友的一条项链，为了做人的良心，她放弃了自己的青春，放弃了自己的梦想。背后的辛苦有谁知道？是"诚信"二字在鼓舞着她，在勉励着她，在塑造着她。

　　"蒂"在封建社会中是万人之首。她充满了魅力，她有美丽的容貌、标准的身材、无与伦比的大方。然而，她却经历了一个不寻常的十年。十年啊！摧残了容貌，毁坏了身材，失去了大方。一切的一切，都能使一个女人丧失理智，她却以惊人的毅力，为了偿还债务而默默无闻，含辛茹苦，每天都做出了比常人更多的勤奋和努力！

"尔"在文言文中的意思是你。她很会尊重你。当她急需一条像样的项链出席晚会时，没有贪婪地提出要求，面对朋友、面对丈夫她总是恭恭敬敬，从不提出过分的要求，"尊敬"使她控制住了自己的虚荣心。

"德"泛指道德、品德、德行。她是多么的善良。像她一样拥有虚荣心的人，会去偷、去抢，不择手段，用尽各种各样的诡计。然而她没有，她安守本分，做回真正的自己，这也许是真正的善良吧！

四种精神连接起来，就是一个不平凡的名字——玛蒂尔德！

（摘自《点燃希望的火种》）

课堂活动不仅让学生对文本内容有了整体认知，而且充分调动学生的思维，激发了学生的学习热情，而这个活动其实就是发散和演绎思维的充分运用。

## （二）减

"减"也可以叫"做减法"。"做加法"是对内容的初步认知，属于"浪漫"阶段，"做减法"是对内容的抽象概括，属于"精确"阶段，做加法"运用发散和演绎思维"，"做减法"运用聚合思维和归纳思维。笔者在开展"立德树人"的即兴写作比赛时，就是运用了这一思维方法：让学生听完"塞罕坝守护者"的事迹之后，用5分钟的时间进行颁奖词创作比赛，看看学生的概括抽象思维能力。下面摘抄其中一位学生的创作词。

十年坚守，换一方水土。
几代建设，创绿化奇迹。
遥想当年，千沟万壑，遍地黄沙。
而今遥望，绿水青山，碧流潺潺。
谁人曾道：不可能？
塞罕坝人，用时间和汗水证明一切。
二百万人，与塞罕坝同呼吸。
全中国人，为塞罕坝共鼓掌。

其实，"做减法"往往是和"做加法"连在一起的，是属于认识事物的两个不同阶段。

## （三）比

"比"就是"做比较"，其目的在于通过比较解决某一问题，其核心在于找到比较点，可以是整篇文章，也可以是某一个文本细节；其背后内蕴的思维方式是比较思维。为了引导学生深入理解《氓》的人物形象，从历史性阐释主体出发，引用不同时代的学者对"桑女"的评价进行比较。如宋代朱熹："此淫妇为人所弃，而自叙其事以道其悔恨之意也。"钱钟书言："盖以私许始。初不自重，卒被人轻，旁观其事，诚足齿冷。"当代鲍鹏山："在《诗经》中最完美的女性，我以为便是那位卫国女子。"通过比较，让学生更全面、深刻地理解了这一女性的形象。

## （四）拓

"拓"就是"做拓展"，其运用的思维方式是发散思维和演绎思维。作为当下课堂中使用最多的一种活动策略，拓展的途径主要有：一是纵向开拓，从文献方面查找与课文有关的作家生平经历或作品评论等历史资料；二是横向扩展，如与其他学科链接、与他文本比较、与现实生活接轨。拓展的方式有很多：延伸、补白、互文、体验、探究等。

## 三、基于教学智慧生成课堂活动

教学智慧是一种实践性智慧，贯穿于整个教学过程，包括课程的预设、课中的生成和课后的反思。当然这三个方面并不一定有明显的时间先后顺序，很多时候是交融在一起的，预设展开的过程伴随着生成，而生成又往往存在隐性的预设，反思更是贯穿整个课堂教学过程，这三个方面也为课堂教学活动提供策略支撑。

## （一）预设

预设课堂活动的行为主体是教师，即教师在课前根据学生的实际学情，结合文本及其他教学因素，通过设计教学活动完成教学内容，达成教学目标。这是当下课堂教学活动最主要的生存形式。预设教学活动往往需要注意的是：首先，尽可能地谋求学情、文本、教学目标等教学因素的动态平衡；其次，在实施活动时要根据即时的教学样态做出动态的调整，也就是注意活动的动态生成，而不是机械地展开活动。

## （二）生成

生成课堂活动主要发生在课堂中，包括两个方面：一是对预设的课堂活动动态处理，实际上预设课堂活动在展开的过程中，往往伴随着很多生存的资源，需要教师运用教学智慧及时地引导生成；二是在动态的课堂活动中，根据课堂现场生成的教学资源，生成课前并未预设的临时性活动。相比前者，这种课堂现场生成的临时性课堂活动难度更大，需要足够的教学智慧做出生成判断并引导课堂活动有序展开。笔者在教学《长亭送别》时，有学生提出："碧云天、黄花地、西风紧、北雁南飞"中的"黄花地"，能改为"黄叶地"吗？根据学生的问题，笔者安排了一节探究活动课"黄花和黄叶的意向内蕴探究"，引导学生从意象、音韵、情感等多个角度探究这两个意象蕴含的诗歌文化。这个活动既达成了教学目标，又生成了新的理解，取得不错的效果。

## （三）反思

课堂实践是一种反思性实践方式，应贯穿于整个课堂教学的始终；但在实际的课堂教学中，反思更多在课后对已经过去的课堂做出省察，而课前和课中反思没有得到重视，即便是课后的反思，也大多数流于形式，未能产生实质性的效果。因此，这里的基于课堂活动的反思包括三个方面：课前活动预设的反思、课中互动生成的反思、课后活动效果的反思。课前活动预设的反思重在对活动可能出现的问题做充分的预备；课中活动生成的反思重在对即时生成活动资源做出准确的判断，并随时根据课堂情境调整活动过程；课后活动效果的反思重在对课堂活动中的目标、内容、过程等做出合理的评估，为下一次活动开展做出更多的准备。

## 第三节　语文活动课堂的基本模式

语文活动课是指在教师的指导下，学生自主进行的专题性和综合性语文学习活动课程，是基于学生的经验，密切联系学生自身生活和社会实际，体现对语文知识的综合运用的实践性课程。它是以语言为内容，以听、说、读、写为形式的言语实践活动，它是培养语文能力的主要途径。在信息化不断发展的今天，我们要让学生充分构建对话、合作、探究的平台，尝试信息化背景下新的学习方式，通过创设综合性学习情境，开展多样化的语文学习活动，使学生在语言建构与运用、思维发展与提升、审美鉴赏与创造、文化传承与理解等几个方面都能获得进一步的发展。

## （一）语文活动课堂教学机理

互联网视域下的语文活动课，学生是知识建构的主体，在"做中学"；教师为教学的引导者，是"平等中的首席"；互联网为教学辅助媒介。学生、教师、媒介三位一体，共同组成语文活动课中互相关联的各要素。其特点是资讯丰富、知识延展、立体直观、动态生成、信息交互、反馈及时。其运行机理可以用下面的图形（见图1）进行解释。

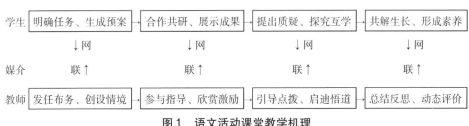

图1　语文活动课堂教学机理

根据三位一体建构机理，笔者通过多年的反复实践、反复修改，形成了"课前预学、课中互学、课后思学"活动三环节。既重视学生的外在活动——学生实际"做"了什么、"做"得怎样，也重视学生的内在活动——学生"想"了什么、"想"得怎样。只有把外在活动与内在活动、感性认识与理性认识有机结合起来，才能达到活动的真正目的。操作流程如图2所示。

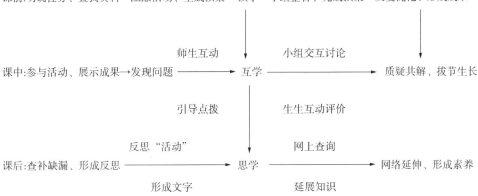

图2　语文活动课堂教学操作流程

语文在活动中生长

总之,语文活动就是用语言完成一系列任务的活动过程。具体来说就是:任务驱动活动,活动串联合作,合作促进探究,探究激发情趣,情趣唤醒学习,学习提升素养。我们的课堂是"学习有理趣、课堂有情趣、师生有智趣"的充满探究气息的"趣味"活动课。例如,笔者以语文"活动"为研究切入点,以听、说、读、写等实践活动为主线开展语文活动教学。主要课型有:"你说我们听"的演讲式教学,"你写我们来读"的课本作文写作,"君子无所争、其争也君子"的辩论赛,"学习经典、致敬经典"的文学鉴赏活动,"崇高的品质,我们的榜样"的颁奖词创作活动,等等。

(二)建构语文活动课堂的五大步骤

**1. 自主预学(课外时间)**

教师根据预设方案、发布学习任务,学生设计课前理解方案,小组根据方案,利用互联搜集材料,分工准备,写出学习预案。

说明:此环节,学生可以咨询老师,老师要及时引导学生调整与主题无关、流于形式的活动环节。

**2. 合作研学(4~7分钟)**

各小组在预学过程中对搜集的资料进行小组优化,共同研究形成小组的学习成果,做展示准备。

**3. 质疑问学(10~12分钟)**

各小组对其他小组展示的成果开展自由讨论,发现存疑,并利用"平板电脑"在讨论区发布问题理由,准备问学。

**4. 探究互学(10~15分钟)**

在老师的引导下,各小组对存在的问题进行充分交叉讨论、研习、探究,网上查找资料,互问互学,最终形成解决问题的办法。在这一过程中,老师只是"平等中的首席",老师充分尊重学生的智慧,学生可以互问互答。

**5. 共解思学(3~5分钟)**

通过质疑问学、探究互学、教师点拨、启迪悟道,同学们的知识得到了拓展,在共解的基础上增长了见识,累积了新的经验,为反思学习提供了坚实的基础。一方面,老师给学生适当的时间、空间,对本小组的成果、活动的过程进行自检、自纠或互查、互纠,可以帮助学生实现对问题的再思考、对内容的再丰富、对知识的再加工、对过程的再论证等;另一方面,老师反思自己的预设方案,学生活动能否达到预期的效果,以便让活动更切合学生的实际,更有利于学生素养的形成。英国教育家伊恩·史密斯指出:"反馈被称为'学习的生命线''冠军的早餐'。"

下面以"成语复习活动课"为例进行简要解说。

| 课堂设计 | 成语复习活动课 |

教学目标：培育语文的"言语生命意识"；彰显"成语"传统文化的生命价值；转变观念，即从"知识本位"转向"素养本位"。

教学方法：活动法、探究法。

教学方案：简单地说，就是运用成语编写节目，然后两两进行比拼，获胜小组进入最后的总决赛。

教学步骤：

【走近成语】属于自主预学、合作研学阶段。学生先自主熟悉成语，根据老师的方案，以小组为单位酝酿活动主题、研究学习预案，根据老师的预案要求写好本小组活动脚本。

【建构与运用】属于质疑互学、探究互学阶段。主要有：文艺创作表演《作家成长》《红楼网购》（小组活动）和成语辨析（师生互动）两个环节。

【总结与评价】主要是共解思学阶段。

由于篇幅限制，重点展示"建构与运用""总结与评价"环节的部分内容。

【建构与运用】部分呈现。

1. 精彩呈现（见课例分析）。

……

短短的两个节目表演，充分落实了"新课标"倡导的"学生语言的建构和运用"的学科素养，据统计，学生使用成语个数达280个之多。

2. 发布存疑、审视正误（生生互动、师生互动）。

①在成语运用过程中，纠错员思考并指出用错的成语，发布在平板交互区讨论。

②根据语境，指出成语所犯错误，并做出详细解答。其间，学生和原创作者对话互学问道，教师参与其中进行适当的引导点拨（内容略）。

## （三）语文活动课堂的五大改变

（1）课堂形式的改变：从"知识本位"的"满堂灌"向"素养本位"的"活动体验"转变。

（2）学习行为的改变：由被动接受知识向主动探究知识转变。

(3) 自我判断的改变：由唯师唯权威到亲师亲权威的转变。
(4) 师生角色的改变："教师是平等中的首席""学生是课堂的主角"。
(5) 教学效果的改变：由知识点积累到语文素养的形成。

## 第四节　语文活动课堂存在的问题及解决办法

一、存在的问题

（一）费时的课堂活动

有些教师把课堂的活动安排得满满的，又是自主学习，又是合作交流，又是成果展示，最后教师总结。可惜的是，当学生的活动展示完之后，下课铃也响了，教师在没有完成课堂既定的目标，没来得及对学生的课堂学习加以点拨、归纳、反馈的情况下，只能匆匆结束课堂教学。一般地，语文课堂教学是定时、定量的，要求教师在一定的时间内完成一定的教学内容和教学目标，然而费时的学生课堂活动往往占据大量的课堂时间，使得课堂教学目标难以完成，学生的知、情、意得不到全面的发展，语义课堂教学就这样，在"高投入"和"低产出"不协调的尴尬夹缝中生存。这就要求教师在设计活动时要充分考虑到各环节的时间分配，切忌任何的活动课都要在教师参与之下、引领之下进行。"教师是平等中的首席"，教师的作用不能被忽视。

（二）毫无意义的课堂活动

一些语文教师为了建构表面上"动"的语文课堂，故意创造一些与教学内容关系不大的学生活动，使得语文课堂中学生的活动变得毫无意义。例如，有的教师在讲授《林教头风雪山神庙》时让学生齐唱《好汉歌》，有的教师在讲授《装在套子里的人》时让学生上讲台模仿小主人公别里科夫穿着打扮，还有的教师在讲授沈从文的《边城》时让两个学生上台装扮天保、傩送给翠翠唱情歌……这样一来，学生生"动"了，课堂活了，可我们的语文教学也被毁了。这种不根据文本需要、不根据课标精神毫无目的的"伪活动"，就是毫无意义的课堂活动。

## (三) 混乱无序而流于形式的课堂活动

为了突出学生的主体地位,让学生真正动起来,语文教师想了很多办法,其中之一就是组织学生就某一问题进行探讨。可当教师将自己精心设计的问题带到课堂上让学生探究时,许多学生却不是积极思考,而是或翻阅相关的教辅资料找答案,或假装思索以等待其他同学的答案,更有甚者打着"探究"的幌子交流一些与课堂学习无关的话题,课堂看似活了却混乱不堪,学生貌似动了却放任自流,这就是课堂上流于形式的伪活动。

## 二、问题根源

导致语文课堂伪活动的原因是什么呢?从高中语文课堂教学的主体出发,笔者通过观察、追踪、分析,发现导致课堂的伪活动的原因有下面几个方面。

## (一) 教师课前的不作为

教师课前不作为是导致学生课堂伪活动的首要原因。教师课前的不作为主要表现在三个方面。第一,某些教师只教教辅而不教教材。在拿到一篇新课文时,教师不在课文上下功夫,自己不去深入体会作者的思想情感,不去洞悉教材编者意图,不去探究文本教学重点难点,而唯相关教辅是从,以教辅对文本的解读代替自己对文本的理解,在这种情形下所设计的课堂活动存在的主要问题是不能直指文本主旨及教学重点难点,而是与文本貌合神离。在这种无效问题的指导下,学生课堂活动自然变得毫无意义。第二,教师只备文本不备学生。学生是课堂学习的主体,有的教师在备课时对学生的学情有所忽略或把握不准,所设计的课堂没有针对性,要么过于简单,要么过于复杂,使得学生课堂活动收效不大。第三,教师课前没有很好地引导学生预习课文,没有很好地跟学生进行活动各环节的沟通、交流。

## (二) 教师课堂教学中的不作为

教师课堂教学中不作为是导致学生课堂伪活动的根本原因。自主探究学习强调学生的自主性,但并不意味着教师要退出,相反,由于自身发展的局限,学生往往不能正确认识自己、把握学习,因而教师应积极参与到学生自主学习的各个阶段,发挥激励、引导、组织、调控等作用。一些教师由于对自主、合作、探究性学习方式理解不准确,以为就是无限制地发挥学生的自主性,他们在将课堂的主要问题抛给学生以后,就将课堂完全交给学生,自己无所事事地

穿梭于各学习小组之间。如是，学生的主体地位凸显了，可教师的主导地位却缺失了。由于教师缺乏合理的引导，学生课堂活动便处于无序、低效乃至无效状态。

（三）教师课堂活动中的不作为

教师课堂活动中不作为是导致学生课堂伪活动的主要原因。一些教师由于自身教学水平不高，课堂驾驭能力欠缺，在学生不能很好地参与课堂活动时，不能创设恰切情境激发学生兴趣，不能巧生课堂智慧吸引学生，而是放任自流，使得学生课堂活动流于形式；在学生不能回答教师所提的问题时，不能很好地点拨，而是将自己预测的答案直接告诉学生，使得学生活动无果而终；在学生回答了教师所提出问题以后，不能抓住课堂生成促使学生课堂活动向横向拓展和向纵向深入，导致学生课堂活动浮于表面。

三、解决的办法

（一）发挥教师的"首席"作用

教师的"首席"作用，就是教师在活动的各个环节始终是一个引领者、组织者、帮助者的角色，始终是活动的参与者，而不是做活动的观望者。

课前，教师要潜心研究文本，深入体察文本的内在意蕴和作者的思想情感，形成自己独到的见解，在此基础上，结合学生学习情况精选教学内容，定准教学重点难点，潜心设计教学流程，制定出引导学生化解课堂问题的办法，使得学生在课堂活动中明白自己要什么、该怎么做。这样就能避免那些毫无意义的、混乱不堪的课堂活动。

教师要指导学生做好课前预习，吃透学生的学习情况。学生扎实的课前预习是建构学生优质课堂生活的前提和保障。教师可以提前向学生布置预习任务，使学生明确课前预习目标，教给学生课前预习方法，让学生在目标任务的指引下，在相关方法的帮助下，课前自学相关内容，并记录下自己在自学中存在的疑难问题，通过小组合作或是在课余时间询问老师（当然，教师只是引导，提醒学生思考，不会直接给出答案）等形式加以解决。有了这些铺垫，教师的课堂引导才不会盲目，学生的课堂活动才不会盲从，学生的课堂活动会水到渠成地朝着课堂既定的目标有序推进。

课堂教学中，教师积极参与到学生的交流探究中去，密切关注每一位学生的课堂学习情况，解答学生的疑难问题，适当调节课堂节奏，抓住课堂生成，妙生课堂智慧，从而推动学生课堂活动有序地朝纵深方向发展，努力建构有序、多元、灵动、开放的语文活动课堂。具体做法见本章第三节的"建构语文活动课堂的五大步骤"。

### （二）为课堂活动的开展搭建平台

#### 1. 搭建好以"产出"为导向的活动平台

苏霍姆林斯基指出："学生的许多问题，比如厌学、精神不振等，都是由于学生没有看到自己的力量与才能所造成的。学生学习的最大苦恼，是看不到自己的学习成果，得不到应有的回报。"要解决这一问题，教师就要善于以"产出"为导向，组织课堂活动、搭建交往平台。何谓"产出导向"？"产出导向"即由学习产品（创作作品、实验报告、解决方案……）为固着点组织教学行动，让学生在搜集、探究、展示、反馈的过程中建构知识、启迪思维、提升智慧、养育人格，并通过获得成果激发学生学习的内部动机，让学习者体验到知识收获的成就感与解决问题的实践智慧。

传统教学把知识看成定论，把学习看成知识从外到内的输入，学习就是要把知识装进学习者的头脑中，在以后需要的时候提取应用，这种"输入观"导致了教学的简单化倾向，并产生了极为消极的后果。与"输入观"不同，由苏格拉底"产婆术"引申出的学习"产出观"认为：只有学生"思维产出"的知识，才可能成为学生自己的知识，教学的一个中心任务是产生新知识、新技能以及概念性框架。在学习过程中，学生需要把知识变成自己的思想、见解、学识，并呈现出来。交往与沟通是教学的核心，但交往与沟通必须以产出成果为目标，否则课堂活动就难以保证有效。

产出即创造，产出即体验。以产出为导向的课堂教学，既可以让学生高效率地接受、内化现成的定论性知识，又可以引导学生像科学家那样探求知识、复演过程，培养学生独立解决问题与预见未知的能力。

#### 2. 搭建好"反馈"活动的平台

通过课堂展示，学生的表现力被激活，课堂迸发出前所未有的活力。展示是解决学习内驱力的最好手段，是走进高效课堂的"金钥匙"。然而，也有人认为，展示会消耗大量的课堂时间，应该寻求一种实现课堂生命活力与教学质量双赢的策略。

其实，真正的学习发生在展示之前的准备与展示之后的反馈上，展示如同扁担，挑起备学与反馈这两种学习活动。因此，更深度的活动课堂应该为学生搭建"反馈"平台，理由如下：

（1）课堂倡导对话，没有反馈就难以形成对话。展示强调的是展现、显示，未强调互动特质；反馈则是在沟通过程中信息接收者向信息发出者的回应。一个完整的沟通过程既包括信息发出者的表达与信息接收者的倾听，还包括信息接收者对信息发出者的反馈。思维对话有两个层次，低层次的思维对话是"对话、共享"，实质是信息的呈现与简单交流；高层次的思维对话是碰撞、共建，实质是思维互动与智慧共生。展示是引发对话的一种方式，而交互式反馈则是深度对话不可或缺的元素。

（2）交互式反馈可以创造课堂中真正的生命活力。真正的课堂生命活力不是一问一答式的全体参与、交流互动，不是以表现为本的自编自演、说学逗唱，不是廉价评价下的小手林立、争先恐后，不是文本灌输式的成绩提高、排名提升，不是将教师讲变成学生讲、教师问变成学生问的知识搬迁……真正体现课堂生命活力的教学活动应具备以下三个条件：以问题解决为中心、充满思维碰撞式的对话、生成精彩观念等思维产品。围绕问题而展开的交互式反馈则为生生对话、师生对话搭建了互动平台。

（3）交互式反馈能有效提高教学质量。英国教育家伊恩·史密斯指出："反馈被称为'学习的生命线''冠军的早餐'。"他认为，给学生高质量的反馈是教师的核心职责之一，也是学习性评价的一个重要方面。可以说，改进教育教学质量的关键之一就在于提高反馈质量，具有补充、完善、修正、扩展、提升等不同性质的交互式反馈，可以帮助学生实现对问题的再思考、对内容的再丰富、对知识的再加工、对过程的再论证……最好的参与是思维参与，最好的对话是思维对话，唯有此，课堂品质方能提升。因此，教师在活动设置时，一定不能忽视有利于实现"课堂生命活力与教学质量的双提升"交互式反馈环节。

**3. 搭建好"激辩"问题的平台**

问题质量的优劣直接决定着教学的成功与否，教师一定要高度重视问题设计，为学生学习提供优质问题。

问题设计应立足"消解疑难、呈现知识"，还是"激发冲突、引导思辨"呢？这不是一个简单的教学策略问题，而是涉及思维行为习惯的问题。笔者在《点燃希望的火种》一书的封面上引用过古罗马时期普罗塔克的一句名言："儿童不是一个需要填满的罐子，而是一个需要点燃的火种。"教师的责任是点燃学生的思维火把，而不是浇灭学生的思维火花。教师要善于利用问题"惹事"，帮助学生拓展思维，让学生最大限度地产出成果而不是复原结论。可见，优质问题的基本特征应该是"在学生最近发展区内，引发认知冲突、激发思维碰撞"。

教师应该如何设计优质问题呢？一般说来，高层次思维问题易激发思维碰撞，低层次思维问题不利于引发思维碰撞；批判性思维问题易激发思维碰撞，再现性思维问题不利于引发思维碰撞。因此，教师的问题设计应面向高层次思维。低层次思维问题是指"知识、理解、运用层次的问题"，如记忆性的"什么时间、是谁"，描述性的"这道题运用了什么原理"，运用性的"50 元钱能买几张 8 元钱的电影票"，等等。高层次思维是指"分析、综合、评价类的问题"，如对比性的"换一个词语是否会有不同的表达效果"，创造性的"给某某写 200 字颁奖词"，判断性的"为什么在官渡之战中曹操能够以少胜多而在赤壁之战中却以多败少"，等等。低层次思维较为肤浅，容易让学生产生思维惰性，而高层次思维需要"与自我对话"并"冲破自我"，利于学生深度思考。

应面向批判性思维。批判性思维是让学生自己去伪存真、认识事物本质的思维方式。一般的课堂提问如"这个句子的意思是什么""这个段落的关键句是什么"都属于再现性思维，而批判性思维的提问类似"为什么提出这个观点""推导过程合乎逻辑吗""这些论据可信度高吗"等等。这种提问可以让学生发现问题、质疑推理、评估材料，比起阅读句子、标注重点、总结观点，更利于学生突破思维模式，创造性地接受并建构知识。

优质问题是教学目标的转化，是教学内容的提炼，是学习评价的依据。优质问题是深层次课堂活动的引爆点、牵引机、黏合剂，"以其求思之深，而无不在也"。教师要设计出优质问题，首先需要改变自己的思维习惯，变"解惑"为"思辨"，变"消事"为"惹事"，最大限度地激发学生的思维冲突，让学生"真动脑、动真脑"，在高层次思维问题解决中发展低层次思维，而不是在低层次思维问题解决中积累高层次思维。

**4. 搭建好体现"完整"学习的活动平台**

许多教师的课堂活动设计都存在一些问题：一是重视教、轻视学，教师想的是"如何教"，而不顾"如何学"；二是过分随意，教师在课堂上常常是"眉头一皱计上心来"，并没有在课前精心设计；三是学习活动琐碎，缺乏整体意识。其实，活动设计是课堂教学的关键，传统的注入式教学忽视学习活动，课堂缺乏生命活力；而另外一些课堂活动偏离了学习本质，又导致了形式主义的出现。

那么，我们应该如何设计课堂学习活动呢？一个完整的学习活动，至少应该包含活动任务、组织形式、活动方法三个要素。比如，"成语复习"这一学习活动，学习任务是"熟练地掌握、运用成语"，组织形式是"小组"，活动方法是"文艺表演"。在此基础上，学生明确了"做什么""谁来做""怎么做"，就可以更好地投入到深度学习的活动之中。

优质活动应该是"主题活动",即针对一个具体的主题或主问题,有计划、分步骤、递进式展开的学习活动,要明确阶段内容、实施方式以及评价建议。

好的活动设计,一是从低到高具有层次性,可以引导学生步步深入,利于解决问题;二是符合探究式教学的程序,在教师提供的"学习支架"支持下,学生开展自主探索、合作探究,发现并得出相应的结论;三是体现"做中学"的原则,学生作为学习主体,亲力亲为,能体验到知识建构的快乐。

### 5. 搭建好"嵌入评价"的活动平台

在一个学习任务开始前,学生应该清楚他们将要学什么,以及怎样才能知道自己已经学会了。付出就要得到回报,这是人之常情,学生学习也是如此。如果学生的努力得不到及时回报,即无法得知"我学会了吗",就容易产生挫败感,甚至会怀疑自己的学习能力。

然而,许多课堂并没有解决上述问题,教师不清楚自己的教学效果,学生也不清楚自己的学习情况,只能用一句"差不多"来搪塞。有没有办法评价"每一节课乃至每一个学习活动",让师生能有一本课堂效益"明白账"呢?

让我们先看看常见的三种评价形式:一种是传统的结果性评价(打分或对错),一种是以学生表现为依据的小组量化评价(捆绑式评价),另一种就是嵌入教学过程的教师口语评价。这三种评价各有优势,但也问题明显:结果性评价是"事后诸葛亮",小组量化评价经常"扰乱课堂对话",教师口语评价又"过分随意",难以做到"严谨、准确、科学"。更重要的是,这些评价严格意义上都是外在的,学生个体往往被排除在评价之外,很难指导学生自我反馈、改善学习。"如果一种评价,总是很关注获奖、贴星、排名,学生就会自然而然地想方设法得到最好的评价,而不是思考如何学得更好。或者,他们也可能得过且过,逃避困难的学习任务。更糟的是,他们干脆就放弃学习以逃避这种评价带来的伤害。"

因此,我们要为学生搭建好嵌入评价活动平台("质疑问学""探究互学"这两个环节就是这一平台的体现)。嵌入评价是与学习同时发生的评价,将评价融合到教学的整个过程之中(如,演讲过程中对学生的及时点评,活动环节中对学生成果的及时点评等都是嵌入式评价),评价不再是学习的终结,而是改进学习方法、提高学习能力的载体。

这种嵌入评价实现了"学习力"的可视化,能够让每一个学生明确自己的问题解决水平,也能够指导学生完成自我评价、自我反馈,极大地改善学生处于被评价地位的消极影响。这种评价具有"导向性"作用,暗含问题解决要求,可引领各层次学生提高问题解决质量,起到"以评价引领学习"的效果。

# 第六章 语文活动课案例评述

语文活动课是以言语为对象进行的感性认识和理性认识相结合的一种学习活动课,言语性是语文活动的根本属性。阅读与鉴赏、表达与交流、梳理与探究是语文学习活动的基本形式。通过这些语文活动,学生在语言建构与运用、思维发展与提升、审美鉴赏与创造、文化传承与理解等几个方面都能获得进一步的发展。

把学生做作业的过程变成用语言做事的过程,让学生在用语言做事的过程中提升语文素养。因此,笔者拟定的新教学就是以"听、说、读、写、背、审、评、辩"等形式为训练主线,"用语言做事",活动始终围绕"四大核心素养"展开。在语言的建构与运用中形成学生的语文核心素养。

本章节,笔者选取了自己精心设计的带有一定前瞻性、创新性的10个课例,以及课题组4位老师的4个经典课例,站在一定理论高度对所有课例都一一进行了"评析"与"评价"。为让读者更清晰地了解笔者的活动课设计意图,完整地展示活动的过程,笔者还特地保留了几节最原始的活动课,从方案制定、任务发布、学生设想、组织到活动的最终开展,基本上是完整呈现。

## 课例1　在"建构与运用"中彰显成语教学智慧
——"复活成语,生长复习"活动课例分析

### 一、教学设想

#### (一) 设计理念

如何进行成语复习,高三的成语复习如何体现"新课标"提出的"语言的构建与运用"要求,这或许是摆在多年习惯应试复习的老师面前的一大难题。

《普通高中语文课程标准(2017年版)》指出:"语文课程应引导学生在真实的语言运用情境中,通过自主的语言实践活动,积累言语经验,把握祖国语言文字的特点和运用规律,加深对祖国语言文字的理解和热爱,培养运用祖

国语言文字的能力。"

为突破成语复习的这一难点,笔者本着寻求语文的"言语生命意识"、践行"言语的建构与运用"的理念,尝试着用"在语文实践活动中形成学科核心素养"这一有效路径,以学生为主体,充分调动学生的创造性,在主动构建与运用成语的同时,又注重成语运用。据此,笔者在活动的设计上做了积极的尝试和有益的探索。

### (二)教学目标

1. 培育语文的"言语生命意识"。
2. 彰显"成语"传统文化的生命价值。
3. 变"知识本位"为"素养本位"。

### (三)教学环节

1. 走近成语。
2. 建构与运用成语。
(1) 文艺创作表演:《作家成长》《红楼网购》(小组活动)。
(2) 成语辨析(师生互动)。
3. 总结与回顾。
4. 教师评价。
5. 布置作业。

【评析】说实在的,教过多少次高三,就有多少次成语复习的机会,可惜的是以前我不懂得如何有智慧地复习,只是一味地机械地照搬最简单的复习程序:熟悉成语—做题—讲题—总结—考试。就这么重复着多年不变的没有任何技术含量的"故事"。随着对"新课标"课程意识的深入理解,我才意识到自己原来一直在做着一些最低端的劳动,不理解语文的属性,不懂得教育的本质,没有教学思想,更谈不上有教学境界。太过于重视学科知识的"教",而忽视学生发展的"学"。这次活动课的设计就体现了"新课标"的核心素养理念:"语言构建与运用",不仅改变了教学方式,而且教出了"智慧"。

## 二、活动设计

### (一)成语建构

1. 活动一:成语的知识储备与活动预案。

(1) 成语知识准备。学生必须先了解、熟知常用成语的习惯用法以及常犯的错误，以便比赛能顺利进行。

(2) 选择话题。对应的 PK 两组商议后，可以选择时评或感动人物材料，也可以进行文艺创作。

2. 活动二：小组讨论，酝酿脚本。

(1) 小组讨论。PK 的两组选择共同的话题之后，在充分熟悉掌握常用成语的基础之上，各小组根据组员的特长，安排任务。组员接受任务后，进入自主学习、酝酿的创作阶段，然后，小组长根据各组员的自主研习成果，集中开展充分讨论、探究、汇总、统筹，正式进行脚本的集体创作阶段。

(2) 教师参与。教师参与各小组的整个创作过程，可以提醒、示范，也可以帮助设计环节或对其进行修改。

(3) 创作原则。紧跟形式，体现时代风貌的创作原则。

3. 活动三：人员安排。

观察员、计时员各 1 名，观察员负责记录成语运用的个数。

纠错员，除选出观察员、计时员各 1 名外，其余都是纠错员。纠错员的任务是指出用错的成语，并完成纠错、点评的任务，最后负责评出优秀小组。

**【评析】** 精心设计、先学后教，小组合作、彰显个性。活动体现了积极性、主动性、参与性、独立性、开放性的原则，有利于学生的生长。

## （二）成语运用

1. 脚本初稿成型后，组长用平板发布给各组员，组员可以根据自身需要，随时进行调整、修改。抽签决定活动开展顺序，时间 10～12 分钟。

2. 班级展示。先在各班进行活动展示，然后挑选最好的一小组，进入两班的决赛。在班级表演、比拼过程中，笔者惊讶地发现，学生居然能有如此的成语自觉和言语自信。活动的内容丰富且形式多样：有"中美贸易"的辩论赛，有"共享单车"的相声，有"感动人物"的新闻报道，有"作家的成长之路"小品，还有"红楼网购"故事新编等，不一而足。最终进入决赛的是 15 班的文艺作品《作家成长之路》和 16 班的故事新编《红楼网购》。

3. 精彩呈现。原创小品《作家成长之路》主要讲述一位"老学究"作家成长奋斗史，故事既励志又有时代气息。在作品发布会上，他的感言是：

> 大家好，感谢各位来到我的作品发布会。可以说，我一路走来千辛万苦，呕心沥血。我一度断齑画粥、穷困潦倒，如此栉风沐雨几十年，终于苦尽甘来。我要感谢编辑及各位朋友，如果没有你们的鼎力相助，我不可

能重整旗鼓，东山再起。曾经，我的稿件多次被拒之门外，曾有人苦口婆心地劝我：作品不符合主流文化市场，应改为体现都市的灯红酒绿的内容……幸好，编辑独具慧眼，对我的作品不赞一词，并煞费苦心的帮我出版，才有我今天的出头之日。想当初，有许多人挖空心思、沽名钓誉，轻而易举出版书籍，他们把写作当作赚钱的工具，实在令人心痛。有幸的是，在习近平新时代中国特色社会主义思想指引下，优秀作品遍地开花，曾经"壮志难酬"的作家各显神通，英雄有用武之地。我衷心希望更多优秀作品如雨后春笋般涌现，希望各位作家能继往开来、攻坚克难、不忘初心、砥砺前行。

故事新篇《红楼网购》，故事围绕"林黛玉网上购物—被骗—打假—问题解决"这一主线展开。作品展示了一个立德树人的时代风貌，巧妙地勾连了新四大发明"高铁、网络、共享单车、支付宝"，很有时代意义和审美价值。且看同学们是如何建构语言，如何运用成语来表达剧情、展示人物性格的。

……

王：今个儿林姑娘得了本书，难得一见地喜眉笑眼。不料那商家老奸巨猾，不仅多收了许多银子，送来的书也是粗制滥造的赝品。可怜林姑娘一个女儿家，平时老太太视如珍宝，而今却偏遇上那坑蒙拐骗的家伙。家里都好了，老太太也不怪罪，不然，叫别人听了，岂不家丑外扬。

贾母：岂有此理，天理昭彰，区区鼠辈，胆大妄为、为非作歹，在太岁头上动土，视荣国府的尊严如敝屣，这事可不能不了了之，得还我外孙一个公道。来人！上电话。

……

贾母：（听得不耐烦）放开他，让我来。（深吸一口气）
（BGM 起）
你这无良老板偷工减料，淘宝网页上写得天花乱坠、条条是道，想不到却是虚假宣传，让我外孙女信以为真，送来的玩意儿货不对板、以假乱真，令我的小乖乖大失所望，愁得茶饭不思，哭得梨花带雨，我也忧心忡忡、寝食难安。再者，你也不瞅瞅，你跟谁做的生意，我名门望族的荣国府，岂容你这刁滑奸诈之人……
（一口气提不上来，脱力，王忙上前扶住，带至椅旁）
政：胡作非为！
王：无法无天！

黛：欲壑难填！

雪：你，你，你！

商：我，我，我，我这不是一时鬼迷心窍。哎，实不相瞒，我与姑娘可谓是志同道合之人，二人都对那佛罗伦萨情有独钟，怎料天意弄人，偏偏只卖剩这一本画册，我本想着自己收藏，但又苦于订单达成，逃单罚款。在左右为难、进退维谷之际，我只好出此下策，造成今天不可收拾的局面，哎……真后悔。

贾母：好啦好啦，志趣相投固然重要，但小伙子别忘了，为人处事更要品行端正，中国传统的仁义礼智信，你要多多领悟啊。

商：我知道错了，中华文化源远流长、博大精深，我一定好好领会。

（众人一字排开）

众人：网购质量出差错，落得黛玉空欢畅。众人为明事因果，请来外商齐对质。真相大白友谊添，"四大发明"幸福长。

……

【评析】短短的两个节目表演，学生使用成语个数达280个。充分落实了"新课标"倡导的"学生语言的建构和运用"的学科素养，特别是新媒体的介入，更能及时高效地进行信息反馈。学生创作、表演，能将具体的成语运用到特定的语言交际情境中，学生的直觉思维、形象思维、逻辑思维、创造思维获得了充分的发展。

4. 审视正误。

（1）在成语运用过程中，纠错员思考并指出用错的成语，发布在平板交互区讨论。

（2）根据语境，指出成语所犯错误，并做出详细解答［此处，学生有激烈的争论，特别是在对成语的使用上，双方各执一词（课堂实录略）］。目的是让学生明白，如何在语境中找准成语的正确位置。

【评析】这一环节的设置，不仅嫁接了"学科知识"和"核心素养"，还串联了"双基"与"三维"。

◎ 教学自评

（一）活动设计有理论依据

语文活动的新认识。或许，有人会觉得这样的复习课，浪费学生的时间，还不如让学生多记几个成语、多做几道题更实惠，更能"追求知识的加速跑"。二十几年的教学经验提醒自己，语文教育再也不能"收获分数牺牲快乐""收获成绩牺牲思维""收获成才牺牲成人"。本次活动，笔者设计了成语的建构与运用两个环节，从知识到能力，从课内到课外，从成语理解到文学创作，无不体现"新课标"理念："语文课程应引导学生在真实的语言运用情境中，通过自主的语言实践活动，积累言语经验，把握祖国语言文字的特点和运用规律，加深对祖国语言文字的理解和热爱，培养运用祖国语言文字的能力。"

"复活成语，生长复习"成语复习课，旨在践行"教育即生长"，培育"语文言语的生命意识"课程理念。复习指向"语言的运用与建构"的学科素养，指向促发学生知识、能力、情感等整体素养的全盘提升、全面生长的教育革新。

### (二) 活动设计有实践意图

具体来说，本次活动的开展，就是为了打破简单机械的单一知识点的成语"浅"复习的传统模式。笔者通过两个环节的情境设计，让学生在"复活成语，生长复习"任务的驱动下，进行有创造性的学习。在成语建构前的成语理解、记忆带着创造性劳动的使命，学生一定会有很高的积极性，因为它的意义高于做题。因此，掌握知识的主动性、积极性得到了提高，当然学习的效果就不一样，这是实践意图之一。

在学生小组创作的过程之中，由于有最终进入决赛的目标，加之有老师参与支持，学生肯定会使出全身解数，充分发挥和调动各自的聪明才智，"挖空心思"地进行尝试，于是，成语的运用就有了保障，活动的开展就有了保证。学生在创作运用成语的过程中又不断地辨析成语，这样的过程反复强化，成语复习就已经超出了我们的想象，从而到达既熟悉又会运用的"高阶复习"。

总之，这一艰辛的过程，学生在不断地践行语言的建构与运用，不断地在品味与选择中体悟成语，从而充分地感受到成语的无穷魅力，感受到传统文化的博大精深。在提升自身学科素养的同时，也加深对祖国语言文字的理解和热爱，培养了运用祖国语言文字的能力。

### (三) 活动有智慧与生成

语言课堂，就要有语言的味道，既不呆板，又不浮夸。表演结束后，笔者被学生的创作才能感动，也被不经意间的课堂改变出现的奇迹而感动。不难想象，若是按部就班，走老套路，我们只能就成语而成语，永远只能是知识点的重复再现，只能是老师讲学生听的低效课堂，只能是沉闷而又沉闷的基础复习，哪里有学生的创造，哪里有学生的智慧火花，哪里有学生生命的气息，哪里有生长的课堂。笔者之所以做这样的改变,目的就是要改变教学的现状,让每一节课指向学科素养,从而逐步实现从"知识本位"到"素养本位"的转变。

有学者认为,教育应该就是找到一个人的"生命方式"。语文教育的原点就应该培养"语言的生命意识"。语文教育就要以"言语生命"为一切教学思维和行为的原点,顺应、扶助每一个个体的言语生命的潜质和天性,使教学的日程和言语生命自然生长的时节合拍,最大限度地使言语生命发展的潜在可能性变为言语创造和自我实现的现实存在性。基于这一目的,笔者对高三的成语复习进行了彻底的颠覆。

应该说,"新课标"精神给比较沉闷的语文教学注入了生机与活力,学生学习语文的兴趣提高了,思维活跃了,口语交际能力、综合学习能力都得到了提高。只要我们沿着"新课标"的精神指引,围绕培养学生语文"听说读写"核心素养这一主线,就能打破羁绊、走出窠臼,语文的春天就会到来,学生就会在活动课堂中得到拔节、生长。

## 课例2 "活动"生长着道德的力量
——"颁奖词大赛"活动课例分析

### 一、教学设想

假如我们要进行"颁奖词"作文写作课,甲老师采用的教学方法是:先声情并茂、感情充沛地讲述道德楷模的故事,讲述完后,再让学生进行颁奖词写作比赛。乙老师采用的教学方法是:先给定任务,让学生自己设计课题,然后以颁奖词比赛的"活动"形式,进行颁奖词写作比赛。假若是你,你将选择哪种授课样式?

或许,很多老师会采用传统的甲老师的方式。的确,甲老师的授课方式,让课堂有序、有"收获",学生会有感而发,但你若往深处想,就会发现这样的教育存在问题,因为它对孩子的"生长"不利。所以,笔者采取了既能让学生感觉到有趣,又有教育意义的活动课。通过活动任务的驱动,让学生走进先进人物的内心世界,真正感动自己,而不是为了任务被迫感动,同时又能到达教学目的。

活动之初,老师以宿舍为单位,把学生分成五个活动小组,每一小组都会抽到老师事先预设计好的主题任务。每组明确主题任务之后，老师提出三点要求：

1. 每组在活动开展之前，要充分跟老师交流活动设计方案。老师用平板电脑给学生发布相关资料，以便让学生提前预习。

2. 撰写活动教案，写清楚活动设想、步骤。

3. 活动后，写好活动实录及课后反思。

【评析】著名教育家陶行知先生说："学"字的意思，是要自己去学，并不是坐而受教；"生"字的意思，是生活或者生存。将两个字放在一起来看，就是自主地学会生活，也就是学习人生之道。本活动就很好地理清了"教"与"学"的关系：人是教育的出发点和归宿，人的利益高于一切。

接受任务之后，同学们开始了合作的准备行动，"颁奖词赛"是女生601室抽到的主题。以下是601室小组的教案设计环节。

## 二、教学过程

### （一）课程目的

通过撰写以及有感情地朗读当下道德模范、时代楷模的颁奖词，学生体悟时代榜样的独特人格魅力、感受崇高的精神品质，拉近学生与模范人物的距离，从而采撷感动之光、教化之源，滋养自身，发展自我，成长自我。

### （二）小组分工，全员任务

负责活动小组：高二15班601室

总设计：××

主持人：××

素材采集：××

PPT制作：××

设备：××

支后期制作：××

### （三）课程的设想与安排

1. 互动游戏引入课题：根据描述词猜道德模范（自由抢答）。
2. 介绍颁奖词的特点、写法。

特点：情感性、深刻性、间接性、针对性。

写法：大笔写意，点明人物的事迹；纵深开掘，彰显人物的精神；综合表达，事、理、情有机结合；言简义丰，自然流畅的音韵美。

3. 公布并展示课前布置的颁奖词大赛结果。

（1）全班共分为五小组，每组各对应一位道德模范，各组的每位学生根据组织者在平板上发布的相关道德模范的事迹，撰写对应人物的颁奖词。

（2）各组成员通过协商，评议出本小组最佳颁奖词以及代表，在课堂上进行有感情的朗读。

（3）根据学生在平板上的点赞数量，得出该环节的"优秀颁奖词""最佳朗读者"。

4. 现场展示个人创作才情环节。

规则：

（1）随机挑选一名学生，向全班讲述自己心中最崇敬的道德模范。

（2）全班同学根据同学讲述的内容，现场创作该道德模范的颁奖词。限时5分钟，并提交至平板，全班对所提交的颁奖词进行评选、点赞。

（3）根据学生在平板上的点赞得票数，选出该环节的"颁奖词最佳创作者"。

（4）请出此环节的获奖者，分享创作心得体会。

【评析】如果说这是我们语文活动常态课的话，或许这就是学生的幸运。从学生精心设计的教案整体环节中，笔者发现学生的活动设计从整体出发，不仅考虑到了小组合作，也突出了个体才情的展示。学生充分构建了对话、合作、探究的平台，尝试信息化背景下新的学习方式，通过创设综合性学习情境，开展自主、合作、探究学习。通过"活动"训练思维、思辨的同时，也暗暗地在PK各自的才情与阅读的硬实力。这样的课堂比老师精彩的说教来得生动，来得有趣，更能体现课堂的生长性和生成性。法国启蒙思想家卢梭提出了儿童学习应遵循的三条原则：第一，学习者必须依赖自己的能力，通过自己的学习得出结论；第二，一切学习必须通过自己的观察、体验、理解、发现来进行；第三，鼓励儿童在学习的同时，更好地培养他的兴趣，发展他的能力，锻炼他的思维，为进一步学习打下基础。笔者之所以采用"活动"的方式，目的就是让学生"依赖自己的能力，通过自己的学习得出结论"；就是要培养学生靠自己观察、体验、理解去发现问题，从而培养"他的兴趣，发展他的能力"，而教师在很大程度上只能成为"助学者"。

## 三、精彩呈现

（主持人随机抽取）何同学宣读心目中最崇敬的道德楷模事迹：

"塞罕坝再刷屏，世界聚焦环境治理'中国样本'。"

塞罕坝位于河北省承德市北部、内蒙古浑善达克沙地南缘。历史上，塞罕坝曾是森林茂密、禽兽繁集。后来由于过度采伐，土地日渐贫瘠。到20世纪50年代，千里林海已变成人迹罕至、风沙肆虐的沙源地。

55年前，369个平均年龄不到24岁的年轻人毅然来到这个黄沙漫天、草木难生的地方。半个多世纪里，前仆后继的三代塞罕坝人只做了一件事——种树。

陈彦娴依然记得自己刚到塞罕坝的情景："上山造林没水喝，满嘴起泡，嘴唇干裂，张不开嘴。我们只能把干粮掰成小块儿往嘴里塞。一天下来，泥水糊得满身满脸都是，不说话分不清谁是谁……"

回忆和讲述在塞罕坝造林的艰苦历程，陈彦娴却始终面带笑容："虽然经历了很多磨难，但我不后悔。如果再给我一次选择的机会，我还是会选塞罕坝。"

如今，第一代塞罕坝人都已至暮年，有些已经离世，但他们艰苦创业、无私奉献的精神却跨越时空，薪火相传……

听罢，同学们都在认真思考，为塞罕坝的守护者锁定关键词。有的同学在执笔冥思，有的在认真查看刚刚记录下来的笔记，有的已经开始在草稿纸上奋笔疾书。

3分钟后，黑板屏幕显示陆续有人提交。

李同学：

前无古人，后有来者。响应国家号召，生生世世不绝断。
日出而作，月生方息。历经千难万阻，青青绿绿成片林。

林同学：

莽莽黄天沙，拳拳赤子心。
奇林崛起，你是否看见了那魂做的根，汗做的雨，泪做的肥。

无名，无名。
鞠躬尽瘁，为一个塞罕坝守护者的名字而骄傲余生。
永恒，永恒。
死而后已，将寂寂大漠的绿色希望献给后人。
何以移志？
你们说，
燃尽生命之光。

张同学：

越过黄沙漫漫，他们用恒心筑起一道绿色长城。
跋涉万里山河，他们用毅力坚守那段艰苦岁月。
春蚕到死丝方尽，蜡炬成灰泪始干，是对他们塞罕坝人的一生最好的诠释。

余同学：

荒凉沙漠，绿色奇迹；极寒之地，生命奇迹。塞罕坝守林人在荒野的风沙中，在最美的年华里，在动荡喧嚣的时代，始终保持内心的平静与坚持。一辈子的守望，就是人生的伟业。

张同学：

十年坚守，换一方水土。
几代建设，创绿化奇迹。
遥想当年，千沟万壑，遍地黄沙。
而今遥望，绿水青山，碧流潺潺。
谁人曾道：不可能？
塞罕坝人，用时间和汗水证明一切。
二百万人，与塞罕坝同呼吸。
全中国人，为塞罕坝共鼓掌。

冯同学：

五十又五，黄沙覆绿，鬓角染霜。用一生时间织一条绿网，一半辈心血染绿一方水土。

彭伟昊：

当风卷黄沙袭大地，一行行微小身躯毅然向前挺立。
当烈阳悬空正当时，一个个单薄的后背悍然撑起黄天。
是你们，最敬爱的塞罕坝人。
你们用青春的汗水浇灌浩瀚绿林。
你们用指尖弹出绿意盛夏。
再苦再累，
不哭，不在乎。
只因你们心中，
是大好祖国。

方同学：

严寒凝结不了你们的热血，沙尘掩埋不了你们的理想。
荒漠里埋下你们的光阴，生长出先驱们的绿色墓志铭。
童话里有点石成金的魔法，现世中有聚沙成林的奇迹。

蒙同学：

扎根荒漠，直面黄沙，你们是大漠中的白杨，手携手筑成荒漠中绿色的万里长城。只因心系祖国，便无畏而前，塞罕坝人，祖国为你们点赞。
……

时间就这样在思索寻觅再思索再寻觅中一秒一秒地流走，2分钟、3分钟、5分钟，时间就要到了。这是思维与智慧的碰撞，这是才学与激情的嫁接。我不能输，我一定行！同学们的神态、同学们的焦虑、同学们的心思，都写在脸上。现场的气氛与其说有点窒息，还不如说有些战斗的火药味。

没有颁奖词写作的指导，也没有活生生的逼催，更没有生拉硬拽的规定，但就是这样的"活动"，产生了奇妙的效果。美国著名的哲学家、教育家杜威提出：教育即生长。教育的职责就是把儿童的兴趣和活动引导到符合社会要求的轨道上来，使他们适应社会的需求。读读学生创作的颁奖词，就不难理解杜威话中的深刻含义了。

……

"时间到！"主持人大声地宣布。请看同学们的点赞情况（前三名）。

林同学：26 票

张同学：19 票

方同学：14 票

下面，让我们掌声有请林同学上台朗读自己所写的颁奖词，并向大家分享颁奖词的创作历程和经验。

朗读（略）。

创作分享：

林："嗯，怎么说呢。塞罕坝守护者，我觉得这个名字是特别有意义的。因为我之前看过余秋雨先生的作品，其中提到，他的祖母为其家族奉献了一生，但最后却没有人知道她叫什么，只是称她为余毛氏。所以我就觉得，如果有这样一群人，他们因为某些事奋斗了一辈子，但却不知道他们中的每个人具体叫什么名字，只知道他们叫守护者……（林同学为之抽泣，不能自已）我觉得，这比任何一种付出后得到，都令人为之可惜与悲悯。"

掌声响起，因为塞罕坝守护者的事迹，林同学不仅感动了自己，也感动了在场的全体同学。

教师："我不知道，是什么力量让林同学如此感动，不知道，是什么精神感染了全体学生，因为，我分明看到了全班同学为之动容，为之落泪。还是主持人说的好。"

主持人："我们可以看出，林同学她对于时代楷模的理解，甚至是他们个人事迹的理解，都十分的深刻，的确值得我们学习。学习时代楷模的精神，对于我们每一个人而言，都十分的重要。在漫漫历史长河中，是中华传统道德和民族精神塑造了我们的人格，是时代楷模的思想光辉在默默地指引着我们前行。今天我们主持开展'立德树人'颁奖词大赛活动课，目的是颂扬时代楷模，继承与发展中华道德文化传统，努力向楷模人物靠拢，成为如他们一般的人物。正如罗曼·罗兰所言：'道德不是天生的，道德是人造的。'因此，我们理应去守护道德。其实，道德与我们只是咫尺之遥，当我们向身边的同学伸出援助之手，当我们向父母表达为人子女的孝心，当我们严于律己、宽以待人，当我们心存高远、脚踏实地之时，就是在继承与发扬中华民族的传统道德。让我们自觉地担起这一份责任，让道德之光如灯塔一般指引我们真诚待人、真诚做事、一心为民。"（阵阵掌声响起）

语文在活动中生长

◎ 教学自评

林同学被感动,主持人的肺腑陈词,现场同学受教育的气氛,充分体现了"道德模范"的力量。这比说教的外在力量要持久,要更具说服力,因为那是生长的力量,那是源自学生内心深处的自我成长的力量。杜威说,"生长,或发展着的生长不仅指身体的生长,而且指智力和道德的生长","儿童在活动中生长,儿童在经验改造中生长,儿童在活动中生长"。这也是"新课标"所倡导的"语文学科核心素养是学生在积极的语言实践活动中积累与构建起来,并在真实的语言运用情境中表现出来的语言能力及其品质;是学生在语文学习中获得的语言知识与语言能力,思维方法与思维品质,情感、态度与价值观的综合体现"。

我为"活动"的圆满成功,会心地笑了,为自己探索教育的生长之路,会心地笑了。因为,"活动"生长出了道德的力量,"活动"尝试了信息化背景下新的教学方式,"活动"通过创设综合性学习情境,开展自主、合作、探究学习,达到了教育自我、生长自我、发展自我的目的,它接近了语文教育的本质。

## 课例3　提升思维品质,让思维走向深刻
——思维的深刻性作文活动课例分析

### 一、教学设想

高考作文长期以来是考学生的思想水平、思维品质、语言能力、表达技巧。思想的高度,就是写作的高度。所以,古人说:"千古文章意最高。"这里的"意",指立意,也指思维的深度和广度。

"新课标"核心素养的第二大点"思维的发展与提升"是这样解释的:"思维发展与提升是指学生在语文学习过程中,通过语言运用,获得直觉思维、形象思维、逻辑思维、辩证思维和创造思维的发展,促进深刻性、敏捷性、灵活性、批判性和独创性等思维品质提升。"为此,笔者首先阅读了大量论述性的文章,形成自己对思维的深刻性理解,从中寻找如何体现思维深刻性;然后用最常用的术语提炼出学生最容易理解的方法;最后让学生在语言的建构与运用中去落实、印证思维深刻性,从而达到掌握思维深刻性的写作目的。

通过语言的构建的"写"——思维深刻性的片段论述，便成了本次活动的教学重点。

## 二、教学环节

**【活动一】**"触电"思维的深刻性
选本次考试的范文4篇，整体感知，选出你认为比较好的篇目。

**【活动二】**"寻找"思维的深刻性
从选出的篇目中，圈出你认为有思想的句子，谈谈你的感想。
学生：第一、三篇比较有深度。理由：文章有深度，能从现象写到本质；有高度，能从小处写到大处……

**【点评】**活动一、活动二都是基于学生的感性认识，从感性的角度对文章的深刻性做出浅层次的判断，为老师的总结做铺垫。

老师：同学们说得有道理，其实，同学们对思维的深刻性并不陌生，只是不知道该如何运用、从哪方面着手。今天，老师就思维的深刻性的说理方法进行总结，以便学生有"章"可循。

◇ **教师小结（意识/说理）**

1. "大爱"意识：超越个人、关注社会、关注时局的大爱情怀。
2. "思辨"意识：全面客观评价事物。
3. "溯源"意识：追根溯源，探究事物发生的根源。
4. "本质"意识：透过现象看到本质，揭示事物的内外联系。
5. "价值"意识：事物意义、影响的价值判断。（"启迪"意识）
6. "代言"意识："他山之石"为我"代言"。
7. "逆向"意识：走过正面观点，分析反向去做或反向发展的结果。（正反对比）

……

**【活动三】**"感受"思维的深刻性
活动主要是通过对理据的论述语段的分析，寻找说理参照，进一步了解说理的方法。

**话题：养生骗局**

"溯源"说理：深究原因，首先在于，人们对于健康的重视程度日益提高；其次，信息孤岛效应日益显现也是重要原因之一；还有一点值得思考，那就是养生忽悠的危害不易界定。

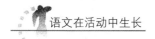

**话题：校园手机**

"思辨"说理：其利，一目了然。作为互联网的"原住民"，学生借由智能手机可便捷地获取各类资讯。教、学、评、测等环节均可基于实时反馈和数据分析及时完成，在提升教学效率的同时，推动个性化教学和因材施教。其弊，也清晰可见。部分学生沉迷于手机不能自拔，成了校园里的"低头族"，分散了注意力、干扰了教学秩序、影响了视力和身心健康。更为严重的，还有部分学生因沉迷网络世界导致心理疾患，或受不健康内容的诱导误入歧途。

**话题：奋斗**

"价值"说理：青年时代选择了奋斗选择了成长，选择奋斗就选择了收获。无论任何时候，无论发展到什么阶段，青年人的奋斗精神都不能丢。只要有一颗奋发进取之心，面朝大海总会春暖花开。

【活动四】"体验"思维的深刻性（小组活动，"点"的训练。讨论—写作—展示）

活动规则：

1. 小组自愿认领任务，按照老师设置的话题和相应的说理方法，进行单项写作训练。

2. 本环节是活动的重点。小组认领任务后，首先要进行充分的讨论，再选择一人对小组的讨论、形成的共识，用规定的说理方式形成论述性的文字。

3. 在规定的时间内上传本小组的成果，并说明理由。

话题及说理方法：

1. 话题：说"腐败"（"本质"说理）。
2. 话题：守护孤岛的王继才（"大爱"说理）。
3. 话题：说"敬畏"（"代言"说理）。

☆**精彩成果呈现**

**话题：说"腐败"**

"本质"说理：政治生态不佳，不是自甘堕落的借口，更不是可以腐败的理由。做人的底线，为官的本分，工作与生活的最终目的，都是值得叩问心灵的严肃问题。身上捆着名缰利锁，脑中想着进退留转，眼里盯着功名利禄，就容易翻船落马。与其出事之后怨这恨那，不如静一静、想一想，贪欲因何而起，心门缘何洞开？只因缺少"敬畏"之心。

**话题：守护孤岛的王继才**

"大爱"说理：王继才的一生，是充盈家国情怀的一生。三十二年如一日的坚守，守护的不仅仅是孤岛的方寸之地、自我的执着之心，更是王继才一腔博大的家国情怀。虽然英雄已逝，但如今开山岛上那高高飘扬的五星红旗是一种至高无上的荣耀。王继才只是这个时代的一个缩影，有无数个"王继才"在祖国的各个角落发挥着自己的光和热。他们舍小家、为国家，毅然把青春和热血献给祖国和人民。这种公而忘私、胸怀大爱，是给新时代最好的"注释"。

**话题：说"敬畏"**

"代言"说理："凡善怕者，必身有所正，言有所规，行有所止。"人生在世，立身处世，需存敬畏之心。正是因为有所敬畏，所以才有古人"不以规矩，不成方圆"的告诫；正是因为有所敬畏，所以才有我们今天的"权为民所用，情为民所系，利为民所谋"的理政之策。

【评析】本环节充分调动了小组每位成员的积极性、能动性，充分展示了活动中学习、体验中学习的乐趣，只有体验的学习才是自己的学习，同时很好地体现了活动的特点：以学生为中心，强调学生对知识的主动探索、主动发现和对所学知识意义的主动建构。

为了加深对思维深刻性的理解，笔者特地选择了自己最熟悉的"教育"话题，进行综合示范性的展示，目的是让学生形成对思维深刻性的意义建构。

△**教师示范**

"多维度""综合"说理（"面"的思考）。

**话题：说"教育"**

1. 分数教育—素养教育—生命教育（生长教育）。
2. 分数教育只有学生的眼前，没有学生的未来。
3. 语文教育就是"言语教育"，就是"言语生命"的教育。
4. 德国哲学家雅斯贝尔斯说过："正如一棵树摇动另一棵树，一朵云推动另一朵云，教育就是一颗灵魂唤醒另一颗灵魂。"每一个学生都是自由独特的生命个体，我们呼唤自由的、启发性的、诗意的教育，让精神与精神相遇，努力让学生拥有自由而舒展的生命。
5. 没有人文精神的教育，是残缺的、无灵魂的教育。任何知识如果只有专业目标，没有人类高尚的追求目标和文明准则，非但不能造福社会，往往还会助纣为虐，化为灾难。反过来，自觉而良好的人文精神的教育，则可以促使一个人心清目远、富于责任、心灵充实、情感丰富而健康。
6. 教育的重要使命之一是为明天培养人才。"为天地立心，为生民立命，为往圣继绝学，为万世开太平。"这是古代仁人志士的理想追求，更应该成为中国教育的情怀与信念，上下求索、初心不改、虽远不息！

7. 教育，就是找到一个人的"生命方式"。生命最可贵的，不在于结果，而在于过程。而生命最精彩的，就在于每个人可以用自己的方式，去度过自己的一生。试想，如果我们只是一味地信奉"头悬梁锥刺股"的苦干精神，似乎只要让学生记住了知识、考到高分了就是对的，而不管这种方法是不是以"收获分数但牺牲快乐""收获成绩但牺牲思维""收获成才但牺牲成人"为代价的话，那么，这样的教育就不是"生命的教育"，而是"绩效的教育"，最终使我们的教育不断偏离本真的轨道。

【教师总结】其实，要做到文章的深刻，也不是什么"登天"的难事。只要我们关注现实、善于联想、学会思维，平时多读、多想、多写、多借鉴，就会写出思想成熟、思维深刻的"言之有'意'、行文致'远'"的作文来。

◎教学自评

本次活动遵循认知的规律，由浅入深，从感性到理性，符合对思维深刻性的认知。我有目的地设置了四个活动环节的教学情境，教师永远在幕后，但在关键处有教师的引导、点拨、示范、总结，形成对思维深刻性理解的最终意义建构。

建构主义认为，知识不是通过教师传授得到，而是学习者在一定的情境及社会文化背景下，借助其他人（包括教师和学习伙伴）的帮助，利用必要的学习资料，通过意义建构的方式而获得。"情境""协作""会话"和"意义建构"是学习环境中的四大要素或四大属性。"情境"：学习环境中的情境必须有利于学生对所学内容的意义建构。"协作"：协作贯穿学习过程的始终。"会话"：会话是协作过程中不可缺少的环节。学习小组成员之间必须通过会话商讨如何完成规定的学习任务。"意义建构"：这是整个学习过程的最终目标。在学习过程中，教师要帮助学生对当前学习内容所反映的事物的性质、规律以及该事物与其他事物之间的内在联系达到较深刻的理解。本次活动的设置理念就是遵循建构主义理论、践行建构主义理论。

## 课例4　　站在"C位"，"讲"出精彩

——"由'华老栓'想到的"演讲活动课例分析

### 一、教学理念

1. 坚持以人为本，是指人是教育的中心、教育的基础和教育的根本。教

育要与人的幸福、自由、尊严、终极价值联系起来；教育不只是获得生存技能的一种途径，还是提升人的需要层次、丰富人的精神世界的一种方式。学习是以个人主动自愿为基础的，不是一种"压榨""强迫"。

2. 学生是文化中的人。学生是人类文化遗产的传承者，又是发扬者和创造者，适应知识经济时代的基础教育，不应仅仅把学生置于知识接受者的地位，而应认识到学生具有作为知识生成者的基本角色。

落实《普通高中语文课程标准（实验）（2003版）》要求：渗透"自主、探究与合作的学习方式"。

## 二、教学设想

### （一）教学目标

1. 改变教师垄断讲台的地位。
2. 培养学生开阔的视野和批判性思维。
3. 凸显语言的建构与运用的能力，提升学生表达与交际能力。

### （二）教学要求

1. 立足于"教材"。语文活动课的目标、内容、形式都要立足于教材，切合语文学科的本体特质，符合语文教学的规律，体现语文学习的特点，确保学生语文素养的提升。
2. 教师给定探究学习教材内容，学生3～4人一组进行阅读，然后，完成各自的演讲稿。
3. 学生可以借助资料对课文进行初步的理解，但合作探究后形成的发言文字力求不人云亦云（特别是有别于教参、网上文章的结论）。
4. 完成500字左右的"经典"（对语言、观点的要求）发言。

### （三）备课要求

首先，教师要熟悉教材、教参、网上的文章，防止学生抄袭（当然学生也不大可能抄袭，因为任务要在当晚完成，加之学生都是住校生）。

其次，教师本身要精心探究、挖掘教材，提炼教材本身蕴含的信息，以及可能延伸的信息，以便进行思维引导。如，通过探究学习，我们挖掘出《季氏将伐颛臾》一文中包含如下信息：在其位谋其政（陈力就列，不能者止）；问责制（虎兕出于柙，龟玉毁于椟中，是谁之过与？）；和平稳定的思想（不患寡而患不均，不患贫而患不安。盖均无贫，和无寡，安无倾）；诚实的品质（君子疾夫舍曰欲之而必为之辞）；以理服人的教育原则（故远人不服，则修文德以来之）等。从而，让学生带着思维的火花进入探究学习的情境，进入学生的生活实际（主要是联系实际进行写作），并在此基础上，通过集体的智慧，产生更精彩的观念，形成有价值的文字。

最后，教师要思考学生可能出现的结论或写作内容，研究点评的精妙用语。教师要走出传统的只备答案的枯燥困局，让枯燥的知识走向鲜活的思想，让教学活动成为心灵沟通、思想碰撞的快乐列车。

## 三、教学环节

演讲分为三个环节：
1. 教师信息的引导阶段（开场白）（2分钟左右）。
2. 演讲阶段。

【活动一】
抽签演讲和教师精炼简洁的点评（15分钟）。
要求：学生在教师点评的基础上，可以继续发表见解；做好聆听记录。
【评析】本活动环节的目的是：考查每个学生前一天晚上演讲稿的准备情况。在随机抽签中，让学生产生既渴望又紧张的学习期待。教师对学生的精短点评，既是对学生的肯定与鼓励，同时也是对学生的提醒与教育，使其形成正确的人生观、价值观、世界观。无形的对话互动，使课堂气氛融洽和谐。

【活动二】
自由演讲（20分钟）。
【评析】这是演讲活动中最精彩的环节，因为自由演讲都是一些准备非常充分，但又没有被抽中的学生演讲优秀分子，为了抓住机会表现自己，他们争着、抢着上台，有时甚至不等老师点评就已经冲上了讲台。演讲活动在环节中达到了高潮，这种良性的互动感染了师生，他们成了"落后"学生心目中学习的榜样、追赶的目标。学生的认知结构就这样通过同化与顺应过程逐步建构起来，并在"平衡—不平衡—新的平衡"的循环中得到不断的丰富、提高和发展。

【活动三】
点名演讲（6分钟）。
【评析】此环节是针对胆小、害羞学生特地设置的。老师在观察整体演讲活动课的过程中，为了更好地鼓励这些同学，给他们以特殊的照顾，目的是让学生们感觉到，老师是公平的，没有放弃任何一个学生，从而，点燃他们的求知欲。

3. 教师总结陈词阶段（2分钟左右）。

【评析】老师注意引导、点评，学生注意聆听，并有意识地做好聆听纪录。这个环节就是引导学生持一种虚心学习的态度，学会聆听、学会欣赏，从而落实了"情感、态度、价值观"三维目标。通过演讲活动的训练，检测学生对教材以外的挖掘，展示认知水平、审美情趣，反映学生思维广阔性、深刻性、批判性，训练学生的写作、表达、鉴赏能力，提升学生的核心素养。

## 四、精彩呈现

教学情境引导：同学们都知道，鲁迅的《药》中，华老栓的形象是愚昧、麻木的。然而我们只要走进文本，淡化时代的色彩，对文本某一片段再做深入细致的分析，活现在我们面前的却是另外一位伟大的父亲形象。不说半夜三更买药，不说为了儿子苦苦支撑这个家，单想想看儿子吃药的情形，就让我们肃然起敬。从老栓的身上，我们仿佛看到了闪耀在最底层被压榨的旧社会普通农民的"人性光芒"——父爱。

一节一改常态的"老栓人物分析课"便别开生面地开始了。下面是节选部分同学演讲稿中的精彩部分（教师的点评略）。

◇ 例文一

### 读父亲

#### 廖丽鹏

……心中的父亲总是如此的棒，他是我第一个看到的伟人，高大而又能干。……

……因为当人们陶醉在温柔细腻的母爱中时，总是忽略了父爱。……高山不语，自是一种巍峨；大海不语，自是一种辽阔；太阳不语，自是一种光辉；而父亲不语，自是一种慈爱。

父爱本应是山涧奔涌的山泉，气势轩昂、一泻千里，但他总是喜欢将它隐藏起来，一点一点地把它积累起来，为我们铺路，铺一条通向光明与爱的大路。

……父爱不需要用语言去诠释，只需要用心去理解。一切是如此的静，但却能感受到那份隐约实在的爱。轻轻爬上那弯弧，我看到了你伟岸

的背影。

◇ 例文二

## 岁月无痕，父爱无声

齐 肖

有人说，父爱是一座山，它有"强大"二字做后盾；

有人说，父爱是一束温暖的阳光，可以洒遍每个冰冷的心灵角落；

更有人说，父爱是一首神圣的颂歌，唱完之后会拯救所有身陷困境的儿女们；

……

华老栓就是这样一位不经意间把父爱演绎得淋漓尽致的形象。……儿女的丝毫不幸，都经过放大，进入父母的瞳孔，摄入他们的心底，成双倍或者成平方地刺伤他们那苍老的心。于是，华老栓感受到了、感觉到了、更感悟到了，感悟到他自己不得不为那种病在儿身上，却痛在自己身上做些事情了，只要能拯救那可怜的儿子一命，就算一线生机，他也会千万个愿意地去做，义无反顾地去做。

……

鲜花，用自己的凋落闪现生命的光辉，鲜花是美的；

白云，用自己的飘逸展现动感的姿态，白云是美的；

父亲，用自己的一生折射亲情的无价，父亲是伟大的！

◇ 例文三

## 父爱，从不卑微

崔 菡

是谁，徘徊在黑暗冰冷的夜晚；是谁，窥见儿子骨肋分明的后背，揪心地疼痛；又是谁，为儿子心甘情愿向别人低声下气。你可以讽刺他愚昧无知，也可以嘲弄他庸俗迷信，但是，那如苦药般浓得化不开的父爱，可以说，没有人不为之屈尊。

华老栓，这位普通而又世俗的老人，却是世上千万父亲的写照。仰望他，我仿佛看见了父亲的身影。

……

父亲这个称呼永远是沉重的，它担起了一个家的重量，包容所有的快乐和悲伤、幸福和不幸。

不需要万贯的家产，不需要更多的语言，就是付出我这一辈子也偿还不完的爱，所有人都会为之动容。

父爱，从不卑微……

◇ 例文四

## 药香踩跹

秦　昕

秋夜，乌蓝的天，灰白的路，满身油腻的灯盏上的一闪一闪的青白色的光，关于《药》的印象，便都浸润在这般瑟冷的素描里。

然而在这般瑟冷中，竟也涌动着一缕淡淡的暖意。它是从老栓买"药"时"两脚一前一后地走着""跨步格外高远"的背影里溢出的，是从老栓看着小栓吃"药"时"仿佛要在他身里注进什么又要取出什么"的眼光中滑落的。它流淌于我们的血脉中，最是深沉，最是永恒。

这种暖意不是梨花遍院时沾满衣襟的花瓣，而是文火熬药时漫室踩跹的药香——虽苦尤甘。

可我不懂这种暖意。

……

药香如踩，于我的记忆中的每一个角落。父亲为我熬过多少剂药？记得每次喝药，我都尽力反抗，被我打翻的药碗也不知有多少。虽然我总会后悔，却碍于"面子"，倔强地不肯低头。而父亲，在训斥我一顿后，又默默地捡起地上的碎瓷……

我一直认为，药都是苦的。

去年秋天的一个傍晚，我着凉了。父亲提着药来到学校，我皱着眉头把药喝完，却发现留在口中的，还有丝丝甘甜。我抬头望望父亲，他平日冷冰冰的脸上，竟也浮出点点暖意……

父亲说："药香是最特别的，你要仔细体会，才能发现它隐藏于苦涩背后的暗香。"

（摘自《点燃希望的火种》）

### 五、布置作业

每周进行三次演讲稿写作就是作业。每节课后要推荐五篇佳作及五位最佳演讲者。佳作打印出来之后,结集成册。最后,举行佳作点评大赛。

**【评析】**如何评价学生:根据学生演讲的次数和演讲的表现实行过程评价,改变传统依靠分数的评价机制,充分体现学生在成长过程中的主体参与意识、合作意识,关注个体的终身发展的特征,让评价更科学、更公平、更全面。

教师作业批改:师生的聆听、演讲中的点评过程就是作业的批改过程。这样既可减轻教师的一些负担,又能在教师的及时点评中提高学生的阅读、写作、鉴赏水平。在"你讲我听"的过程中,开启了学生的思维、拓宽了学生的视野、达到自我教育的目的。

总之,愉悦的活动、积极的发言、大胆的表达……这种内化学生学习机制的学习活动比"无效的知识说教"来得生动,来得鲜活、有效。

### ◎教学自评

对话演讲的特点:

1. 体现语文课的知识能力、过程和方法、情感态度和价值观的教学目的。

2. 演讲活动主要是通过语言来进行的,对话中每个人思想的转换、精神的扩展与丰富,都需要以理解语言所表达的意义为前提;对话可以最大限度地整合自我与世界的关系,最大限度地冲破个体发展的局限,在客观上为个体提供更多可能性,从而更完整地塑造自我。

3. 促进人更加完善地发展。演讲活动本身蕴含着平等观念的价值预设,它强调的是对个体发展的重视。而过去的传统教学往往只关注知识的获取,以掌握基础知识和基本技能为教学的最终目标,以致教师不得不以大量枯燥的训练充斥语文课堂,教师和学生只能抛弃自身个性而努力向答案看齐,既累死了教师,又束缚了学生。

4. 它是一种有组织的社会性沟通行为。首先,是个体发生的过程,这个过程包括并渗透了个体语言的发展。其次,教学大多数是以语言概括的教学内容为媒介而发展的。学生可以感受过去与现在的人们对于世界的看法以及对于真理的表达,感悟对生命的种种解释,并且在不断的交流与对话中逐步确立对世界的认识。

5. 实现了教师从"教教科书"到"用教科书"的转变。学生能够用独立的意识、批判的思维与教科书对话,在平等的氛围中探索语言教学的丰富底蕴与灵性光芒。

6. 演讲活动使语文教育凸显一定的特点。

首先,演讲活动视野中的语文教学,是师生共同构建、共同创造的过程,真诚和友爱是有效教学展开的前提与基础。在这个过程中,改变了教师的权威地位,确立了师生之间的人格平等,从而减轻了传统的角色带给教师的紧张感,也给予学生最大的自由空间,促进个体的发展与成熟。

其次,语文教学充满信任与希望。

最后,语文教学充满创新与追求。

演讲活动是自由独立的,"每个声音的个性,每个人真正的个性,在这里都能得到完全的保留"。在发言的过程中,不同读者对文本的体验和解释必然是多元化的。教学双方在平等、深入的对话中探索真理,使语文教学充盈着多彩的内涵。

## 课例 5　走进陌生,生成文本意义

——文本读、写活动课课例分析

### 一、教学设想

1. 以写作为手段,体验文本,生成文本意义。
2. 打破传统对教材肤浅、表面的"浏览"式读写分割的做法。
3. 学生的自主、自为的空间比较大,增强了活动的体验性。

### 二、活动环节

#### (一) 阅读体验

【活动任务】走进陌生,体验文本

1. 学生可以先花两周时间进行整本书陌生感阅读,初步感受体验。
2. 再读文本,选定自己感受深刻的文本,做好"课本作文"写作的心理准备。

## （二）创作体验

**【活动任务】**

1. 选好"课本作文"的写作篇目，再次做深刻的解读体验，找好切入点，进入创作环节。

2. 教师提出创作要求：

（1）走进文本，感受作者的情绪。

（2）深入体会、感悟文本，从中感悟文本世界的真义，发现生命世界的奥秘。

（3）融入时代精神，写出个性体验。

3. 写作时间：30分钟。

4. 发布作品、共赏奇文（8分钟）。

5. 教师总结（2分钟）。

## （三）评价体验

1. 以小组为单位，认真审阅学生发布在平板电脑上的作品，并评选出优秀文章。

2. 教师对学生选送的作品再精选，并附上评语，供学生参考。

## （四）精彩佳作部分呈现

◇ **作品1**

在《荷塘月色》中，学生的深刻体验是：觅一处月色荷塘。

作者说："那一片荷塘，是因了恬淡的月光才显得格外令人醉心，还是因了一个孤独而坚强的思想者才显得分外迷人。答案属于每一个人，正如那荷塘月色一般，也属于每一个人。"

……

由此想到了现实生活中朱自清的境况，文中写道：

想象不出，那一条曲折的小煤屑路上留下的脚印有多深，是否会透着主人疲惫又不安的气息；

想象不出，那一些不知道名字的树，是否会遮蔽了那个文人敏锐的视线，让他在踽踽独行时也难免犹豫着前行的步伐；

想象不出，月色下的荷塘，与那荷塘的月色，究竟有多大的不一样，她们会不会都来自同一个热衷自然与恬谧的艺术家灵巧的手下；

　　想象不出，那一池田田的荷叶，真的犹如那亭亭的少女热烈舞动的裙裾？那些开得袅娜零星的白花，会有多么羞涩地打着朵儿。

进而理解作者"月下独步""荷塘"凄苦心境，但读者并没有局限与此，面对人生的困境，呼吁我们要勇敢地走向生活，走向人生的色彩……

　　这一片月色荷塘，能洗涤心的苦闷与彷徨，又能给他重新勾绘生命的色彩，倾注坚持理想的力量。将一切水样的哀愁都暂且搁置，让心能有片刻的幸福，如羽毛般轻灵地飘浮，怎么也不会摔出个破碎。
　　我们都应该学着去做个幸福的人，在网中用力去呼吸，大声地呐喊，将所有的郁郁寡欢都随风飘荡于烟，淡淡远离；
　　我们都应该学着去做个坦诚的人，用最纯粹的眼睛去看这个复杂然而却又美丽的世界，只要心中有一个美的信念；
　　我们都应该学着去做个聪明的人，走累了，心倦了，就去觅一处月色荷塘，享用片刻属于自己的宁静与安详，好让我们的心能找到喘息的机会，濯涤那些灰蒙的尘埃，变换出另一种美丽心情。
　　命若琴弦。拉得太紧，总有断裂的一刻。
　　每一个人，都需要在如网的生活中，觅一处月色荷塘。
　　这一美美的地方，其实就在我们灵魂的最深处。

**【评析】** 学生在阅读文本时，已经完全消解"此在"与"彼在"的鸿沟，把两个彼此隔绝的世界豁然贯通起来，从中感悟文本世界的真义，发现生命世界的奥秘。并呼吁冲出"淡淡的哀愁"的困扰，学着做一个幸福的人，在生活的网中用力去呼吸、大声地呐喊，活出自己的精彩，活出一片属于自己美丽的"荷塘月色"。这就是读者对朱自清《荷塘月色》生成的审美体验，同时建构了《荷塘月色》的作品意义。

◇ 作品2

在张洁的散文《拣麦穗》中，学生体悟到了：纯真的美好。
学生首先由歌曲引入自己的个性解读："我始终带着你爱的微笑，一路上寻找我遗失的美好，不小心当泪滑过嘴角，就用你握过的手抹掉，再多的风景也从不停靠，只一心寻找我遗失的美好，有的人说不清哪里好，但就是谁都替代不了。"

……遗失的美好，那是多么遗憾、多么让人难以割舍……

由此引出对人生、社会的思考：

  我想，每个人，特别是每个女孩子，年幼的时候都拥有那么一份爱吧，那么纯真，那么朴素，却又是那么珍贵。……可是，并不是每个人都愿意付出，也并不是每个人都愿意承认。有人说，社会是个大染缸，而人这张白纸，没有多少能学着周敦颐那般出于污泥而不染。更多的人学会了冷漠，学会了自私。不要说对一个陌生人的爱护，即便是对患难的妻子，有些人亦可不择手段，更不要说对一个陌生人的感激或怀念……

  社会在变，人也在变，当我们在徘徊踌躇时，谁还能坚守心中那份纯真的美好，并把这份爱延续下去，一直地……很多东西都在进行，在流逝，我们也会静静地成为这时光中的一道光影，沿着离自己最近的那一条隧道轻轻掠过。身后，那些曾经拥有的、曾经享受的、曾经奉献的、曾经给予的，都将轻轻碎去，无声，也无息。有人拾些许碎片，左猜度，右猜度，看到的，便该是那纯真的美好——我们记忆珍藏中最醇最浓的美酒，不曾遗失。

**【评析】**《拣麦穗》中姑娘的美好心愿把作者又拉回到了美好的儿童时代，童年美好的企盼，支撑着她对美好人生的向往……但现实社会，对我们的幼小心灵投下太多的不可思议，从此，我们不再相信任何人，不再与陌生人说话，社会从此不再纯真美好，不再温馨感人。这是社会的悲哀还是人生走向成熟的必然。相信，正在成长中的你、我，都不需要这样成熟。或许，这就是学生读完《拣麦穗》后，留给我们的审美意义吧。

◇ **作品3**

学生在读完《归园田居》后，生成的审美体验是：背对为岛，面对为洋。

初看题目确实让人费解，"归隐"的主题跟"岛"和"洋"，八竿子都打不着。别小看，这就是我们学生的智慧，也是最深刻的审美体验。

作者首先以题记的形式开宗明义：

  归园田居，

  则当世多一贫夫拙农，而少一清官谏臣。

  举世昏闇，立而争之或终无济，然背而避之，吾未见其明也。

立意不可谓之不深呀,"归园田居"则是避世之臣,他们龟缩成"岛",自毁前程。那是在儒家看来是"明哲保身"的却为世人所不齿的"无所作为"思想。只有不畏"风霜雨雪"积极入世,成为"汪洋大海"才是人生的正道,正如江河入海,要穿越多少高山、流经多少险滩才成就了大海。作者写道:

> 无穷的时间,从远古流向未来,一些微小的曾经,奋力分离而孤立为岛屿;更多的融汇入浩瀚而不可阻挡的海洋,奔流向前……
> 岛,封闭的、离群的、单薄的所在。它一心想构建一个它理想的世界,它固守着自己的生态系统。然而它终究抵不过沧海桑田的变幻,在现实的潮水的冲刷下淹没,消失在泱泱的海洋。
> 洋,浩荡的、不息的、永不停止的力量。它永不停滞、知难而进,它知道只有敢于面对,才能流向更遥远的彼岸,才能成就更广阔的广阔,才能跟随历史的海洋,一直流到未来。
> ……

作者解开了的归隐者那层"冠冕堂皇"的地道神秘面纱:

> 海洋里,我看到一座沉没的岛,它是陶渊明的桃花源,一座背对现实的岛屿。黑暗来临,它便虚构一片光明;寒风吹彻,它便假想一室温暖;战火纷飞,它便制作一地祥和。陶渊明以笔为矛,写出警世的幻想;然而身退终南,归隐田居。避世,终是另一个桃花源的写照,并从此引领了几代文人的避世:他们炼丹习道,悠游山野,妄想长生不老;他们自诩无为,实则无用,终日散漫无聊;他们再不肯奋力拼搏,只为保全自己,不顾天下黎民挣扎于水深火热。而对现实的黑暗,他们转过脊背,退缩地把目光投向山野。于是我们看到标榜天下幸福的岛屿沉没于痛苦的现实。

同时,作者旗帜鲜明地讴歌了改写人类历史的志士仁人,他们就是"巨浪",就是"海洋":

> 那些不畏一己生死而为民请愿的仁者,不怕连遭贬谪而尽忠直言的伟人,他们崇高的精神最终汇聚成洋流,流淌在几千年中华文明的海洋中;他们的努力在人们的传颂中铸成思想的巨浪,拍打着亿万中国人的心灵。这片无形的海洋,蕴藏着浩渺澎湃的人格之能。
> 背对在逃避的庇荫下瑟缩为岛,面对在现实的炽炼下融汇成洋;背对

语文在活动中生长

在胆怯的回避下自断去路,面对在勇敢的开辟下四通八达。

只有成为海洋,才能容纳伟大,走向远方。

**【评析】**没有深刻的体会、没有深邃的思想,就不可能到达如此的高度;没有思维的批判性、没有历史学科知识,也就不可能有如此高深的体悟,也就不可能生成《归园田居》的文本意义。假如,我们只学会了"归隐"文学,假如我们只喜爱陶渊明式的田园风光,请问,天寒地冻的雪域、白雪皑皑的边疆谁去守护?假如,我们面对挫折都归隐山林,请问,缺水少食、远离陆地的孤岛谁来守卫?还是作者说得好:"背对在胆怯的回避下自断去路,面对在勇敢的开辟下四通八达。"

## ◎ 教学自评

我之所以采用活动式的形式进行陌生感阅读、个性化阅读,理由有以下三点:

第一,活动课的形式给了学生自主、自为的广阔空间,有利于学生的发挥;第二,陌生感阅读、批判思维,能充分解放学生思想、尊重学生的智慧;第三,通过"课本作文"写作这一路径,促使学生在深刻解读体验中生成作品的艺术意义,实现作品的审美价值。

这里重点谈一下最后一点。

西方体验美学理论认为,一个文本是作家的一种体验,解读一个文本就是体验作者的体验,体验作家体验过的世界,是一种体验的体验。而且,读者的解读体验对文本意义有着建构作用,文本的意义只有在读书的解读体验中才能生成。

从现象美学的角度来看,文本的意义只有依赖作者的体验和读者的体验才能生成,没有读者的体验就不存在真正的艺术。法国现象学美学家杜佛莱纳就曾经指出,艺术作品只有当它被读者体验时才能变成审美对象,艺术的审美性质只存在于读者对艺术作品的体验之中,任何一个审美对象只有加上审美知觉(即体验)时才能真正成为艺术,只有读者的体验才能赋予艺术作品以生命。

我所主张的"课本作文"就是基于上述理论,强调学生对文本的深度体验。上面几篇佳作都是学生在认真审读、体验文本后得出的深刻个性解读、深度体验,它们不但是情感的宣泄,而且是灵魂的唤醒,是生命的超越。学生在解读文本时体验到作家的生命意识和情感激流,从而形成一个生命进入另一个生命主体的情感传导活动;在解读文本体验时给学生带来生命价值信念的苏醒(三篇文章的观点都是如此),使震颤的心灵连带着整个生命获得更新和再生;

学生在解读文本体验时造就新的思维秩序和感知方式，从而以一种新的方式去关照世界，获得一种新的认识与评价世界人生意义的标准（《归园田居》作者的思想就是很好的例证）。毋庸置疑，这就是一种通过体验而达到心灵和人格启迪效应的解读过程。这也是我极力践行"课本作文"活动的初衷。

## 课例6　　写出个性，"评"出佳作
——"生命"专题"课本作文"评选活动课例分析

### 一、教学设想

1. 所谓"课本作文"就是立足教材，以课文为蓝本，通过个性化的"陌生感阅读"而进行的写作。它优于阅读不深入、过分依赖老师的阅读教学，优于写作无材可取、没有自己的思想和灵魂的写作教学。目标指向"阅读、思考、表达"三大核心关键能力。

"课本作文"写作要求：以整合"读"与"写"为目的，读出时代精神，读出个人体验。

2. 评选活动：鼓励课本作文优秀创作者；分享创作成果、交流创作的心得体会；进一步丰富文本的理解。

### 二、课前准备

每个小组按照制定的课本单元，选出本小组最优秀的课本作文篇目进行参评（隐藏个人信息），并附上本小组推荐理由。

本次活动选择"爱情"主题，也可从学过的文本中进行"课本作文"创作。

### 三、评比环节

优秀作品要求：作品"源于文本，高于文本"，强调原创，有时代精神，有个性体验。

【活动一】初评：各小组通过电脑平板推送参评作品，并陈述推荐理由。同时各组学生认真阅读、思考，然后进行第一轮投票，得票多者进入复评。

【活动二】复评（互动、交流讨论）：各小组交叉评议，根据评选标准，学生要反复阅读、反复思考、反复比较、反复讨论,再投票。

教师观察:活动过程中,学生互动频繁、讨论热烈,交流恳切、气氛活跃。

【活动三】公布结果:评议小组附上评选理由。

【活动四】表达。优胜者陈述创作的创作意图、构思过程(略)。

## 四、精彩呈现

◇ 作品1:《朝抵抗力最大的路径走》课本作文

生命就是一种奋斗

> 奖牌是一阵风,
> 金杯是一阵雨,
> 跋涉才是太阳,
> 亘古的照耀,
> 是心灵,
> 永恒的土壤。
> 正因如此,我们才有了奋斗在抵抗力最大的路径上的勇气和骄傲!
>
> ——题记

"生命就是一种奋斗,不能奋斗,就失去生命的意义和价值;能奋斗,则世间很少有不能征服的困难。"

我反复地,一遍又一遍地读那字里行间,读那言外之意,甚至连标点符号,我都读。

因为我想读——读出什么才是生命,读出什么方为奋斗,读出人其实应如何去追寻生命的意义。

然后,我似乎读出了答案,找到了方法,那便是:

朝抵抗力最大的路径走。

朱光潜先生曾经谈到,人之所以为人,就在于能不为最大的抵抗力所屈服。人也像一般物质一样有惰性,需要动力来使之运行,然而物的动必终为抵抗力所阻止,而人的动可以不为抵抗力所阻止,这是因为人的动力就是他自己的意志力,而意志力可以自动地随抵抗力之增加而增加。从而使得人们有了朝抵抗力最大的路径走的勇气和能耐。在越是艰难困苦的时候，在越是走投无路的境况下，总有一些可爱的人，他们的眼神越发无畏与坚定，他们的傲骨越发挺拔与牢固，他们生命的光芒越发明亮与闪耀。

翻开生命的扉页，我们看到了：

一个幸福地坚信"面朝大海，春暖花开"的诗人，为了释放自由，选择了在冰冷坚硬的铁轨上从容地倾心于死亡。

一个只能行动于轮椅上的作家，勇敢地选择了执起笔，描绘那遥远的清平湾，描绘那寂寞的地坛，谱写出了命若琴弦但依然悦耳的生命旋律。

一群舞蹈在无声世界里的天使，如观音般将爱与善传诵千里，并用单纯的美丽与对生命的热忱筑起了永不谢幕的人生舞台。

或许，生命的意义，就在于尽自己最大的热量去点燃一支蜡烛，让所有习惯黑暗的眼睛都习惯光明；

或许，生命的意义，就在于倾自己最多的心情去喷涂一幅油画，让所有惨淡的事物焕发新的光彩；

或许，生命的意义，就在于一场舞蹈，为爱而舞，为生命而舞；

或许……

无须再"或许"了，因为此时此刻，聪明的我们，大概都懂得了，不管生命的意义如何，可实质只有两个字——奋斗。

奋斗在孤寂没有星光的黑夜里；

奋斗在荒芜却坚实的深谷底；

奋斗在抵抗力最大的路径上……

然后，收获。

收获光明，收获甘露，收获生命。

这一切都被埋藏在心底。

这一切都在阐释，生命最真切的意义，最丰厚的价值。

最后，我反复地读，一遍又一遍："生命就是一种奋斗！"

（摘自《课本作文》）

**【评选理由】** 作者以散文的笔调抒写"生命的朝气与生命的韧性"，诠释了生命的价值、生命的意义，那就是"在越是走投无路的境况下，总有一些可爱的人，他们的眼神却越发无畏与坚定，他们的傲骨越发挺拔与牢固，他们生命的光芒才越发明亮与闪耀"，最后，归纳为生命的意义在于"奋斗"。这或许就是反思阅读给我们带来的一阵春风。

◇ 作品2：《哈姆莱特》课本作文

## 无悔于生命

是生存，还是毁灭？
哈姆莱特选择用生命的原色去回答。
一枝草，一点露；
一束花，一缕香；
一池水，一湖碧。
这，就是整个世界
"To be or not to be, that's the question."
"生存，还是毁灭，那是个问题。"

——题记

哈姆莱特，一个被誉为"朝臣的眼睛，学者的辩舌，军人的利剑，国家瞩望的一朵娇花；时流的名镜，人伦的典范，举世瞩目的中心"的英才，曾一次又一次虔诚地拷问自己的内心："生存，还是毁灭？"渴望得到一个确切而富有价值的答案。他毫无疑问是聪明的，聪明得无奈，聪明得绝望，聪明得充满悲剧色彩。但是，在他竭尽全力用毒剑刺向杀父仇人克劳迪斯的那一刻，当他被毒酒残忍地吞噬生命的那一刻，当他那深邃的双眸愀然闭上的那一刻，或许他还没有找到真正的答案……

生存，还是毁灭？为何而生，为何而灭，这其中所付出的是否值得？
爱因斯坦曾说，个人的生命只有在它用来使一切有生命的东西都生活得更高尚、更优美时，才有意义。那么，我们可以说：他用多年来的装疯卖傻熄灭了丹麦最邪恶的灵魂，他选择了把自己的生命献给整个丹麦，让丹麦上空散去了阴霾。他的生命，得到了升华。"我们生活在世间，不是谁都有可能成就一番'哈姆莱特式'的伟业，但我们应该如一片树叶，该生的时候，生机勃勃地来，长我们的绿，现我们的形，到该落的时候痛痛快快地去，让别的叶子又从落疤里新生……"尽管过于平淡，尽管微不足道，却仍然竭尽所能去生存，去成长，去吮吸天地的气息，去捕捉华彩的生命篇章，去装饰一个属于自己的世界——一枝一叶一世界。

人的生命，只不过是沧海一粟、天地一息，真的很渺小。当你面朝汹涌的海涛，当你踏足无垠的广漠，当你试图奋起却举步维艰时，你会发现，原来自己是如此的脆弱，如此的不堪一击；但，最不起眼的事物，都会有生存的权利,一个伟大的权利,便足以让再渺小的你与我强大起来。因为有了生存的权利,即便你是一片轻盈的羽毛,也会被和煦的暖风吹起,长出一双翅膀。或许精彩、美丽、有价值的生活便在你脚下延伸。

记得一部电影《美丽的大脚》的结尾,当女主人公生命垂危时,她用毕生温柔却坚定的声音说出了一句美丽的话:"别人家都笑话我脚丫子太大,他们不知道呀,脚大,心也大。"是呀,每个人心中都有一个舞台,心有多大,舞台就有多大。如果我们都仅是一片叶子,美妙地挂在小小的树上,每天迎着太阳升,又送着月儿走,面临着风狂妄地刮,抑或是雨肆虐地打,都依然顽强地发着芽,吐着绿,点缀着生命之树的葱郁,便充盈了生命的色彩,更实现了生命的价值。

写到此,似乎还没有弄清那个问题:生存,还是毁灭?然而,我却知道了,只要尽了全部力量去生存,即便被毁灭,也是一种无悔与幸福……

**【评选理由】**"哈姆莱特式"的伟业,确实让人敬畏,但作者并没有讴歌哈姆莱特的付出,而是以"现实主义的笔法",去感悟生命的可贵,去珍惜生命赋予的一切。"人的生命,只不过是沧海一粟、天地一息,真的很渺小。""只要尽了全部力量去生存,即便被毁灭,也是一种无悔与幸福……"

◎ 教学自评

(一) 写作的点评

接受美学理论认为,"文本"是作品本身的自在状态,"作品"是被审美主体感知、规定和创造的文本。文本是召唤性的空筐结构,作品的意义生成,有待于通过阅读活动实现化、具体化。课本作文就是运用接受美学的观点,把文本当话题,抛开传统的阅读习惯,大胆对文本进行个性创新、反思性的阅读,充分调动读者的主观能动性,大胆地品味、质疑、感悟作品,完善文本召唤,更好地对作品进行意义生成。

语文能力的形成离不开读、写,只有在读中反思文本,才能挖掘作品的精髓,提升学生的思想认识;只有在写中运用文本,才能丰富文本的意蕴,延伸文本的价值。只要敢于挑战自我,挑战权威,遵循教育教学的规律,科学地利用现有的资源,相信我们的教学会越来越接近语文的"本质"。

(二) 评选活动评价

应该说评选活动过程,学生是收获满满的。因为活动中,我看到了同学们友谊的交流、倾慕的眼神、理解的喜悦；我也听到了同学们大胆质疑、坦诚表达中肯的评价……这些是在传统教学里不曾出现的生动画面，"活动"让课堂焕然一新，"活动"带来"活水"，它激活了学生已有的个体经验，并把个体经验与所学知识有机联结起来，在活动过程中生成知识，形成自己独到的创新性理解，建构自己的知识体系。在活动过程中，学生不再是被动地接受知识、储存知识和再现知识，而是在教师的指导下，凭借着经验能动地对知识的价值进行审慎性判断和合理的建构。

可以说，评选活动就是对课本写作的再次升华，也是学生核心能力的培育过程。在评选活动的互学、互动、共解过程中，更进一步加深了学生之间的情谊，活动强化了阅读（输入）、思考（加工）、表达（输出）三种基本能力、核心能力。在初赛、复赛中，学生对作品的反复阅读、思考、甄别，课本作文的写作、推荐理由、评选理由的陈述以及学生在评选过程中的争辩，都是最好的表达训练。整个活动过程无一不是围绕这"三种"能力进行。有人说"不会阅读的学生是潜在的差生，不会思考的学生是没有潜力的学生，不会表达的学生是没有影响力的学生"，可以想见三者在人生的成长过程中是多么的重要。阅读、思考、表达能力是所有学科学习的通用能力。它们与学科能力的关系是一般与特殊、工具与内容的关系。就能力自身发展而言，它们是基础能力，是其他能力的基础。

## 课例 7　探究文言，互学共进
### ——《方山子传》文言教学课例分析

### 一、教学设想

文言文教学主要围绕文言、文学、文化进行，三者缺一不可，我们既不可因言废文，肢解文本，唯考是图，也不可因文废言，在学生连文章字词句都尚未理解的情况下即进行深入鉴赏。事实上，有针对性地落实文言文基础是辅佐学生更好进入文本鉴赏的必由之路。为改变当前的教学老路，将学习的主动权还给学生，把枯燥乏味的文言文基础灌输过程变成学生自主学习的收获之旅，结合多年教学经验，笔者有意尝试了文言文的活动教学法。

本文以《方山子传》第一课时教学为例，用"活动式"教学解决文言教学的问题，通过创设自主预学、合作研学、质疑问学、探究互学、共解思学五个活动环节，将文言文字词句等基础知识以活泼高效的形式落到实处。

## 二、教学过程

### （一）课前自主预学

将全班分为八个学习小组，各小组通过自主学习、参阅资料挖掘重要的文言知识点，从字词、句式、翻译和文学常识等方面入手设置题目，组内所有成员共同参与，综合组内的意见，根据要求推选针对性强、重难点突出的优质题目，做下一环节的展示准备。

### （二）课中共学

【活动一】合作研学（4～7分钟）

对小组在预学过程中搜集的资料、出好的题目再进行小组研究，共同研究形成小组的学习成果，上台展示成果。

待老师一声令下，各小组的同学便可上台抢占黑板"阵地"，书写好板书，其他同学在下面协助。待题目板书完毕，各组讨论完成其他组的题目。四个小组根据《方山子传》学习重点所设计的题目如表2所示。

**表2　四个小组根据《方山子传》学习重点所设计的题目**

| 组别 | 字词 | 句式 | 翻译 | 文学常识 |
|---|---|---|---|---|
| 第一组 | 1. 遇 { 然终不遇＿＿＿＿＿ / 终期不遇＿＿＿＿＿ }<br>2. 从 { 下而从六国破亡之故事＿＿＿＿＿ / 使从事于其间，今已显闻＿＿＿＿＿ / 见方山子从两骑＿＿＿＿＿ / 今成欲免税额之半而／陛下不尽从＿＿＿＿＿ }<br>3. 阳 { 往往阳狂垢污＿＿＿＿＿ / 况阳春召我以烟景＿＿＿＿＿ } | "何为而在此？" | 1. "独来穷山中，此岂无得而然哉？"<br>2. "前有十九年" | |

续表2

| 组别 | 字词 | 句式 | 翻译 | 文学常识 |
|---|---|---|---|---|
| 第二组 | 1. 欲以此驰骋当世_____<br>2. 方山子傥见之欤_____<br>3. 往往阳狂污垢_____<br>4. 使 { 使酒好剑_____<br>　　　 使骑逐而射之_____<br>　　　 使从事于其间_____<br>5. 庵居蔬食_____ | 1."余谪居于黄"<br>2."鹊起于前" | | 判断：古时表罢免官职的词语有迁、谪、夺、黜与陟_____ |
| 第三组 | 1. 使 { 使骑逐而射之_____<br>　　　 使从事于其间_____<br>　　　 使酒好剑_____<br>　　　 长使英雄泪满襟_____<br>2. 然终不遇_____<br>3. 得 { 不可得而见_____<br>　　　 一发得之_____<br>　　　 当得官_____<br>4. 庵居蔬食_____<br>5. 见方山子从两骑_____ | "徒步往来山中" | | 判断：一般贵族所戴的普通帽子，古人不戴冠的只有三种：小孩、平民、罪犯。男子长到十八岁时要行冠礼_____ |
| 第四组 | 1. 使 { 使从事于其间_____<br>　　　 使酒好剑_____<br>2. 闾里之侠皆宗之_____<br>3. 见方山子从两骑_____<br>4. 方山子傥见之欤？_____ | 1."何为而在此"<br>2."鹊起于前" | | 判断："谆熙"为南宋孝宗赵昚年号，"丙申"是干支纪年_____ |

**【评析】** 其实《方山子传》语言朴实，少偏僻难懂之语，学生理解难度不大，但仍存有不少关键的文言知识需要学生关注并掌握。由上表我们可知，通过长期的习惯培养，学生对于需重点突破及易混淆的知识点早已具备一定的判断能力。无论是重点词语"从"字（"见方山子从两骑"）、"使"字（"使从事于其间"），通假字"阳"字（"往往阳狂污垢"）等题目的设置，还是"鹊起于前"倒装句、干支纪年文学常识等内容的考查，都凸显了学生对课内文

言文学习要求的了解程度。除此之外，我们也可通过学生设置的题目了解本课教学的具体学情，例如四个小组里头有三个小组设置了"使"字的考查，可见在学生看来，这是一个需要重视的知识点。当然，至于这是否是本课基础落实的重点内容，则还需教师结合教材、学情等从多项维度进行理性判断。

【活动二】质疑问学、探究互学（20分钟）

1. 各小组对其他小组展示的成果开展自由讨论，做好其他各组出的题目。

2. 积极思考，发现存疑并说明问题理由者，作为评优小组的条件。

3. 在教师的引导下，各小组对存在的问题进行充分交叉讨论、研习、探究，查找资料、互问互学，最终形成解决问题的办法。在这一过程中，教师只是"平等中的首席"，教师充分尊重学生的智慧，学生可以互问互答。

4. 各小组派一名代表上台完成老师指定的其他小组的题目，其他组员协助完成任务。

5. 改卷。出题小组对其他小组的答题情况做出正确的评价。

说明：在小组讨论结束后，负责出题的小组可同时上台板书答案，并由小组代表轮流将本小组思考讨论的成果进行展示（如表3所示）。小组代表展示成果的过程中，组内其他成员需仔细聆听，看其是否遗漏了重要的信息。如果存在信息遗漏情况，组内成员可加以补充。在此过程中，该小组代表及成员还可将讨论中尚存困惑之处提出来，与班上同学共商。

**表3 小组思考讨论的成果**

| 组别 | 字词 | 句式 | 翻译 | 文学常识 |
|---|---|---|---|---|
| 第五组 | 1. 遇 { 然终不<u>遇</u> 受君主赏识 / 终期不<u>遇</u> 相遇，遇到 }<br>2. 从 { 下而<u>从</u>六国破亡之故事 跟从 / 使<u>从事</u>于其间，今已显闻 从事 / 见方山子<u>从</u>两骑 跟从 / 今成欲免税额之半而陛下不尽<u>从</u> 顺从，答应 }<br>3. 阳 { 往往<u>阳</u>狂垢污 假装，通"佯" / 况<u>阳</u>春召我以烟景 旱 } | "何为而在此？"<br>宾语前置 | 1."独来穷山中，此岂无得而然哉？"<br>独独来到这穷山隐居，这难道是无缘无故就能如此的吗？<br>2."前有十九年"<br>十九年前 | |

续表3

| 组别 | 字词 | 句式 | 翻译 | 文学常识 |
|---|---|---|---|---|
| 第六组 | 1. 欲以此驰骋当世 施展抱负<br>2. 方山子傥见之欤 或许，可能<br>3. 往往阳狂污垢 通"佯"，假装<br>4. 使｛使酒好剑 放任<br>　　使骑逐而射之 命令<br>　　使从事其间 假使<br>5. 庵居蔬食 在草房 | 1."余谪居于黄"<br>状语后置<br>2."鹊起于前"<br>状语后置 | | 判断：古时表罢免官职的词语有迁、谪、夺、黜与陟错误，将"陟"改为"升" |
| 第七组 | 1. 使｛使骑逐而射之 致使，让<br>　　使从事于其间 假如<br>　　使酒好剑 放任<br>　　长使英雄泪满襟 让<br>2. 然终不遇 遇合，得到君王信任<br>3. 得｛不可得而见 能够<br>　　一发得之 获得，此处指射中<br>　　当得官 得到<br>4. 庵居蔬食 庵堂<br>5. 见方山子从两骑 使……随从 | "徒步往来山中"<br>状语后置 | | 判断：一般贵族所戴的普通帽子，古人不戴冠的只有三种：小孩、平民、罪犯。男子长到十八岁时要行冠礼错误，"十八岁"改为"二十岁" |
| 第八组 | 1. 使｛使从事于其间 假使<br>　　使酒好剑 假使<br>2. 闾里之侠皆宗之 尊奉<br>3. 见方山子从两骑 使……随从<br>4. 方山子傥见之欤？或许 | 1."何为而在此"<br>宾语前置<br>2."鹊起于前"<br>状语后置 | | 判断："谆熙"为南宋孝宗赵昚年号，"丙申"是干支纪年 正确 |

**【活动三】** 教师解惑（5分钟）

通过本节课的答题情况，我们可大致了解到学生对《方山子传》基础知识与文学常识的掌握情况较为良好，但依据表3学生做题反映的情况，发现以下四项答案尚值得商榷：

见方山子从两骑："从"字虽常解为"跟从"之意，但根据文章的语意，此处应是使动用法，"使……跟从"，故第五组的回答有待修正。

使骑逐而射之：第七组将该句的"使"翻译为"致使"不恰当，"致使"常接的是某种不好的结果，这在该句中显然行不通，译为"命令，派遣"更为妥当。

庵居蔬食：根据《古汉语常用字字典》解释，"庵"一可指圆形草屋，如"编草结庵，不违凉暑"（出自《南齐书·竟陵文宣王子良传》），文中"庵居蔬食"的"庵"也当如此理解；二可指佛寺，多指尼姑居住的，第七组译为"庵堂"实是源于该义项；三可通"奄"，忽然。

使酒好剑：本句与《史记·季布传》中"复有言其勇，使酒难近"一句的"使"字用法相同，乃是"放纵、放任"之意，而非第八组同学所回答的"假使"之意。

说明：在各小组完成回答后，出题小组将首先获得批改权，对黑板上的答案进行互评与订正。错误的答案也往往提示着学生对本课知识点掌握的薄弱项所在，教师当多加注意与强调。

【活动四】共解思学（5分钟）

通过质疑问学、探究互学、教师点拨、启迪悟道，同学们的知识得到了拓展，在共解的基础上增长了见识，积累了新的经验，为反思学习提供了坚实的基础。一方面，教师给学生适当的时间、空间，对本小组的成果、活动的过程进行自检、自纠或互查、互纠，借鉴其他小组的优点，最后形成反思性学习建议，为下一次活动的开展累积经验。另一方面，教师反思自己的预设方案，如情境是否真实性、学生活动能否达到预期的效果，以便让活动更切合学情，达到有的放矢的效果。

◎ **教学自评**

选入语文教材的文言文历来是中国传统文化精髓的重要载体，是高中语文课堂教学的重要组成部分。然而当前的文言文教学却让广大一线教师屡屡陷入左右为难的境地。一是"文""言"之争。以往高中的文言文教学过于注重"言"而忽视"文"，厚此薄彼。在屡屡遭到批判后，而今有的文言文教学却又滑向了另一个极端，古文课俨然成了文化熏陶课，一味强调文学欣赏而冷落了文言基础的落实。二是文言文教学投入与产出形成鲜明反差。鉴于文言文在高中语文教学中的重要地位，老师们自是不敢松懈，有时怕学生掌握不到位，就实行"满堂灌"，课堂上一一亲自落实，唯恐有所遗漏。学生呢？面对着存有理解障碍的文章，学生于被动中更生惰性，"不想学""好无聊"，于是，文言文的教学就陷入了教学的"重灾区"。面对这种困局，我尝试着用"活动式"的教学方法，成效显著。学生爱学了，字典爱翻了，有时同学们为了准确理解一个字、一个词争得面红耳赤。学习有了乐趣、课堂有了生气。

与传统教学方式不同，基于学情的文言文活动式学习以学为导向，积极培养学生自主挖掘问题、探索问题、解决问题的能力。在自主掌握文言基础知识的情况下，再引导学生从"言"到"文"，因"言"悟"文"，学生的文言文学习之路便通畅不少。当然我们还需明确的是，文言文基础落实的最终指向是文言文阅读能力的提升，正如陕西师范大学的王元华教授所言："所谓使动、意动、特殊句式、虚词用法、实词意义等文言知识，是拿来为学好文言文服务的，是理解和鉴赏文言文的中介状态的知识，学它们是为了更快更好地学习文言文，更快更好地理解和鉴赏文言文里面的人和事，不是为了学和记文言知识而学和记文言知识。"

## 课例8　巧设活动，长文短教

——小说《封锁》活动课堂课例分析

### 一、教学设想

1. 通过填表活动，梳理文意，解决浅层问题。
2. 问题导学活动，暴露难点，培养顿悟能力。
3. 通过补写"留白"活动，深度体验文本，激发创作欲望。

### 二、教学环节

【活动一】梳理情节。自主阅读、小组合作，完成表4。

表4　梳理小说《封锁》情节

| 故事梗概 | | |
|---|---|---|
| 人物 | | |
| 环境 | | |
| 情节 | 开端 | |
| | 发展 | |
| | 高潮 | |
| | 结局 | |

通过自主学习、小组合作方式，用简洁的语言完成表5。

**表5　用简洁的语言完成小说《封锁》的情节梳理**

| 故事梗概 | 吕宗桢和吴翠远（人物）在遭遇封锁时（情境）在电车上（地点）发生的短暂的爱情故事（事件） | |
|---|---|---|
| 人物 | 乘客（吕宗桢和吴翠远） | |
| 环境 | 被"封锁"的电车里 | |
| 情节 | 开端 | 电车被"封锁" |
| | 发展 | 宗桢为了躲避亲戚而被迫搭讪翠远 |
| | 高潮 | 宗桢和翠远为对方动心了 |
| | 结局 | "封锁"解开，宗桢和翠远回到各自的生活中 |

【评析】填表活动，是最传统的学习方式，但又是最实用、最一目了然的活动方式。通过小组学习、自主合作，互通有无，共享智慧，最后理清文意、熟悉文本各环节的来龙去脉，达到整体感知文本的目的，为下一环节进一步解决重点难点局部问题提供"语境"支撑。

【活动二】问题导学。暴露难点、困惑点，激发探究热情。

通过第一环节的合作学习之后，同学们对小说的故事、情节、人物都有了一个感性的认知。在此基础上，为了进一步让学习走向深度，笔者设置了第二环节：小组设计问题（根据你的理解，可以从上表列出的要素中寻找设计的突破口）。

经过各小组的精选，问题如下：

（1）如果没有战时的封锁，你认为在正常行驶的电车上。宗桢和翠远并肩而坐会产生如此的情感吗？

（2）宗桢和翠远有着怎样的共同点？

（3）全文主要写一对男女的邂逅，最后忽然突出了一只"乌壳虫"。你认为作者这样写有什么用意？

（4）你觉得自己每天都在"思想"中吗？你如何理解"思想毕竟是痛苦的"这句话？

【评析】在提交谁的问题上，学生的意见分歧肯定有。学生各持己见，讨论热烈。作为老师，我们看重的不是提交谁的问题，而是结论产生过程中的争辩。因为在争辩中，学生已经更进一步理解了文章的内容，更深刻地体验了文本的意义,这样,我们的教学目的就达到了。从问题设置到结论的产生,不难看出,学生是经过了深思熟虑的,问题聚集了学生的困惑点、兴趣点。在小组问题的评选过程中,也一改往日教师自问自答或者是老师和优等生之间机械对话的尴尬困局。

其实,把发问的权利交给学生,保证学生的话语权,让学生有发问的权利和欲望,是对学生主动思考问题的一种鼓励。由学生发问有两个好处:一是教师可以通过学生的发问,进而了解到学生对文章内容的把握程度,直接掌握学生的疑惑点,讲解时能有的放矢,不至于出现"老师讲的是学生知道的,学生想知道的老师没讲"的尴尬局面。二是学生在发问(或设置问题)前需要自己去钻研文本内容,才能提炼出好问题,这就给了学生一个很好的动脑筋的机会,调动了学生学习的积极性。

【活动三】填补"留白",召唤猜想。

文本中的"空白"是作者有意或无意所留出的,没有写明,召唤着读者的猜想,并印证未知的含蓄空间。《中华读书报》的一篇文章《萨义德的背后》评论了英国瓦莱丽·肯尼迪博士所著的《萨义德》,其中写道:"每一个文本都不可能穷尽世间所有的真理,所以一个伟大得让人敬畏的文本不是要告诉我们什么,而是让我们思考文本之外需要填充什么。"可见"空白"留给了读者广阔的遐想空间。大凡优秀的作品莫不如此,《项链》"意料之外,情理之中"的结尾就是很好的例证。

小说《封锁》的结尾这样写道:"……宗桢捻灭了电灯,手按在机括上,手心汗潮了,浑身一滴滴沁出汗来,像小虫子痒痒地在爬。……"作者没有言明。那么,他到底有没有给翠云打电话?对于这个问题,有些学生说没有,并找到了关键的句子:"整个的上海打了个盹,做了个不近情理的梦。"就这个问题,笔者设计了这一环节:结合自己的理解,为《封锁》续写结尾。

看看被选上的甲同学的堂上习作。

> 翠远回到家中,吴母:"给你选了个好青年,是你们学校的教授,你明个儿去见见,喜欢的话就处着。一个二十七八岁的小伙子,人也好,你嫁过去不委屈。"
>
> "妈!"翠远又羞又恼,脸颊上的淡粉是天边的霞,"我回房间了。有卷子要改,莫扰我。"
>
> "好好好。"吴母欣慰地看着这个自己曾经引以为豪的女儿,嘴里嘀咕,"你这丫头还害羞……"
>
> 翠园把卷子放到桌面上,摆整齐了,自言自语地说:"还早还早,先

改会儿卷吧。"可她拿起笔看了不过几行,又瞄向了一旁的电话,电话依旧安安静静地放在那儿,一动也不动。

她想起了什么,忽而蹙眉,忽儿笑开,忽而白了脸,又忽而细红了颊。蜜甜与烦恼围绕着他,令她坐立难安,这时,屋里传来吴母的声音:"小赵啊,对对对,翠远回来了。"接着是男人清朗的笑声,翠远忍不住到门边悄悄地往外看着。这便是那个教授小赵,他爽朗大方、举止有度。听说,是书香门第;听说,家境富裕;听说,没有婚史……

翠远回头忘了眼电话,还是那样安静地在那里一动不动。她犹豫一下,还是在吴母的笑声中走出门去。至于桌上的电话,就这样吧,就放在那儿吧。

甲同学介绍:自己续写的这一结尾里,吴母的人物性格与原文有些不太相符,但是我的重点是想突出翠远在封锁后,对宗桢也是不抱希望的,因为封锁是一种非常态的意外"恋爱"。

再看看乙同学的习作。

宗桢正一步步走向厅中的电话。这下,他或许要鼓起勇气来拨响他脑海里稀稀拉拉的几个数字。他想着,虽然时间不多,甚至可以说说极少的,但封锁那些时间他是记得和他谈了好些有趣的话。

每走一步,他也是犹豫着、斗争着。终于,他走到电话机前,然而,望着电话的眼神也逐渐迟疑了,眉头微微地皱在一起。

手缓缓地落在数字上,轻轻地摸着。刚刚踱步过来所想起的翠远的粉白的脸霎时涌上来。

在电车上的情景他记得很清楚,他所表现出的情感,也仍是忘不了。但不知为何翠远粉白的脸涌上来之后却又马上变得模糊了,模糊得有些想不起来,只有她那句话在耳畔响起:"我不能让你牺牲你的前程。"现在想起来,也是极对的。若是缠上,怕也是麻烦。宗桢忽然想起翠远模糊的粉白的脸上有过的那抹绯红,也许他是会愿意的。

迟疑了好些时间,仿佛也是下定决心了,手指停在"7"的上方,用力按下去,再抬起手,却想不起下个数字……

乙同学是从男主角宗桢的角度出发进行创作的。宗桢回到家还记得电车上的情景,让人唏嘘的是,宗桢想打电话时却想不起那个简短的电话号码。这个具有讽刺意味的结尾,也是为了呼应文中的那句"不近情理的梦想"。是的,这只是一个梦，一个在封锁期在空虚的温床上培育的一个梦罢了。

**【评析】**"宗桢是否会打电话给翠远？"这一问题隐藏在文本里，这个空白被揪出来后，大大地激发了学生继续发掘小说内涵的欲望。要很好地理清这一问题，学生们不得不重新梳理情节、体悟人物的性格、揣摩非常态的情境下的人物心理等，看似抓住了一个结尾的续写，其实是抓住了情节、环境、人物的"牛鼻子"，牵一发动全身，这一活动环节的设计确实独具匠心。格式塔学习理论指出，不完整、不规则、不平衡的图形（事物）结构能引起人们去改变它的欲望。这种能引起人们认知兴趣的张力，就是格式塔压强。在小说教学的过程中，教师可以抓住这种张力，激发或推动学生去填补空白或再创作。文本的留白容易给人一种意犹未尽的感受，因此，教师鼓励学生填补空白，能引起学生达到由知到不知再到知的境界，这个创作的过程便是一种构建与运用语言能力的培养。

## ◎ 教学自评

假如我们按照传统的"披文以入情"的"点式"分析法，相信学生会在老师的"灌输"下理解出下面的意思："《封锁》是张爱玲在民国时期创作的一部小说，写的是男女主角在公车封锁的情况下与常态不同的行为，他们在公车上恋爱了，可是下车后就自然而然地分手了。封锁结束后，爱情也结束了，一切又都复原了。""封锁不仅仅是指宗桢和翠远遭遇爱情的特殊的时间段，它还具有另一层的隐喻意义。他们在好人与真人中徘徊和抉择，却始终没有勇气真正地走下去。封锁的这段时间就如同生活的一段真空期，它是一个麻痹的谎言。谎言里，是自我与本我的斗争，渴望成为真人，但现实让人胆寒，最终退缩。"但随着时间的推移，学生会逐渐地淡忘一切，甚至《封锁》的作者是谁，也会模糊。因为，他所经历的学习是一种被动下的"知识"学习，而不是自主体验的经验学习、生成学习。我之所以设置由浅入深、点面结合的活动环节，就是让学生在不断地尝试体验中走向深刻体验，同时又不局限于文本的一般解读，而是走向个性化的生成、个性化的创作体验之中，在深刻体验中完成对文本意义的解读。

第一环节的梳理是学生走入文本的最初体验，是解读文本的前提，只有搞清小说的基本内容，才能走进下一个活动环节。第二环节，我试着从自主出题的角度，测试学生对文本的认知和理解。学生的问题（出题）反映的就是学生的困点、教学的难点，用学生设置问题的形式，就能真实地反映学生的真实问题，从而使教学有的放矢。要想教学进一步走向深入，在此基础上，我抓住文本的"留白"艺术，设置了第三（活动）环节。要完成好第三环节的活动，学生必须再次审读文本、再次梳理文本各要素,因为只有这样才能写出既在"意料之外",又在"情理之中"的"补白"来。填补文本空白能印证读者的猜想,驱使想象,同时,激活学生的思维,从而建立起读者与文本沟通的桥梁,使读者对文本的意义达到个性化的理解。这就是活动体验式学习的意义和价值,符合"核心素养"时代的教学理念。

## 课例9 君子无所争,其争也君子
——"人性本善还是恶"辩论赛活动课例分析

辩题:人性本善还是恶
正方:人性本善
反方:人性本恶

# 一、学生设计方案

## (一) 前期

1. 分工情况。
2. 对课题的设想、安排。
3. 同学们的准备情况。
4. 内部讨论情况。
5. 向老师请求意见。
6. 总时间。

## (二) 课堂

1. 电子版课题实录。
2. 同学意见。

## (三) 后期

1. 辩论胜负。
2. 最佳辩手。
3. 最佳反馈稿。

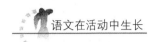

## 二、准备过程

分工情况如下。
总设计师：卞卓尧　彭伟昊
主持人：张燊巨
计时员：谢家曦　蒙泽锋
控场：方宁
技术支持：何荣诗
文学总监：杨泽正
艺术总监：黄润基

## 三、解题及人员安排

分析课题：老师给定的活动课大主题是"你们的智慧、我们的成果——小组活动课"，其意在强调通过小组合作探讨交流，最终得出小组的共同成果。经过我们605宿舍的一番探讨后，一致认为要突出强调智慧、展示成果这两个环节。最终在"小组话时事、小组讲作文、小组辩论赛"几大任务群中，我们选了辩论作为本次活动的主题内容。

具体安排如下：

1. 主持人引入介绍（流程、规则、成员）。
2. 双方开题立论。
3. 第一轮观众投票。
4. 攻辩环节。
5. 自由辩论。
6. 观众发言。
7. 总结陈词。
8. 第二轮观众投票。
9. 老师点评。

内部讨论情况：

演练后与老师交流，老师提醒几点需要改进的地方：

1. 辩论赛的流程不够系统，缺乏专业辩论流程的规范性，形式上显得不够正式。
2. 整个课堂的节奏把握不够紧凑，环节之间衔接与过渡不够严谨，可能导致整个课堂的时间把控不到位。

3. 辩论题目的发布时间较晚，同学们准备时间不够充分，不能很好地展现同学们的能力。

4. 辩题内容缺乏时代气息，缺少辩题的创新性。

5. 事前的排练试演工作不到位。

对此，我们做出了以下调整：

1. 通过百度、知乎等平台学习和了解相关专业知识，并根据课堂与选手的实际进行适当的调整。

2. 多次进行内部协商调整、预演设计，并且和参赛选手反复进行环节的探讨，从而进一步加深选手对活动流程的把控，优化各环节的时间安排与衔接。

3. 通过与老师和课代表的协商，给予参赛者充足的准备时间（包括晚修时间和语文课堂），以及所需资料、工具。

4. 进一步深化辩题内容，通过平板分享相关材料（含相关观点的拓展内容以及辩论的基本规则和技巧）。

5. 在宿舍内部进行简短的演练，确认每个环节每位同学的具体分工，尽可能减少"意外"发生，做好预案。

6. 要求选手们的论证材料尽可能地采用现实生活中身边所发生的事例，原则上不得过多引用脱离新时代的材料。

7. 总时间：两周。

【评析】什么是语文活动课堂，这就是语文活动课堂，让学生去做事，让学生喜欢做事，让学生能不厌其烦、乐此不疲，这就是活动的真正目的。假如语文学习离开了学生的自主性，就成了被动接受，就等于走入了死胡同。这方面的道理前面已经论述了很多，这里不再赘述。其实，学生在准备的过程中，不知不觉经历思考、尝试、打磨，不知不觉经历了排练、预演、再改写……我们可以想见，在它面前，任何语文知识的说教都显得苍白无力，只有当学生把学习真正当作是自己的事，并且主动地参与其中、体验其中，才是真正的学习，才是能力的锻炼，才是素养的培育。

## 四、活动课堂实录

### （一）开篇立论

正方一辩：大家好。《三字经》说："人之初，性本善。"如同孟子所说，我方认为人性本善，人性的根源是善，有善根才会结善果。首先，我们强调的善是一种先天存在于我们人性中的良知和良能。犹如孟子所说，人之向善也，犹如水之就下也。人们的向善就如同水往低处流一样是客观存在的。其次，对方辩友可能会问，既然人性本善，为何社会中还会存在诸多恶行？对此，我方并不否认社会上恶行的存在，而是认为这种种恶行都是由外部环境和外部因素造成的。恶，不可能成为人性之本。最后，善还有可操作性。希望小学的琅琅书声，公交车上的热心让座，爱心捐款的无私奉献，这点点滴滴的善行无不证明这善根的存在。因此，我方认为：人性本善。

反方一辩：大家好。人生而有欲也。我想向正方一辩提问，既然恶是由于外部环境和外部因素造成的，那么为什么古今还有那么多人出淤泥而不染，濯清涟而不妖呢？因此，我方认为人性本恶。第一，人性是由自然属性和社会属性构成的。自然属性即人的天性，人在进化过程中的兽性。社会属性以及人含有较少的社会精神文化性，荀子认为，这即是仁义礼智信，可以通过后天的教化获得。而我们今天辩论的人性，即是本，即是自然属性。由此，我方认为，人性本恶是来源于人类历史的起源。第二，善恶无恒定的标准，纵观历史，恶行皆是出自人欲的无限膨胀。我方并不否认人性可以通过后天的教化改造，否则孔子何必孜孜不倦，儒家思想何必提倡修齐治平内圣外王？谢谢。

……

自由辩论：

正方二辩：刚刚对方辩友说了这么多，无外乎就是问人性本善而罪恶从何而来。那是处于外部环境当中。外部环境当中的恶本来就不是来自人的本性，而来源于外部环境的性质和人们对美好事物的向往与实际有一定差距而有了改造外部环境的想法。这想法的萌生接受了外部环境的影响以及自身经历的影响。即便是恶的，你也能说是人之初的本性吗？

反方二辩：刚刚对方辩友也说到了人自身经历的影响，那么为什么一定要把所有的问题推卸到外部环境身上呢？难道真的只是外部环境的问题？内部环境就没有一定的问题吗？黑格尔曾经说过："当人们说出他们人性本善的时候，是说出了一种伟大的思想，但是他们忘记了，当他们说人性本恶的时候，他们说出的是一种伟大得多的思想！"

正方三辩：感谢对方辩友的发言。黑格尔无疑是一位伟大的哲学家，但令人遗憾的是，他的理论并非建立在唯物主义的基础上。其次，对方辩友说我们将所有的原因全部都归结于外部因素。可是我们想说，刚刚我方二辩说的是我们本身，我们的本性是对事物美的追求而外部因素限制了我们对这种美的追求。所以我们才产生了这种恶的行为。我们并非把所有的原因都推到外部因素上,而是说当我们正视这些外部因素带来的恶的时候,我们把外部环境变得更好才能够更加回归本真。

……

## (二) 听众发言

听众甲:人性的恶体现在满足欲望的心理动机上,没有吃饱何来善。

听众乙:在"二战"这种极恶的环境下,为什么还会有白求恩这种情况的出现呢,我认为外部环境(如战争的无秩序的情况)是恶滋生的原因。

听众丙:我认为在极端的环境下才能看得出人的本性是善还是恶的。举一个例子,在19世纪时,法国作家杜拉斯写给范文同先生的信中为一位政治犯辩护,无独有偶,俄国作家高尔基也为素不相识的政治犯辩护。这是为什么呢?我相信这是他们内心一种对于责任的坚守。倘若他们人性本恶,他们大可不必冒着生命危险抑或利益的损失去追求这种善。此外,我认为之所以会出现群体大范围的行恶,是因为人在群体中无秩序的表现。如果一个人处在这样一个环境中,那么他去行恶是因为从众的原因,并不是因为他想行恶。

听众丁:刚刚有同学谈到我们在社会群体中都是恶的,可我们这个社会处处都在宣扬真善美啊,那为什么还有那么多人不去行善?谁敢说每个人心中没有一点小小的邪恶的念头?我们都是通过学习、通过理性去压抑自己心中恶的念头的。

## (三) 总结环节

正方四辩:通过激烈的争辩,我方更坚定地认为人性本善,症结不在善或恶,而在一个人出生以后的本能是善还是恶。凡是后天的都不具有代表性,都是经过社会教育的,都是受到环境影响或污染的。因而对方辩友是以错误的前提得出了错误的结论。以后天的恶行来论证先天的本性,颠倒顺序不能成立。恶是由外部因素引发的,混乱的社会秩序、不幸的家庭背景、艰苦的生存环境,都可能诱发恶。但因为人性本善,所以为恶的人始终都是少数人。人们通过教化、刑罚等手段使其回归善的本性,甚至,为恶的人心中也会存有善念。台历莎修女的善行,大乘佛教普度众生的宏愿,感动中国人物杨科璋的舍己为人,还有生活中比比皆是的为善而不为人知的生徒小民,不都是人性本善的最佳印证吗?因此,我方观点认为人性本善。谢谢大家!

反方四辩:大家好。请对方不要一味地偏离本辩题一味地强调后天的影响,对方辩友也说过外部环境是由客观物质组成的,客观物质是带来不了恶的，那么恶是怎么来的呢，就是人的主观世界带来的恶。那么人的主观世界为什么会带来恶呢？就是因为人性本恶，所以才会带来恶。因此，再次强调我方的观点：人性本恶。第一，该辩题辩的是人的本性是善还是恶，本性是什么，是人类产生之初所具有的天性，就是不会受到后天事物影响的天性。我方从不认为欲望就是恶，而是无节制的欲望才是恶。比方说原始社会的食人族，那时文明程度极低，所以才会出现人吃人的现象。这不正是人的一种生存欲望达到极端所产生的结果吗？再比如现代社会，文明已经如此发达的情况下，为什么仍旧会有各种各样暴行的爆发？那不正是利己的欲望达到极限的结果吗？第二，虽然我方认为人性本恶，但不否定人性可以向善，人性本恶不代表人性就恶，人就是因为认识到了人的本质是恶的，才会通过各种途径促使自己向善。比方说对于违法犯罪的人，国家会有强制力对其进行约束，对于孩童，则有家庭教育、学校教育对其进行教化，如果人们认识不到自己的本性是恶的，而过于乐观，那么恶行就得不到遏制，这个社会会陷入混乱，因此，我方认为人性本恶。谢谢大家！

（四）比赛结果

胜方：反方。

一辩：李思晴。

二辩：梁晓彤。

三辩：张婷。

四辩：茹竹君。

最佳辩手：正方三辩谢珊珊。

积极发言听众：易雯、周芷璇。

【点评】从整个辩论过程来看，显然，学生对辩论的环节以及规则不是很清楚，缺少专业知识。辩论赛一般分为四个阶段：

第一，立论阶段。

1. 正方一辩开篇立论，3分钟。

2. 反方一辩开篇立论，3分钟。

第二，驳立论阶段。

1. 反方二辩驳对方立论，2分钟。

2. 正方二辩驳对方立论，2分钟。

第三，质辩环节。

1. 正方三辩提问反方一、二、四辩各一个问题，反方辩手分别应答。每次提问时间不得超过15秒，三个问题累计回答时间为1分30秒。

2. 反方三辩提问正方一、二、四辩各一个问题，正方辩手分别应答。每次提问时间不得超过 15 秒，三个问题累计回答时间为 1 分 30 秒。

3. 正方三辩质辩小结，1 分 30 秒。

4. 反方三辩质辩小结，1 分 30 秒。

第四，自由辩论。

1. 总结陈词。

2. 反方四辩总结陈词，3 分钟。

3. 正方四辩总结陈词，3 分钟。

辩论不是简单的对攻，更不是"泼妇骂街"，辩论的目的在于培养人的逻辑思维能力、组织能力、语言表达能力、团队协作能力，让人对社会的问题、现象有更深层次的思考。

我们的学生在四不清（目的不清、环节不清、顺序不清、时间不清）的情况下能如此侃侃而谈，实在是令人钦佩。作为老师，我们当然不能因为学生们缺少辩论知识而求全责备，至少，我们看到了学生们敢于建构语言、敢于运用语言表达心声的语文素养。特别是自由辩论环节，充分体现了学生在多变的情境下团队的协作精神、急中生智的反应能力。辩论赛不仅考验学生的知识储备，也考验快速组织语言的能力，同时，更是考验学生的机智、敏捷、应变思维品质。通过本次活动更好地促进了学生的语言、思维、审美、传承四大语文核心素养的全面发展。

令人欣慰的是，在自由辩论环节之后，学生有意设计了听众反馈环节，目的是践行全员参与、全面参与的活动宗旨。

## 五、课后反思

第二组：

该活动课堂抽到辩论的题目是非常妙的，但此宿舍能化腐朽为神奇，将"议论文"这个命题转化为辩论赛也是十分机智了。课堂辩论赛既切合了主题——"论"，又间接地表现了主题"你们的智慧"中所蕴含的智慧火花的碰撞。另外，在班级举办这场辩论赛有以下几个好处：

1. 开拓了同学们的视野。许多同学表示此前并未亲身参加过辩论赛，这可以让他们的个人素质得到提高。

2. 增进了同学们的友谊。通过紧张备赛阶段中的磨合，有益于同学之间深入交流。

3. 延伸了思维的广度和深度。伴随着辩论赛的进行，同学们也不由自主地参加到争论与思考之中，有利于锻炼思维。

4. 关于人性之本、"平等"是不是真正的正义等的讨论，拓宽了同学们看问题、思考问题的视角，让每个人都能接受来自不同视角的看法。

该课程经过宿舍同学的多次演习完善，环节设计已经十分精巧，但有以下一些需要注意的地方。例如，课堂上其他同学的参与度是否足够，是否符合辩论规则等。

第五组：

1. 辩题选得不错，很有可辩性，而且给予选手的准备时间较充分，提高了比赛的效率和质量，但在自由辩论的同时让观众发表评论可能会让观众忙于打字和看其他人的评论而忽略了比赛状况。

2. 选手获得充分时间准备从而提升了整体的质量，流程也更加完备了，与观众的互动环节是加分点。中间有出现设备操作不熟练的情况，比赛实况与平板上的讨论有点无暇兼顾。

3. 从选手的表现来看，大家都做了充分准备，使辩论的过程精彩而刺激。利用平板的讨论功能也很好地提高了台下同学的参与度和积极性。

4. 很精彩，准备时间充足。但一轮投票应放在开题前，因为从一辩立论开始往后就是辩手说服听众的过程。且如果A方的一辩太精彩，A方又一直都表现精彩，但是投票总数又没变，A方变化率反而是低的，这不公平。

第四组：

善行，无辙迹；

善言，无瑕清；

善数，无等策；

善团，无关键而不可开；

善结，无绳约而不可解。

以上五善，可以为辩者也，余之泛泛谈也。

尝闻一说曰：鹰鹫之属，本为同族，其名曰隼，日猎于苍野之间。岁逢大旱，草木尽枯，獐兔竞死，群隼枵腹，或搏苍穹，徙鸿蒙，求索于重峦之巅；或敛翅羽，扑尘埃，偏安于腐尸殍肉。则前者傲而化鹰，后者鄙而称鹫也。辩论亦若此，虽不及险衅者，同归也。

今之岁，乃承蒙诸子，以辩会友，逢此时，言不慎则前途殊也。归属若何，唯辩所谋。

夫天地万物，人性之争非仅此一案，广袤乾坤，何处不有。一来一往，一招一式，人皆微笑默叹，无以为妙绝也。诸子所建之功，无他人可比拟，然略有阙漏，亦不足挂齿，唯投票一事，尚待斟酌，然人各有所愿，来可强加。

君曾见清泉流塞于大石乎？此泉之转也。此番辩论于众人亦如此。择退者，蔽于石阴，遁于林洼，而不名于世，久之腐臭；择进者，遏阻无畏，旋而复击百万遭，竟成深谷疾流而遏舟舸。由此观之，唯怀与时俱进不言败者，可转而为千百慨叹。余由是叹曰：适辩论之路，择何方而往，未可先知；然播德于四海，传品于后世，则其旨莫属也！后之视今，亦犹今之视昔，谁世殊事异，犹望再筑硕果，以成"不知东方之既白"之境。

◎ **教学自评**

前面提到过核心素养下的语文课程意识，就是课程是经验，即学生的体验。这种经验或体验包含学生在教师指导下所获得的经验或体验，同时也包括学生自发形成的经验或体验。我之所以搞活动课堂也是源于这种课程意识。三十年的教书生涯告诉我，教育要把学生放在首要的位置，不能为一时的眼前的利益而耽误学生的发展。那种把学生当作接受者，把教师当作课程的说明者、解释者的"课程是知识"的观念已经不适应时代的要求。教师应该紧跟"新课标"、学习"新课标"、运用"新课标"的教学理念去引导、帮助学生，培育他们的关键能力。

在教学活动中，教师要善于抓住学生心理矛盾的发展，创造思维的碰撞，让学生迸发出智慧的火花，各抒己见。在紧张激烈的争辩中，学生受到的心理刺激强烈而鲜明，掌握的知识丰富而全面。辩论活动不仅能活跃课堂气氛，还能使学生思辨能力得以提升。

我之所以把整个活动过程"实录"下来，目的是想展示学生在整个活动中参与的程度、体验的深度；展示学生在课前准备（准备阶段、酝酿阶段）、课中辩论、课后反思各环节当中所呈现出的知识储备、知识迁移、知识运用能力；展示在真实情境下学生的机智和应变能力；展示学生自主、合作、探究的精神风貌……这些都是指向核心素养下的深度教学。

语文实践辩论课堂，强调和突出了学生的主体地位，突出学生在学习过程中的体验；注重从学习者的角度出发和设计，既不外在于学习者，也不凌驾于学习者之上，学生本人是课程的组织者和参与者。学生在体验中，把知识转化成能力，并且实现自身的变化和发展。

语文在活动中生长

## 课例 10　　探明真相，辨清意图
——材料作文审题活动课例分析

### 一、教学设想

1. 打破传统以教师为主的审题模式，遵循以学生为主的"活动"教学理念。
2. 把审题分成四个任务（材料的限制性、开放性、立意、范文展示），学生围绕四个任务开展自主合作学习活动。
3. 展示成果要简明扼要，借助多媒体教学。

### 二、教学目标

1. 通过体验审题，学会寻找审题方法，学会如何建构素材库。
2. 通过审题体验，学会揣摩出题者的意图，探明真相，解开作文材料出题者的"隐信息"。
3. 活动中体验学习的快乐，快乐中学会求知。

### 三、教学环节

1. 课前，老师发布任务，学生进行前期准备（组员分工与合作）。
2. 课中，进行成果展示、讲解（分工合作）。
3. 共解质疑。
4. 教师点评。
5. 回顾总结。

### 四、活动课堂呈现

1. 前期准备（略）。
2. 上课环节：第四小组作文审题讲解。
环节及分工如下。

审题：杨雪儿

立意：张婷、陆桂怡

范文：秦一凡

PPT制作：李新怡　冯晓茵

【活动一】审题

（1）题目再现。

阅读下面的材料，根据要求写作：

每年一度的新闻热词评选，最能体现人们对生活的关照，以及对国际风云变幻的关注。某报预测2019年度新闻热词，初步入选的词语有：生态、提薪、网络、人工智能、萨德、边境对峙、价值、和平、污染、等待、金钱、难民。

请从中选择两三个关键词，来表达你对2019年的理解与期盼，写篇文章阐述你的看法。

（2）题目分析。

①限制性（见图3）。

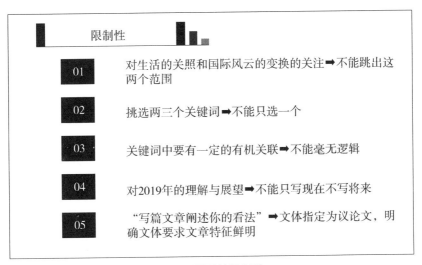

图3　题目的限制性

②开放性（见图4）。

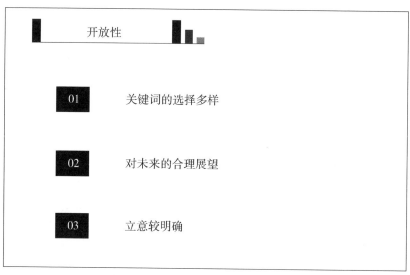

图4 题目的开放性

【活动二】思考与讨论(见图5)

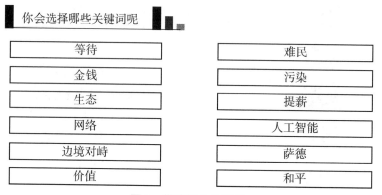

图5 供选择的关键词

【活动三】立意和素材解读

(1) 人工智能和网络。

2019年处于一个信息化时代。网络包含利弊两面。

①网络和人工智能的关系。

在过去十年里,移动互联网蓬勃发展,改变了人们工作和生活的方方面面。人工智能则被认为是未来推动经济社会发展的新一代技术引擎。

②人工智能带来的挑战。

无人驾驶汽车发生损坏财物或者伤人的情况如何进行归责？

智能医疗技术造成的医疗事故罪等业务过失犯罪如何定性？

人工智能创作作品涉嫌侵犯他人著作权时，艺术家如何维权？

新形势下，人工智能技术带来的深刻变革对法律制定与司法实践提出了新要求。（法制问题）

（2）人工智能与提薪。

人工智能带来智能化时代的同时，也冲击着人们的工作岗位，影响人们的工作收入。

在阿里巴巴集团董事局主席马云看来，新技术不是让人失业，而是让人做更有价值的事情，让人不去重复自己，而是去创新，让人的工作能够"进化"。

未来人工智能对就业的冲击可能体现在以下三方面：

①基于提高劳动生产率和降低劳动成本的需要。如制造业中智能机器人对生产流水线工人的替代、智能化信息系统对手工作业的替代等。

②基于风险与质量的需要。用人工智能填补劳动者自然退出的高风险岗位或短缺岗位，特别是采掘、高空、探险及其他危险性很高的作业，以及对精密度要求高的岗位。

③基于生活和乐趣的需要。比如家政机器人、情感陪护机器人、娱乐机器人等。

（3）辩证分析。

思考智能化时代下的提薪问题，首先，应该明确人类与人工智能的关系。人工智能在本质上仍然是人类智慧的体现。人类有着人工智能所无法代替、无法超越的人文情怀与人类智慧。比如我们的创造力、想象力、丰富的感情等。人工智能是人类智慧的创造，我们完全不需要对未来人工智能给人类就业造成的冲击过分恐慌，更不应该以此抗拒人工智能的发展，逃避智能化时代的到来。

其次，应该考虑人工智能对人类未来就业的双重影响。人工智能代替的主要是单调重复以及高危工作。这其实是一场发生在就业领域里的革命，推动着人们到更高层次、更富有意义的工作岗位中去。

最后，最重要的是要在智能化时代中寻求协调人工智能的发展与人类工作岗位和待遇的措施——应对未来智能时代的新挑战，政府、社会、企业和个人都应未雨绸缪，积极拥抱变革。

（4）怎么做？

政府要从国家政策层面进行有效引导。企业应抓住转型升级的机会优化人员配置。在职的劳动者要树立终身学习的意识、全面提升自我，只有不断提升自己，才能在竞争中立于不败之地，无论对手是人还是机器。青少年则应培养创新意识与实践能力，以便在未来能更好地适应甚至引领智能化时代，谋求更好的工作岗位，提升工资待遇，开创属于自己的未来。

（5）对学生通过讨论后所选择的关键词进行分析与解读。

① "萨德"事件。

概况：2016年7月8日，美韩两国防务部门联合发表声明，决定在驻韩美军基地部署"萨德"反导弹系统，一时间在韩国本土和国际社会引起一场轩然大波。"萨德"反导系统全名为"末段高空区域防御系统"（THAAD），是专门为美国及同盟部队，还有人口密集地区以及重要基地目标不受短程和中程弹道导弹袭击而专门研发的多用途动能杀伤拦截系统。

影响：首先，"萨德"的部署对韩国自身来说，不利于政府公信力的建设，还将对韩国的政治、经济、国家安全等各方面造成巨大的损失。不仅无法实现半岛无核化，而且若与中国关系陷入僵局，韩国经济将会遭受严寒。

其次，"萨德"入韩还将损害周边国家尤其是中国的国家安全利益，威胁中俄战略安全。

② 边境对峙。

概况：2017年6月18日，印度边防部队非法越过中印锡金段已定边界进入中国洞朗地区。中方通过外交渠道多次向印方提出交涉，向国际社会说明事实真相，阐明中方严正立场和明确要求，敦促印方立即将越界边防部队撤回边界印方一侧。同时，中国军队采取有力应对措施，维护国家领土主权和合法权益。最后，2017年8月28日下午14时30分许，印方将越界人员和设备全部撤回边界印方一侧。爆发原因：中印边界对峙实则是印度以所谓"安全关切"为借口，打着所谓"保护不丹"的幌子，通过制造洞朗地区争议，阻止并牵制中不两个主权国家的边界谈判进程，同时也是为了加强对不丹东北地区的控制。

态度与观点：善良忍让是大国风范，切勿踩线惹火上身。

部分网民认为中印边境对峙事件充分彰显了"王道大国，善良之心、忍耐之度、晓谕之举"，不少网民呼吁和平共处是双方责任，切勿越界踩线，引发不必要的争端。

③ 难民。

概况：我国外交部部长王毅与黎巴嫩外交部部长巴西勒在贝鲁特共见记者时，应询就中东难民问题阐述中方立场。他指出，难民不是移民。在世界各地流离失所的难民还是要回到自己的祖国，重建自己的家园。这既是每个难民内心的愿望，符合国际人道主义努力的方向，同时也是联合国安理会有关政治解决叙利亚问题决议的组成部分。长期以来，中国政府一直秉持人道主义精神，在联合国框架下，为难民接收国提供力所能及的帮助。中国愿同国际社会一道，全力推动热点问题降温，帮助难民接收国提高应对危机能力，为难民实现重返家园的夙愿做出自己的努力。

态度与观点：解决中东难民问题，首先需要加快叙利亚问题的政治解决进程，为难民回归创造必要条件。动荡和贫困是难民问题产生的根源之一。彻底解决难民问题，还需要标本兼治，通过发展改善民生，为难民脱困营造必要的环境。

(6) 生态文明和环境保护。

①生态文明写入宪法，生态文明翻开新篇章。

2018年3月11日，十三届全国人大一次会议第三次全体会议表决通过了《中华人民共和国宪法修正案》，生态文明历史性地写入宪法。

②新疆发展冰川旅游。

"零距离"接触式的冰川旅游尽管在十几年带来了近10亿元收入，但冰川崩塌、消融带来的损失不可估量。现如今取缔冰川旅游，而"远观"既不妨碍旅游观光，又最大程度减少了旅游活动对冰川的破坏，一举两得。

③上海最严"禁燃令"折射社会治理新思路。

2016年2月23日，从春节到元宵节的喜庆气氛还未散去，这座国际大都市交出了"最严禁燃令"的"大考"成绩单——外环内实现烟花爆竹基本"零燃放"，外环外燃放明显减少，蓝天白云和整洁干净始终伴随着节庆中的上海。"这是这么多年来最安静、最清新的春节""不放鞭炮，年味儿一点也没少"……上海市民们这样说。交口称赞的背后，是"最严禁燃令"掷地有声、令行禁止，也由此呈现科学立法、人性化执法的新探索，以及城市管理、社会治理的新思考。

相关名言：

a. 既要绿水青山，又要金山银山。宁可要绿水青山，不要金山银山，因为绿水青山就是金山银山。——习近平

b. 青山清我目、流水静我耳。——王阳明

c. 山中何所有，岭上多白云。——陶景弘

d. 水光山色与人亲，说不尽，无穷好。——李清照

e. 大自然是善良的慈母，同时也是冷酷的屠夫。——雨果

f. 人们常常将自己周围的环境当作一种免费的商品，任意地糟蹋而不知加以珍惜。——甘哈曼

g. 大地给予所有人的是物质的精华，而最后，它从人们那里得到的回赠却是这些物质的垃圾。——惠特曼

h. 我们违背大自然的结果是：我们破坏了自然景观的美、自然动态的美和天籁的美。——诺曼·卡曾斯

【点评】为了审题，学生背后的付出可想而知，他们充分利用网络平台，学会如何选择材料、如何取舍材料、如何整合材料、如何利用材料。相比老师单纯的审题，课堂活动准备更充分、形式更出彩、内容更丰富、格局更高大。

【活动四】范文展示，分析范文的优劣。

## 和平之藤，价值为壤

发展需和平来守护，发展以和平为基础。——这是个朴素易懂的道理。而回顾已过大半的2018年，"霸权主义、强权政治依然存在；保护主义、单边主义不断抬头；战乱空袭、饥荒疫情此浮彼现；传统安全和非传统安全问题复杂交织。"在对此局势的反思中展望不远的2019年，我们应以开放包容价值为壤，和平之藤方能长青。

价值即一事物对另一事物的积极效用。在历史车轮转动不息、世界发展日新月异的今天，认为什么对国家发展有价值，怎样做才能带来长久价值至关重要。选择什么，相信什么，摒弃什么，发展什么，是各国发展避不开的岔路，是人类前行绕不开的路口。

而如今局部战争频频发生，外交风向复杂多变。站在历史的十字路口，为了实现和平，当今世界比任何时候都需要价值的引领。"是信奉丘吉尔的利益外交论，还是秉持'交得其道，千里同好。固于胶漆，坚于金石'的共同体意识？是固守弱肉强食、零和博弈的丛林法则，还是开创携手合作、共同发展的新局面？"回望中美贸易摩擦，正是美利坚合众国高举单边主义，无视中美关系，罔顾理性声音，摒弃互利共识，损人且害己。再看叙利亚风云，又是西方世界仗恃国际地位，奉行霸权主义，凭借先进武器，滥行强权政治，自私且自利。过往的经验教训警示我们，从狭隘利己角度出发的价值判断和价值选择有若蒲柳之姿，望秋而落。从互惠互利角度出发的价值判断与价值选择才如松柏之质，经霜繁茂。我们说和平是连接发展的桥梁，而唯有以开放之心为墩，以包容之度为梁，所构建的和平才真正坚实、稳固。

令人欣喜的是，在如何培育开放包容价值之壤的问题上，世界一直有矢志不移的领路人——中国。"国之交在于民相亲，唯以心相交，方成其久远"是中国敞开怀抱拥抱世界的不二箴言。蒙内铁路，坦赞铁路的建

设是中国胸怀使命、心系世界的高效行动；而"政策沟通，设施联通，贸易畅通，资金融通，民心相通"的方针则是中国开放包容、互惠互利的一贯理念。

路漫漫其修远兮，夯实价值之壤，培育和平之藤，还需世界各国群策群力。2018年，世界在局部动荡不安，整体相对稳定的局势下前行。2019年，世界应在开放包容的价值引领下共建和平、共享发展。少些针锋相对，多些和平共处；少些冲突对峙，多些包容理解；少些阴谋诡计，多些真诚相待；少在经济政治领域开展意识对抗，多在积极磋商中解决利益冲突；摒弃单边主义，坚守多边主义；撤下贸易屏障，推进互惠互利。

"独行快，众行远，花开满路，人民受益。"2019年，只有开放包容，以和为贵，各国的发展方能踏上正途，世界的发展方能行稳致远。

## ◎ 教学自评

作文审题课怎么上，毫无疑问，需要老师亲自操刀。这是我二十几年来的教学体会，也是毋庸置疑的宝贵经验。从前我总认为审题是老师的事，审题也只有老师才能做得好、做得彻底；也只有老师才能审出深度，才能抓住材料的关键。今年高三，我试着用活动的方式，让学生进行审题。殊不知，学生的审题活动课狠狠地"打了我的老脸"。与我的审题课相比，学生的审题活动课更高效、更有价值。

△课前预学环节

要求：

1. 我准备好四个材料作文，先让全班同学以小组为单位，利用课余时间进行审题，每组交审题文稿供老师审阅。

2. 待全班（四组）同学对题目有初步的感知后，进行抽签，每小组负责完成一题的任务。

3. 完成老师给定的四个问题：题目的限制性、题目的开放性、最佳立意（拟题）、展示小组范文。其余的根据小组情况进行添加。

4. 利用课余时间做出课件，用20分钟在班上进行讲解（每节课两组）。

从课中展示的课例录像我们可以感知到，学生的准备比老师充分，内容比老师翔实，特别是材料的详尽程度让人咋舌。

课后我得出了如下结论：

1. 学生永远比老师有智慧。老师在成长年代形成的思维已经远远落后学生的时代，不用说，后出转精的优势就是智慧。

2. 阿基米德曾说过，给我一个支点，我可以撬动地球。支点就是指事物的中心和关键。课堂教学的支点在哪？是教学的重点、难点，还是教师的训练点？其实，其根本还在于教学方式，特别是学生学习方式的切实转变。从苏格拉底的"产婆术"到布鲁纳的"发现学习"，再到新课程倡导的自主、合作、探究，无不表明教学方式的"支点"地位。教学应该是有情趣的事。情趣是学生热爱学习的基础，是学生学习的内在动力。在课堂上，就是要尽一切办法去吸引、解放、激发、发展学生的情趣，让课堂真正成为润泽的、情趣盎然的课堂。

3. 教学应该是"基于问题的教学"。教学强调问题情境，关注问题体验。教学就是在不断地发现问题、提出问题和解决问题的螺旋上升中让学生顺利完成认知意义、情感价值的建构。说到底，教学应凸显学生的全员参与、全程参与、积极参与和有效参与。

4. 这节课表面看来是审题课，其实是一节集材料审题、材料建库、提纲写作、范文鉴赏于一身的综合作文课。这样的课堂既自主又合作，既高效又深度，提升了学生的核心素养。

## 课例 11　　一场寒风，彻悟人生
——点评胡美芬老师执教的《寒风吹彻》

### 一、教学设想

1.《寒风吹彻》选自粤教版选修4现代散文选读第二单元"融入自然·品读生命"。作为单元任务群学习的第三篇文章，它与《囚绿记》和《捕蝶者》相似，都是在散文的世界中栽种人类的生命之树，并努力在这棵树上找寻属于自己的那颗果子。

2.《寒风吹彻》又是独特的，这篇文章蕴含着理性的生命哲学。在品读本文时，需要教师带领学生以冷静而理性的情怀找寻其中深藏着的珍贵而又动人的温暖之意、从容而又虔诚的敬畏之意。所以，老师设计了几个活动，让学生充分地感悟和体验文本，引导学生加深对生命哲学的思考。

### 二、教学过程

【活动一】课前预学——明确"寒风"内蕴，完成表6。

表6　课前预习

| 人、事 | 所遭受的"寒风" | 作者的感悟 |
|---|---|---|
| "我"冻坏一根骨头 | | |
| 路人雪地冻死 | | |
| 姑妈抱憾离世 | | |
| 母亲冬季来临 | | |

**【活动二】** 课中互学——讨论、展示。

结论如下。

第一组：我在冬天冻坏一根骨头。"我"所经历的"寒风"除了自然界冬天的寒风外，还有贫穷、疼痛、孤独和亲人的隔阂。作者开始学着一个人面对人生的寒风。

第二组：一个老人在冬天冻死。路人所经历的"寒风"除去自然界冬天的寒风外，还有贫穷、无助和孤独。作者知道面对生命的困苦，更多时候我们只能独自面对和承受，别人给予的温暖只是杯水车薪。

第三组：姑妈被冬天永远留住。姑妈经历的"寒风"是自然界的寒冷、亲情冷漠、年老多病和死亡。作者感悟到恶劣的生存状态会导致人际温情的驱散，使生命饱受冷漠和孤独的煎熬。

第四组：母亲的冬天即将来临。母亲经历的"寒风"是自然界的寒冷、衰老和孤独。作者知道生老病死的自然规律难以抗拒。

教师总结："寒风"除了自然界的寒冷，应该更有人内心的寒冷、物质的匮乏、人情的隔膜、衰老的迫近以及死亡的威胁。本文中"寒风"的独特内蕴在于，它已不只是自然寒风，更是人生寒风；已不仅吹拂在自然冬季，更是渗透人生四季。

**【活动三】** 深度研学——感知独特的生命体悟。

问题一：题目不是寒风吹"过"，而是寒风吹"彻"，"彻"是"通、透"的意思，文章是怎样体现"寒风""吹彻"的？

生：寒风既吹坏我的一根骨头，也吹进了老人的内心；寒风吹着小时候的我，也吹着年老的姑妈与母亲。

师："彻"字体现寒风从出生到死亡，从长度上吹彻一生；从个体到群体，从广度上吹彻众生；从肉体到精神，从深度上吹彻灵魂。

问题二：既然寒风从长度、广度和深度吹进生命的每一道裂缝，生命该是何种样貌？

要求：

1. 小组合作完成情境任务。

2. 选取文本中四个场景中的一个，编辑成一个镜头来表达对生命的理解，然后由小组展示，用文字将镜头表述出来。

☆**精彩呈现**

**第五组**

十四岁的我：大雪纷飞，天还未亮，苍茫的戈壁荒漠，一头牛拉着柴车踽踽独行。

**第六组**

浑身结满冰霜的老人：雪地上脚印停止的地方，一个老人冻僵在那里，许久，一人从老人身边经过、驻足、沉思，继而蹒跚前行，在雪中接续着又一串脚印。

教师点评：这两个镜头将生命过程的孤独与冷峻静静地表现出来。

**第七组**

一个老人抱着火炉偎在矮土屋里，沉浸在许多年前春暖花开、冰消雪融的回忆中，身旁的那朵花掉落了最后一片花瓣。

**第八组**

灰蒙蒙中，前方是母亲的背影，身后是他的几个儿女，不管儿女们如何大声呼喊，背影还是越来越远，越来越模糊。

教师点评：这两个镜头将生命终点的荒凉与无奈慢慢地呈现出来。

教师总结：十四岁的我、姑妈、母亲、老人，还有生活中无数的我和我的亲人、朋友，原来我们人生的本真状态是孤独、冷峻的，生命的尽头必然是走向荒凉，这是我们无可奈何的事。

【活动四】共解思学——树立独特的生命态度

问题一：既然生命如此冷峻，我们又该如何面对？文章导语中提到文中"触动内心柔软的地方"在哪里？下面请你细读文本，找寻作者面对如此寒冷人生的态度，并谈谈你的理解。

生：本文的独特之处还在于面对生命的冷峻，刘亮程接受而不难受，坦然而不颓然，仍能从容、珍惜并充满暖意地活着，这正是我们学习本文的意义。

问题二：请你思考今天的我们，生活中还会遇到寒风吗？此时的你会如何面对呢？（学生各抒己见，略）

【教师反思】

1. 教学活动设置得当，对"长文短教"大有裨益。《寒风吹彻》这篇文章很长，我设置了教学活动——明确"寒风"意蕴，可以让学生快速找到文章的行文脉络，明确"何为寒风"，为后面教学做好铺垫。课上活动的设置，让学生学习更高效。

2. 学会放手，相信学生，会有意想不到的收获。这篇文章用活动课方式上课前，我也曾担心学生会不会看不懂、课堂会不会推不动。很显然，我的担心是多余的。学生课堂反应活跃，活动的设置让他们对课堂更感兴趣。在情景展示的环节，他们的表现真的让我感觉到惊喜。

3. 情景式教学法，可加深学生对文本的体悟。在探究文本的课堂教学过程中，既要引导学生在时空交错中整体感知作品，又要引导学生细心体悟作品；既要引导学生走近文本、走近刘亮程、走近60年代、走近生命的本真状态，又要带领学生走出文本、读出自我、读出时代价值、读出生命的哲学思考。因此，本节课采用情景式教学方法，引导学生深入体悟文本，拉近作者与读者的距离，融合对生命的理性体悟，让学生在课堂更有收获。

## ◎教学评价

《寒风吹彻》是胡美芬老师获省赛第一名的课例，活动设计独到，由浅入深、层层剥笋，引导学生对文本深入解读。学生体验充分，既有语言的建构与运用，又有思维的发展与提升。这是一节真正的学科核心素养下的语文活动课。课前预学——教师根据预设方案发布学习任务，小组根据方案，利用互联网搜集材料，分工准备，写出学习预案。课中的互学——各小组对其他小组展示的成果开展自由讨论，发现存疑，并利用平板电脑在讨论区发布问题理由，准备问学。共解思学——质疑问学、探究互学、教师点拨、启迪悟道。几个环节都以"生"为本，以"学"为主，充分地相信学生，充分地让学生体验学习，最后学生能很好地完成对文本意义的建构。

正如胡老师反思中所写的一样，放手让学生活动，学生会不会看不懂，课堂会不会推不动。其实，这种担心是多余的，担心的根源在于我们守旧的教学观念。我们始终固守着把课程看成知识的陈旧思想，在这种观点支配下的课程通常表现为：以相应学科的逻辑、结构为基础来组织教学；课堂往往凌驾于学习者之上；学习者是课程的接受者，教师是课程的说明者、解释者。这就是典型的学科本位和知识中心主义的课程观。在日常教学中，语文老师总是在一遍一遍地讲课文，以读懂课文内容为主要目标取向，课堂教学中大量的时间用于理解课文内容和感悟思想情感，语文课上完，学生留下都是语文内容的印象，而不是课程能力的长进、素养的提升，与核心素养导向下的"新课标"格格不入。鉴于此，我们只有超越了内容的解读分析，落实语文"新课标"，语文才具有对学生语文课程能力的生长的"独特意义"，语文才赋予学生新的"学

科经历"和"学科经验",这样的语文课堂才是真正意义的语文课。

## 课例 12　　相思"一点"为哪般
——点评姜勇军老师执教的《四块玉·别情》

### 一、教学设想

1. 以炼字为切入点进行课堂生成,以极具争论性的难点问题"相思为何一点?"贯穿全课,紧紧围绕一个问题展开研讨,生成性问题简约有效。

2. 采用活动式的教学方式。让学生在老师的引导下,展开充分的自主、合作、探究的活动。从细微处入手,体悟主人公的别情缠绵内心世界。

### 二、教学目的

学生在活动中训练思维、审美能力。

**南吕·四块玉·别情**

[元]关汉卿

自送别,心难舍,一点相思几时绝?
凭阑袖拂杨花雪。
溪又斜,山又遮,人去也!

【文本解析】《四块玉·别情》是元代伟大戏曲家关汉卿创作的小令,入选粤教版教材必修3第四单元"古典诗歌"。这首小令描写离别情绪,表现了多情女主人公送别情人凭栏望远、依依不舍的相思之情。送别后,情人在女主人公心中仍驻留难忘,令人痛苦欲绝。想登高眺望他离去的背影,但终被关山阻隔,这更使她肝肠寸断。"一点相思几时绝"是全篇的中心,它强调了别情的缠绵,使之成为全篇描写和抒情的基调。

### 三、教学实录

【讨论活动】

"一点相思几时绝"为什么用"一点"而不用"一片"?请同学们根据自

己的理解，以小组合作的形式开展讨论。

**【活动实录】**

生1："一点"与"一片"是相对的，对于那个女子来说，这种相思只是众多相思之情"一片"中的一点，连这一点都不绝，何况那一片相思之情呢？所以，这"一点"都能让我们读者体会到相思之浓，更能体现相思之情的浓度大。（生笑）

生2：打个比方，比如说一个小火苗，是一点点，但是怎么都不肯熄灭，显得它生命力多么顽强啊。（生鼓掌，老师点评：太形象啦！）如果是一片的话，一堆大火，不熄灭，那是理所当然了。"一点"可见思念之情的强烈。（生鼓掌）

生3：我们小组是这样想的，可以通过数学来理解（生哗然），首先，一点可以组成线也可以组成面，是累积的过程，点是最基本的单元要素，所以，"一点"相思，是情感累积的起点。

生4："点"是有发散性的嘛，一点相思，就像天上的星星一样，点缀在天空中，思念就像那一颗最明亮的星，闪闪发光，萦绕在女主人公心头，抬头就可以看到，显得更加浪漫。

生5：我觉得作为一名女性，相思泛滥是很正常的事情。但是，古代的女性是内敛的，哪怕相思泛滥，也不多说。这里说相思是"一点"的话，更能看出这名女性含蓄、矜持的形象特点。

生6：点和小令后面的雪对应，点点杨花雪，更有韵味。

生7："点"，具有动感，写出了相思之情的一触即起，把相思之情比作一谭水，投入一点小石子，马上一触即起，泛起情感的涟漪。（生鼓掌，喝彩）

生8：当一个人送别一个人后，心里很难舍，要排解这种情感，一般人会抑制这种情感。但是，因为相思太浓厚了，就像那些相思以女主人公为圆心在做圆周运动，有一点相思它做了离心的运动，甩了出去，也就是女主人公控制不了她的思念之情，于是有了这一"点"。（生鼓掌，师：很有新意啊）

生9：补充一点，这其实体现了女子温婉特点。

生10：我想用写毛笔来打比方，关汉卿应该懂这个道理，毛笔书写时，等量的墨水（生笑），用在一个点上和摊在一片上，点，显得更深，更能聚集更多墨水，同理，更能积聚更多情感。（生鼓掌，师补充：这里用写毛笔来类比，那么"点"，还有停顿的特点，是不是也显得主人公思念之情塞于内心，情感的阻滞玩味？）

生11：这是我的一个猜想，以前的人，不说普通话，可能从发音角度，读这个"点"字会更有韵味。（生笑）

生12：我想这里应该写出了女子的缠绵之情，用一片，情感一瞬间涌过来，显得有点哀伤，太过了。套用古人的话就应该是"思而不过"。用"点"，好像是那女子在思念时，一点一点地想，想一点，幸福一次，绵延不绝，"此思绵绵无绝期"啊！（生鼓掌，师：那真是"你不在，点点滴滴，都是你。"）

生13：我想用化学的角度，（生笑）用一点，量比较少，反应没有那么激烈，以前的人是比较保守的，不希望有那么轰轰烈烈的爱情，想要"一点"，平平淡淡的。（生鼓掌。师：细水长流，平淡的才是永恒。轰轰烈烈，就像一场火，烧一场后就没有了。）

生14：从生物学角度，（生笑）我们的甲状腺会分泌激素，虽然很少，但一点点就够了。相思之情，虽然是一点，但已经是够了，如果是一片，那还不激动得上了天？（生大笑，师：那就是思念之情，要的是质量，不是数量。两情若是久长时，又岂在点点片片之间？）

生15："一点"与后面"几时"对举，以少对时间之未知。

生16：点，体现了情感的若有若无、若即若离，以小见大。

生17："一点"，是主人公将情感埋藏在心中，不停地压制，不停地提纯，最后只有一点了，可是却更具穿透力。

生18："一点"相思，显得更加轻灵，而"一片"，显得有点沉重。

师补充：同学们讲得都很有自己的见地，见仁见智，非常好。其实老师也在想，这其中是不是因为分别有一段时间了，相思之情其实没有那么浓烈了，不至于整片大片的，让你相思成疾。而是那么"一点"，但是倔强地存在于你的躯体内，到处游走，不经意间就冒出来，让你想他，淡淡的，绵延不绝。非常感谢同学们的精彩讨论，今天就讨论到这里，下课！

【点评】问题设计巧妙，"一点相思几时绝"既是全篇的中心，也是全篇描写和抒情的基调。对本身的隐藏着迁移性的"点"与"片"两个既熟悉又陌生的数量词细微差别进行讨论，更能让学生产生似曾相识的情感共鸣。这不难理解但表达出来不易，为了明确自己的理解，于是同学们调动各学科知识来类比、来体悟，达到老师激活课堂思维的目的。

【教师反思】

一节课上完了，虽然不是公开课，但是我觉得这节课比自己以前上过的几十堂不同级别的公开课更有成就感，感觉学生是真正地参与进来了，思维被激活，对文本的解读角度多样化，调动了各自不同的人生体验来阐述自己对诗文的理解。下课了，同学们还处在课堂的亢奋之中，还在继续讨论，我也深受感染。由此有几点想法：

1. 要充分相信学生。学习型组织理论之父、管理大师彼得吉说过："我们的教育低估了学生的能力,教师解决不了的问题,交给学生,学生都能解决。"从这节课的教学实践来看,信矣!以前我在预设课堂时,总是怕学生这里不懂那里不懂,结果事无巨细一律包办,知识信息全都打包硬塞给学生,于是学生在课堂没有挑战性、没有成就感,课堂死气沉沉,学生处在"等、靠、要"的状态,学习探究的主动性无从谈起。

2. 老师要学会坦诚,学会示弱,诱发学生参与课堂的激情,让学生有成就感远比老师有成就感重要。从心理学的角度来看,学生是长期处在被动接受一方的,处在相对"弱势"一方,如果老师懂得适时机智地示弱,对于课堂参与度的调动会有意想不到的效果。

3. 探究的问题要有难度,要有可探究性。其实相思是"一点"还是"一片"都有其合理性,如,"一点相思,两处闲愁。才下眉头,又上心头。""一片相思君莫解。"但是如何来联系作品上下文,联系作品中主人公情感世界来深度解读,就要看同学们的解诗能力了,"诗无达诂",言之成理即可。

4. 生成课堂,不能完全预设,但也不是随意而为。课堂生成点宜"快、准、狠",务求合乎文本最精要处,教师对学生课堂"痛点"要有敏感度和预知性,问题简约,小点切入,讲深讲透,抓住课堂生成的契机。本节课紧紧围绕一个炼字角度,展开课堂讨论,小组合作,展示观点,学生参与的积极性空前高涨,效果良好。课堂教学没有旁枝兀出,一课一问、一课一得,可谓简约。

## ◎教学评价

我们经常说,学习是学生自己的事情,应该把学习的事交给学生自己去完成。这一点姜老师就做得很好。假如本节课是姜老师一个人讲解,无非也就是这么几句话:"其实老师也在想,这其中是不是因为分别有一段时间了,相思之情其实没有那么浓烈了,不至于整片大片的,让你相思成疾了。而是那么'一点',但是倔强地存在于你的躯体内,到处游走,不经意间就冒出来,让你想他,淡淡的,绵延不绝。"你看,多么的单薄,好端端的一件艺术品,在老师的"分析"下变得干瘪了。接受美学理论认为,"文本"是作品本身的自在状态,"作品"是被审美主体感知、规定和创造的文本。文本是召唤性的空筐结构,作品的意义生成,有待于通过阅读活动实现化、具体化。文本的空白和未定点,有待读者以开放的动态建构去完成。正因为姜老师开放了课堂,学生在活动中去感悟、体验那么"一点",才生成了文本的意义。正因为有了学生深度的解读体验,才打通了文本与读者之间的情感"隔膜",从而唤醒了读者的灵魂,获得了一种新的认识,这就是通过体验而达到的心灵与人格启迪效

应。若是没有开放的讨论活动，哪会有学生的发散思维——从性格到情感，从数学、书法到化学，从前后文语境到文学技巧，从主人翁的情感到自身感受……跨学科、多角度、立体式地思考、审视、揣摩诗歌作品；若是没有学生的开放讨论活动，哪会有这么丰盈、精彩的课堂呈现。正因为有了活动的形式，才激活了学生的思维，学生才会全身心投入到对文本的感悟理解这一思维高度摄入的自觉自为的深度学习实践活动过程之中。这是教学方式的根本性变革，它不同于被动式学习和接受学习，它是由学习者的内在动机和个体兴趣所诱发，是主动为之而非被动接受，是一种"乐学"或者是"痛并快乐着"的学习过程。本节课，姜老师就是抓住了"一点相思几时绝"这一精要的全篇之"首"，采用活动式的教学才达到"意料之外"的教学效果。

我们的课堂就应该像姜老师一样，既能蹲下去"平视"，也能站起来"引领"，做"平等中的首席"，保持倾听和对话的姿态，关注全体、关注全面、关注全程，从而促成学生生长。

## 课例13　建构语言，准确表达

——点评何烨老师执教的"语言表达准确得体"

### 一、教学设想

1. 改变教学方式，以生为本，活动式体验学习。
2. 变枯燥单调的"语言表达准确得体"复习课为师生充分互动、氛围活跃、发言精彩的活动课。

### 二、教学目标

1. 通过分析例题，找出存在的问题。
2. 通过自主、合作的体验式活动学习，找到解决问题的途径。

### 三、教学内容

例题：

下面是某校文学社社长给该校校长写的一封信，其中有五处在表达上不妥当，请找出来并改正。（5分）

尊敬的校长：

　　您好！

　　我是贵校清风文学社社长，我社想出版一本名为《放飞梦想》的书。这本书收录了我社同学120篇大作，是我们文学社成员智慧的结晶。希望您抽出时间拜读，为这本书写一篇序言。您是著名的教育家，能得到您的鼎力相助，我社一定会蓬荜生辉。还望您同意，在此敬谢不敏！

　　祝您工作顺利！

清风文学社
2018 年 8 月 20 日

【设计说明】

　　这是高三某次月考中得分率较低的一道题。找出这道题语言表达存在问题的同学很多，但是没有同学能拿满分。5 分的题目，班级均分 2.3 分，得分情况很不理想。所以，我想设计一节课，让学生有所得——期望学生能明白这道题的考点是什么，为什么很多人找到了语言表达的问题所在却拿不到分数。

## 四、教学实录

【活动一】课前预学。请同学们思考以下几种修改方式为什么不能得分。

PPT 展示问题：

为什么以下答案不能得分？你认为语言表达准确得体模块考点是什么？

（1）"贵校"改为"鄙校""敝校"。

（2）"鼎力相助"改为"帮助"。

（3）"大作"改为"小作""劣作"。

（4）"拜读"改为"垂读""略读""浏览""看一看"。

（5）"蓬荜生辉"改为"再创辉煌""蒸蒸日上""前途无量"。

【活动二】课中研学。请同学们分小组讨论，形成答案，平板展示。第 1、2 小组，回答第（1）（2）题。第 3、4 小组，回答第（3）题。第 5、6 小组，回答第（4）题。第 7、8 小组，回答第（5）题。

【点评】小组展示的活动形式，活跃了气氛，调动了积极性，把枯燥的表达题复习变得生动有趣。加之学生的课前预学、课中研学准备充分，同学们各抒己见，课堂氛围异常热烈，在老师的引导下，形成了"语言表达准确得体"模块的考点总结。

下面是学生课堂活动的成果实录：

生1：中国人一向谦虚，不能用敬称来称呼自己的学校，所以"贵校"是错的。可是，我们也要注意谦称是在面对外人时用，这里说话对象是自己学校校长，用谦称就显得很见外。

师：那这道题考查的考点是什么呢？

生2：是语言表达中谦辞、敬辞的用法。

生3：所以"大作"和"拜读"也是错的，就是因为词语的谦敬色彩有误。

生4："鼎力相助"就是感谢别人的大力帮助，本来就有敬辞的特点，改了之后语义没有变化，却少了对对方的尊敬，所以不能给分。（生鼓掌）

师：刚刚同学们就昨天发布的前两道题目进行了探讨，明确了"语言表达准确得体"模块的考点之一是词语的谦敬。除去"词语谦敬色彩"之外，还有什么其他的考点呢？

生5：老师，第四题"大作"用在这里是错的，"劣作"的情感也不对，太过于贬低文学社学生的作品了，所以这道题也是考查谦敬啊！

生6：不对，如果是平时说作品不好，用的应该是"拙作"，不是"劣作"，我查了《现代汉语字典》，根本没有"劣作"这个词！也没有"小作"！所以这里考查的应该并不是"谦敬"，而是语言表达的规范！高考考查的是现代汉语普通话的规范化使用！（生集体鼓掌，师赞许表扬）

生7："拜读"改成"看一看""浏览"虽然注意到了谦敬和用语规范，但语体特征不对，这不是书面语的表达。所以语体也应该是语言表达模块的考点之一。

生8："拜读"改成"略读""浏览"也不能给分，应该是因为表达不够准确，校长粗略读一读，是没办法写出一篇序言的。所以，语言表达的准确性也是这一模块的考点吧。

生9："蓬荜生辉"我们都知道其含义是"指某事物使寒门增添光辉"，用在这里词义不准确，也是考查语言表达的准确性。

师：那我们改成"前途无量""步步高升""再创辉煌"如何？

生10：不行。校长写一篇序言，文学社就能再创辉煌、前途无量了，校长若是给每个学生写一句祝福语，是不是可以个个金榜题名、清华北大？（生笑）二者强加因果，言过其实。这里文学社要表达的仅仅是对校长写序这件事倍感荣幸、备受鼓舞的情感体验，并非实际成果的突飞猛进。若是讲校长对文学社给予资金的支持或者提供更高平台的展示和学习机会，是可以说再创辉煌的。

生11：所以，这道题考查的应是我们是否注意逻辑关系和语境。

师：同学们发言非常精彩，通过自己思考、与同学们一起探讨，明确了"语言准确得体"这一模块的考点，分别是语体、谦敬、语境、准确、规范和逻辑。能自己归总考点，是复习"语言表达准确得体"模块的开始，能心中有考点，答题有方向，才是拿分的关键。期望大家今后在这一考点复习的过程中，能牢牢记住今天自己总结的六个考点，以此作为各位答题的方向，相信必定可以战无不胜、攻无不克！

【点评】活动学习的好处就是，在你我的讨论、你我的对话中，相互感悟、相互启发，学生在老师的引导下大胆地猜想、大胆求证，并且通过知识的迁移，达到学以致用的目的，提升能力、形成素养。

【活动三】学以致用。当堂训练高考"语言表达准确得体"题（略）。

【教师反思】

1. 活动课的活动目标要明确，争取一课一得。这节课就是通过对"月考试题错误答案"的分析，让学生明白自己错在哪里、为什么错、怎么样才能拿分。这样的活动是有意义的，所以学生很感兴趣、很投入。且这个活动设计指向性很明确，切口小，才能充分深入探讨。毕竟，一节课的时间是有限的。

2. 活动课要充分利用一切可利用的资源，促进学生思考。如在"互联网+"背景下，学校推广使用智慧课堂为媒介。我提前在平台上将思考题推送给学生，利用他们碎片化的时间来思考问题，可以促进他们思考的深度。这样，在小组探讨的时候，才能每个人都有话可说。

3. 充分相信学生，以生为本。课堂最重要的不是展示教师的个人魅力，而是让学生在课上有所得。所以，教师应该退居幕后，着力于引导学生思考，让学生有收获，将课堂还给学生。事实也证明，这节课将问题抛给学生，让学生自己来探讨，结果非常精彩。课下，学生还说这节课他很有成就感，因为他通过自己的努力找到了答题的窍门。

◎ 教学评价

看似简单的一节"语言表达准确得体"复习课，其间老师的付出，你很难想象。其实，作为老师来讲，不管什么课，只要我们认真对待，只要我们抱着一种培育学生核心素养的心态去工作，我们就会打起十二分精神，把平时有品质的课堂累积起来就形成了好的教学方式。对学生而言，就是培养了一种好的学习习惯，这比多做几道题、传授多少知识更有价值。因为你关注的是学生的长远目标——生命教育，而不是近期的目标——升学教育。有人说，教师有三类：普通教师教知识，优秀教师是解惑，智慧教师是唤醒。做一位唤醒学生灵魂的智慧之师吧,那是属于我们的追求。

## 课例14  刨根问底,追查真凶
——点评吴海老师执教的《祝福》

### 一、教学设想

1. 通过语文教材课本剧的改编,训练学生建构与运用语言的能力。
2. 在研读脚本、角色的表演、剧后探讨中训练学生的思维、审美能力。

### 二、教学环节

【活动一】课前预学
(1) 学生们熟悉文本《祝福》,自行生成课本剧方案,课后彩排。
(2) 未参加表演的同学研读文本,思考如下问题:
谁是杀死祥林嫂的凶手?是封建礼教,是鲁四老爷,是柳妈,是"我",是"婆婆",是"众人",还是祥林嫂自己?请大家分组选择一个被告人,自己作为原告在文中找到依据分析。
(3) 预学阅读推荐:《与鲁迅相遇》《心灵的探寻》(钱理群)。

【活动二】质疑问学、探究互学
1. 课本剧展示(表演过程略)。
同学们投票选出了最佳男演员奖:鲁四老爷(A同学)。最佳女演员奖:祥林嫂(B同学)。最佳配角奖:柳妈(C同学)。并陈述了相关的理由。
2. 观众发现问题。
(1)"我"与祥林嫂的对话没有体现出"我"内心太过纠结的挣扎。(2)鲁四婶对待祥林嫂的态度有一个逐渐转变的过程,需要一步步推进改变。
3. 预学成果展示。
第一组
鲁四老爷在精神上摧残了祥林嫂,嫌弃她是一个寡妇,从始至终就瞧不起下层人民祥林嫂,不让她碰祭祀的礼品,说她是个谬种。
教师点拨:鲁四老爷象征着鲁镇的政权,是统治者对祥林嫂的压迫。
第二组
柳妈:①祥林嫂生前的恐惧与死亡都跟她有关;②柳妈不是真的同情祥林

嫂，祥林嫂的经历成了柳妈日常无聊时候的消遣；③当祥林嫂身陷迷茫之时，柳妈提出了"地狱之说"，加重了祥林嫂的精神心理负担；④柳妈提出"捐门槛"的说法，给了祥林嫂生的希望，却在后面给她带来更大的绝望。

教师点拨：柳妈象征着神权对祥林嫂的压迫，鲁迅的深刻之处在于能够看到同一阶级成员之间的隔膜，他们难以团结起来，导致劳动人民翻身非常困难。

第三组

叙述者"我"：作为一个有学问的资产阶级知识分子，对于祥林嫂关于灵魂有无的追问，"我"的无能、逃避、模棱两可的回答可能害了她。

教师点拨：这反映了鲁迅在"五四"新文化运动退潮时期思想的苦闷、寂寞与彷徨。作为启蒙者的鲁迅也在进行自我审视，到底怎样才能拯救类似祥林嫂这样的人。

第四组

婆婆：①婆婆绑架祥林嫂卖给贺老六，导致祥林嫂背上了违背伦理道德的精神负担；②贺老六病死，阿毛被狼吃掉，导致祥林嫂背上了克夫的罪名，儿子作为唯一的精神寄托也给抹灭。这两者给祥林嫂的生活带来了沉重的心理负担。

教师点拨：婆婆象征着宗族族权对祥林嫂的压迫，宗族势力成为妇女们头上的枷锁。

第五组

众人：①因为祥林嫂两次成为寡妇，当祥林嫂再次回到鲁镇时，人们对其看法变了，瞧不起她；②众人把祥林嫂的痛苦当成赏玩的材料，经常通过丰富的表情和语言引导，强迫祥林嫂讲述自己的悲惨经历；③众人听腻了以后又发现了新的素材，调侃她额头上的伤疤；④没有了新鲜的素材后就更嫌弃祥林嫂了；⑤从内心并不同情祥林嫂的遭遇，认为她是穷死的。

教师点拨：①因为众人坚守着夫权，所以众人象征着夫权对祥林嫂的压迫；②众人是愚昧、冷酷、自私的"无主名无意识的杀人团"；③鲁迅文章的深刻性在于能在平常的生活中，看透人与人之间最真实的关系。人与人之间好像互相很关心，但在内心深处有这样可怕的意识，是把别人的命运当成节目来看，是在赏玩咀嚼别人的苦痛。

第六组

祥林嫂：①祥林嫂的出逃、抗婚、捐门槛等行为的背后是固守"从一而终""人死事小，失节事大"的封建道德观念；②祥林嫂在精神上不独立，是为别人而活。

教师总结：

①他们从精神上、灵魂上残酷地杀害了祥林嫂，他们以及祥林嫂的行为都是自觉或不自觉地受封建观念的驱使，所以说祥林嫂是封建思想的牺牲品；

②祥林嫂事件反映了中国文化整体性的特点，大家都是帮凶，共同戕害祥林嫂的灵魂。

【活动三】 共解思学

（1） 要求同学们提交一篇题目为"祥林嫂内心的自我审视"的文章。

（2） 小说中的环境描写有什么作用？

（3） 课外阅读：①《笑谈大先生》（陈丹青）；②《大师光环下的真实鲁迅》（成健）。

【点评】 通过质疑问学、探究互学、教师点拨、启迪悟道，同学们对"谁是凶手"这一问题有了更进一步的认识，虽然没有唯一的答案，但通过对这"牵一发而动全身"的问题思考，拓展了知识，加深了对文本的意义构建，并在共解的基础上增长了见识，累积了新的经验，为反思学习提供了坚实的基础。一方面，教师给学生适当的时间、空间，对本小组的成果、活动的过程进行自检、自纠或互查、互纠，借鉴其他小组的优点，最后的形成反思性学习建议，为下一次活动的开展累积经验。另一方面，教师反思自己的预设方案，如情境是否真实性、学生活动能否达到预期的效果，以便让活动更切合学生的实际，更有利于学生素养的形成。

【教师反思】

①通过课本剧表演，学生初步进行了语言建构与运用的尝试，可以让学生进入人物的言行举止，从而深入内心。学生在准备、展示、质疑思考问题的过程中，实现了思维的发展与提升。

②在整个过程中，会涉及文本的审美鉴赏与自我创造，同时包含文化传承与理解，特别是宗族文化、鲁迅的文化精神内涵。

③在表演活动与展示活动时调动大家的积极性，培养学生们的审美情趣。

④课后也可以尝试让学生写状告词、辩护词来锻炼学生的语言运用与建构、思维发展与提升的素养。

◎ 教学评价

应该说，小说的教学有很多"抓手"，一般来说，从小说的三要素入手比较常用。但常用就会变得老旧，没有新意，也往往变得无趣。刚入职的吴海老师就不同，他的高明之处表现为：

1. 从小处着眼，从关键处切入，抓住带有"留白"艺术的问题——谁是杀死祥林嫂的凶手？为接下来的活动开展做了很好的铺垫，或者说留了很大的"话题"空间。

2. 活动的设计比较巧妙。活动最容易流于形式，也最容易泛化。活动只有结合具体的问题情境才有意义，才能培养学生在情境下解决问题的能力，即核心素养能力。为此，吴老师在"课前预学"环节中就要求学生进行语言、思维能力的训练，如课本剧的写作、学生角色体验等。同时，还加强对传统文化继承与理解——学习写"状告词、辩护词"，可谓独具匠心。

在小说阅读教学中，一般人喜欢"抠字眼、抠层次、分段落"，过度拆分文本、肢解文本，以至于阅读教学缺乏整体性。格式塔整体性理论指出，一个事物的性质不决定任何一个部分，而是依赖于整体，这个从该事物整体中产生的性质，即所谓格式塔质。如果说重组小说各要素来整合教学内容是"谋篇"的话，那么，跳出这小说，寻找与小说主题或艺术特色相似的小说文本，采用群阅读来进行类比阅读教学，就是"布局"。吴老师在预学环节推荐阅读钱理群的《与鲁迅相遇》《心灵的探寻》就是出于这一目的，由于篇幅的限制，活动内容无法一一呈现。

附：

# 语文活动课的辐射与影响

一、这样的人与这样的课堂

（一）学生评价

**1. 部分学生对演讲式教学的评价**

新的教课方式更符合素质教育的要求，黄老师注重个人能力的培养与开发，与初中、小学老师的那种"填鸭式"灌输学生知识的教学方法截然不同。黄老师让同学在自主学习中，通过动手、动脑、查阅参考资料及自己的思考去理解课文，充分地调动了同学们自主学习的积极性。通过课堂上的探讨，老师的点评，深刻地从多种角度体会到作者的思想意境，充分地体现了文学的多样性，更多地避免了"正确答案只有一个"的弊端，对我们这些学生大有裨益。不但可以提高我们的口头表达能力、分析问题和解决问题的能力以及写作技巧，还可以使已学的知识融会贯通，提高记忆力。（汤亚奇）

新的教学理念给了我们更多的表现机会，课堂上的演讲是新教学理念的体现。演讲虽然只是几分钟的事，但是它能让我们学到许多的东西，因为在演讲前、演讲中和演讲后都能提高我们的素质。演讲前，我们发挥协作精神写演讲稿；演讲中，我们拿出自己的胆量向大家演讲；演讲后，我们凭借老师的点评和自己的理解对演讲稿和演讲方式进行修改。在这三位一体的循环中，能大大地提高我们的写作水平、演讲水平和理解能力。我想，以这样的教学方式进行教学，学生必定前途无量。（丁智灏）

我喜欢语文，因为可以增长见识、陶冶性情，特别是阅读和写作；但我又不喜欢语文，因为要死记硬背、规规矩矩，尤其是古文。较之，我更喜欢理科，因为可以灵活多变、发散思维、严密逻辑。自从上高一以来，我才体会到什么是真正的语文课，并且第一次感受到上语文课的乐趣，这都是黄滨老师带给我的。从此，我们的语文课不再枯燥无味，而是充满了欢乐、和谐、动感、刺激……老师为我们提供了一个张扬个性、展示自己的舞台，同学们个个抢着举手发言、争着上台演讲，就连我这个从前不爱发言的胆小鬼也受到了感染，每当上语文课就有一种发言冲动，因为我知道这是个充满竞争的课堂，如果再不努力，就赶不上别人了。起初还不以为然，反正别人自愿演讲是他的事，只要不是抽中自己就行了，每次都敷衍了事、得过且过，但后来看到别人不怕出丑、踊跃发言、得到锻炼、一天一个进步，自己却错过了大好机会，被抛离得越来越远，还置身事外、瞠然其中，念及如此，方才如梦初醒，感到后悔。我真羡慕别人可以站在台上高谈阔论般演讲，因为其情状有指点江山、激昂文字之势，居高临下、行云流水之态，铿锵有力、掷地有声之状，波澜起伏、扣人心弦之妙。我心感佩服，然后压力起、才智生、灵机动、澎湃涌，是故一鼓作气，奋发图强，舌剑争鸣——吾剑也，不鸣则已，一鸣惊人！课堂上，老师的职责是一名导演，他负责把握全局，及时指导点评，我们才是主角，不是旁观者。（李家荣）

我想，现在是充满创造力的时代，书固然要读，但不一定照搬书中的思维。新时代的我们，有着超脱的想象力和先进的创造力，新人类的智慧有时要比前人的智慧强。因此，我们需要一个自我发表意见的空间，正巧，黄老师给予了我们这个舞台。在舞台上，我们可以"高谈阔论""异想天开"，甚至是"天方夜谈"，这一切也是我们的精华、我们的灵感、我们的创造。老师的这种开放式教学吸引了我们，使语文课不再单调乏味。这一年来，我们懂得了什么是个性思维、个性意见、个性创作、个性语文，在这一过程中，遵循着与时俱进、优胜劣汰、适者生存的竞争规则。这种学习，给予了我们更多的动力，因为我们懂得，只有不断地提高自己，才会有立足之地。（蔡嘉莉）

我觉得这种教育才是真正的教育改革，完全贯彻落实了教育改革的精神，真正培养了学生的综合素质。不是为了考试而学习，而是为了一生而学习。这种教育培养的是能力，是一生受用的能力，我绝对赞成这种教育方针。（李浣筠）

每次，我都有一种上台表现自己的冲动欲望，可是，每当犹豫的时候，别的同学早以冲上讲台，事后，我恨自己没有珍惜机会，没有把握自己的命运。（何梓程）

**2. 学生感言**

（1）感言一

**生动语文，终身受益**
——浅谈对黄滨老师演讲式教学的体会
（肖　齐）

青春年少的高中时光总满载美好的回忆。时光飞逝，虽然离开顺德一中已经十年有余，但仍然时常想起那段坐在顺德一中的教室里，轻抚带着墨香的书页，聆听黄滨老师精彩的讲解，收获知识和灵感的日子。

我对黄滨老师当时采用的演讲式教学法尤为记忆深刻。一方面，从当时的学习体验上看，这种教学法能够将语文教学变得生动鲜活，充分激发了学生的学习兴趣；另一方面，高中毕业时间愈久，愈能在后续的学习和工作岗位中体会到当时的收获所带来的长期作用，可谓受益终生。

回顾当时，从一名高中学生的角度看，演讲式教学做到了基础知识有机记忆、学习兴趣充分调动、语文素养全面提高。

为了课堂上的一次短短的演讲，我们需要做好大量准备工作，包括熟读课文、理解文章、思考归纳观点和看法，最后用文字和语言将这些想法写出来、讲出来。由于每一步骤都要以上一步骤为基础，因此，在学习的过程中，就需要发挥"逢山开路，遇水架桥"的主动精神。遇到看不懂的词语，需要去查词典；遇到引用的诗词名句，就要翻出手边的唐宋诗词大全，遇到不明白的表述，可能需要咨询老师同学……在这个过程中，我们在不知不觉积累了大量的语文基础知识。

学习兴趣方面，演讲式教学的作用无须赘述。参与式的学习永远都比灌输式的学习有趣，自主性强的学习也最能带来学习的成就感。演讲式教学提供的乐趣远胜于传统的教学方式。

我认为演讲式教学最闪光之处就在能够充分培养学生的语文综合素质和内心的自信。记得刚开始在黄老师的课堂上参与演讲，本已鼓足勇气，但是面对观众时，紧张和不安还是化作了手心里密密的汗；本以为讲稿的文字已经无可挑剔，但一开口就发现本觉得通顺的语言实有许多可润色之处，貌似逻辑严密的内容里还藏着诸多漏洞；终于讲完，却发现对于课文，生发出了更多可思可想、可写可讲的感想。通过一次次的演讲训练，我能够感受到手心的汗越来越少了，语言越来越通顺了，思路越来越清晰了，思考也越来越深刻了。归结起来，就是语文的综合素质和能力有了逐渐从量变到质变的提升。

着眼当下，我能够鲜明体会到高中时代的演讲锻炼对于目前的工作、学习的帮助，可谓一朝受教，得益长久。

首先，顺畅的口头表达能够有效提升工作和沟通效率。无论是拿起电话还是坐在会议室，不管是向领导汇报工作还是向下属布置任务，在工作和生活中的每时每刻，每一次与人沟通，都是一次次或大或小、或长或短的演讲。这些场景非常考验一个人娴熟、准确使用语言的能力：是否能够简明扼要、准确恰当地描述事情，发表意见。回想起来，当年能在黄老师的课堂上得到演讲的锻炼是多么的弥足珍贵，使我们能够打好语言表达能力的基础。

其次，优秀的文字表达是做好很多工作的基础。譬如对于大型企业来说，分支机构散布全国乃至全球，面对面沟通成本奇高。为了实现上下统一、行动一致的有效管理，就需要一份份书写规范、条理清晰、表达准确的文件作为传递思想的桥梁、落实行动的蓝图。虽然这些公文使用的语言没有什么华丽的辞藻、新奇的句式，但是遣词造句、排篇布局依然需要精心设计和仔细琢磨，对于书写者的要求甚高。我现在从事的工作经常需要起草公文材料。黄老师的教育对我的工作具有深远的影响。黄老师的演讲课堂的一个精妙之处在于，演讲稿里烦冗啰唆的文字、思路不够清晰的结构通过阅读不易发现，但是只要开口演讲，这些瑕疵立即会原形毕露。通过黄老师的演讲训练，我们在写作方面不仅做到了勤学苦练、熟能生巧，还训练了去芜存菁、删繁化简的能力。

对于黄老师的演讲式教学法来说，学生的自主学习离不开教师的正确指导。作为学生，我们通过自己的思考、写作和演讲锻炼语文能力，如果没有了黄老师的点评、归纳和指点，那就会失去方向，事倍功半。所以，我认为每次同学演讲结束后，黄老师对本章节课文需要掌握的基础知识的归纳、对同学阅读理解的偏差的指正、对文字和语言表达的点拨等都是至关重要的，也是课堂的精华所在。正是在一次次"自主探索—教师指导"的循环中，我们的语文知识水平稳步提高、语文应用能力悄然增强，敢于表达、善于表达的自信心逐渐建立。

回想十几年前，有幸能够在黄老师的演讲式语文课堂学习，内心感激不已。语文的魅力在课堂上得以施展，写作和表达的快意得以书写和挥洒，演讲的自信和成就感可以一直给予我们激励和鼓舞。祝愿黄老师的演讲式教学保持创新和进步，惠及更多学弟学妹。

(2) 感言二

## 素养之师，人生之师
（梁晓彤）

彼时繁花盛开，那座灯塔犹在。

立于杏坛多年，黄滨老师一直走在创新的路上。从2004年到2019年，黄滨老师可谓"战果"颇丰。我们能受教于老师和师哥师姐多年积累下来的经验而炼造的教学方法的指导，倍感幸运。班里有的同学是黄滨老师从高一入学带到高三毕业的，每每谈起此番"独特"经历，心中自豪之情溢于言表，眼中亦似有星辰闪烁：刚入学，黄滨老师即在黑板上豪迈留下大字——"每天阅读一篇文章就像每天吃饭一样重要"，这句质朴而深刻的话一直陪伴到我们高考结束。虽执教语文，但黄滨老师总是极力推荐我们"泛而精"式阅读。泛，即阅读应敢于涉猎文史哲乃至科普以培养广阔视野；精，即应尽量首选名作或是经典之作以攫取文笔、构思、辞藻及更为重要的思想和思维方式诸方面的精华。阅读是内化于心的过程，外化者，则落至读书笔记、古诗鉴赏、演讲等与外界有所互动的体验。其中，课前与课堂演讲的结合令人印象尤为深刻：课前有关时事或日常生活思考的演讲；课上亦有从精读课文及延伸至对课文（含古诗文和现代文）某一处的感悟的自由发挥式的演讲，或感性或理性，每位同学皆可无负担地在讲台上分享个人观感。"谈项羽之死：何为英雄""谈苏武""谈丹柯""谈感动"分享书籍……古今中外，无所不包。三尺讲台，于语文课堂的铃声响起之时，瞬化作无垠舞台。同学们和黄滨老师一起聆听，有的从中认识了清代大才子纳兰性德，有的从中品味到《蒹葭》的三种鉴赏角度，有的得到有关"美与丑"的另一种感受。到了高三成语复习课，黄滨老师更是提出了"复活式""生长式"课堂的理念。"诗词大会"诗词背诵的"飞花令"、性本善恶的"辩论赛"、中美贸易摩擦的"新闻播报"、成语建构的"情景剧"、小组"作文评讲"等活动课，将被传统贴上"枯燥"标签的高三备考复习变成妙趣横生的"沉浸式"体验。同学们课下通过查阅书籍，借助网络信息，把自己的思考反馈给其他同学，老师则退居幕后做细节的指导和最后的总结升华。化静为动，让知识在我们磕磕碰碰的摸索与应用体验中融会贯通，可谓"教学相长"。青春正当时的我们无不喜爱与享受这般"活动中生长"的语文课堂。如今回首，翻开自己的读书笔记本、演讲本、古诗鉴赏等语文笔记本，真实地感受到自己精神的蜕变与成熟，我们的同学当中或感庆幸能把握住每一次机会上台锻炼自己,或遗憾出于内敛少有表现和体验,无论是何种,都不失为一种独特的成长。

如今,或许黄滨老师并不是唯一运用上述所提及的教学方法的老师,但于我们而言,黄滨老师难能可贵的是他的敢为人先,是他的勇于坚持。多年以前即将以上教学方法融合,形成重素养的创新型课堂,更敢于从高一坚持到高三后半学期。如今回想三年高中时光,相比其他科目,语文作业真的少之又少,而参与能锻炼自己的语文活动却是家常便饭。曾听到质疑的声音:同过去笔头可记满当当的知识点相比,这样上课有时会感到心里好像没底气,感到没什么"实在"收获。可偏偏就是这样"没收获"(没有学生的传统思想里的知识点笔记)的过程,高三一年来,我们班多次大考的语文成绩都傲居群首(往往高第二名4~5分不等),在高中的最后一战亦终实现黄滨老师同我们的共同愿望——班级平均分超过120分(实际124.3分),这便是我们对活动教学的最好回报。

语文既复杂也简单。语文是复杂的,从浅层来说,它是一门综合性的学科。若要深究,即有严谨繁杂的学科知识体系;从深层来说,"语文即生活,生活处处是语文""语文能力是个体对生活观察、思考、领悟的综合的反映",这是黄滨老师时常教导我们的。语文可以很简单,只要为学者赤诚澄澈,做个简单的人,随师谦虚好问,则不难品得语文及其学习过程的甘甜清润,这是我们在黄滨老师的教学中体会到的。

在谢师宴上,我班赠予黄滨老师"素养之师,人生之师"的称号,要问其缘由,我无法明言。或是有感于老师的教学方式,或是感动于滨哥在语文活动课中的"文以载道""谆谆教诲",又或者是因为某日课堂的那句"我当你们是朋友……"的肺腑之言吧。永远不会忘记,是"关键词"(审题抓关键词)让一道"晦涩难懂"的材料作文题有了可循之迹;永远不会忘记,是"规划"(做题先规划好)让我们学会带着理性答卷。百尺竿头更进一步,您说过的"每天读一篇文章就像吃饭一样重要",不知不觉中,我们的生活乃至未来的人生似乎有了书香的味道;您反复强调的"素养"仍回响于耳畔,时刻提醒着我们什么才是最要紧的存在。

"教书素养应试两不误,为师治学严谨爱学生",是我们班全体同学对是黄滨老师,也是我们的滨哥、滨爷的最好表达。

人与人跨越山和海相遇本就是一场缘分,能成为师生更是一种幸运,所有的感情在朝夕相处中滋长缠绕。作为学生,带不走熟悉的校园,带不走恩师,而今受益匪浅,素养和人生不可分,最终只能将感念凝于片言只语。

亲爱的滨哥,是您让我们本来枯燥单调的高中三年趣意盎然。高山仰止,景行行止。即便风霜染白了双鬓,岁月斑驳了脸庞,也掩不住您在我们心中的那年轻模样。离别在即,千言万语只化作对恩师的一声祝福,唯愿您一生安康幸福。

那年夏天,风遇见云,花遇见树,萤火虫遇见星光,而我们遇见了您;希望再见您时,春光正好,春风正暖,心里有春风,满山遍地吹。

### (二) 外校教师和学生评价

**1. "华南师范大学–顺德一中"联盟公开课——"复活成语,生长复习"专家点评**

谢植宣评课(顺德区教研室):用三个词概括黄滨老师的课:①活动。黄滨老师一直致力于活动的语文课堂,因此,他在这一方面颇有创建。他能够创设具体语言运用情境,调动学生课堂参与积极性,通过活动这一载体激发学生兴趣,学生通过参与活动更好地运用语文。②生本。这是一堂学生参与的课堂,学生既是问题产生的起点,也是问题解决的起点,这是一次大尝试、勇创新,也是教师课堂实力的体现。③智慧。教师借用智慧课堂,以及平板这一媒介进行生生、师生交流,这种交流是及时、全面、生动的,也能让我们看到信息介入对课堂质量的提高。

林志祥老师(佛山市教研室):黄老师的课真正地诠释了"互联·深度"的主题,给我们呈现了一种新的教学方式。在进行成语复习时,教师的角色定位是什么?韩愈说教师是"传道、授业、解惑",今天听了黄老师的课,我觉得对教师的定义还应该还要加上"激趣"二字。黄滨老师扮演的是一种"激趣"的角色,同时又体现了培养学生核心素养的教学目标。

王萍老师(华南师范大学副教授):这两堂课给我的感觉概括来说就是:"明暗融通,悉心达成。"黄老师的课给我的感觉就是在暗中摸索,通过丰富多样的语言活动、文学创作表演,让学生在活动当中体悟语言,让学生在活动中形成语用品质。黄老师的课是基于现在"新课标"理念所倡导的基于任务驱动的课,这是基于建构主义理论的。他的优点在于他的顶层设计,他的顶层设计完全体现了建构主义的理念,强调了活动的创设,然后强调任务情境,让学生在活动当中去学习、去感受,在活动完了之后再安排语言的总结、成语的比较辨析。

王汉文老师(广州二中正高级):黄滨老师的课给我们更多的新鲜感、新颖的东西,非常优秀,给大家很多的启发。我估计在座的老师,至少我自己是感觉收获蛮多,因为我们讲我们的语文课堂,很有限的语文课,它应该是语言课,所以我总认为,语文课堂应该是有两种类型的,第一种类型,就应该像黄老师的课堂，让学生充分地活动，充分地研究和探索，充分地展示，整个课堂热情洋溢，这就是语文。

黄老师的课，给我启发最大的，我马上就想到了一句话，大家都熟悉的阿基米德的话："给我一个支点，就能撬动地球。"那也就是说，老师出一个主意，但是这个主意，是花多少精力琢磨出来的，我想黄老师再聪明，相信也花了很大功夫的，也不会简单的，比起很多灵感的得到，它肯定经过了很多的思考和研究，而这一点，我觉得今天展示得非常好，有创意。我教书三十多年，教多年高三，也听了很多课，这样有创意的课堂还是第一次见到。其目标设计不像我们那么简单而肤浅地为了考试，人家这课堂，就算是为了考试，也不是为了哪一道题在考试，它的目标也与写作相关联，至少他对学生写作能力进行了有意识的培养。实际上，作文要得到高分，用成语是非常重要的。我研究过这些高考阅卷老师，怎样的作文能得高分，我发现用成语是一个好办法，所以它就算是为考试而用，它用得也比我们更加高明，这目标设计得非常好。第二个就是，成语确实是我们民族文化沉淀的地方，所以他真的是在引导学生，包括他这两个故事的本身，已经很有文化沉淀，所以我感觉他的目标非常符合我们现在的课标精神，文化课的理解，这方面都做得非常好。

再一个我就感觉，他这个课堂，学生所得益的不是单个的，而是有综合性的，它很符合我们讲的语文是综合性的实践性的一门课……我觉得这节课无论是学生的主体发挥，还是老师的主导性的引领，这个方面都做得非常好，这堂课给我们很多启发和帮助……

**2．2018届华师研究生代表评价**

学生1：接受了十几年应试教育的我，从未经历过像这样的课堂。它不是简单的活动堆砌，也不是单纯的演绎展示，它几乎是一堂全方位锻炼学生各项能力的提升课。之前只是从黄老师在华师的演讲中听说他的随堂课，却从未真正见识过。而当真正亲眼见、亲耳闻后，果然让我为之赞叹和感慨。黄老师在课堂中充当一个引导者的角色，而课堂的主讲者很自然地变成了学生。学生自主写稿、编排、演练、展示、发现问题、讨论问题、解决问题。老师在后期的辩论环节中让我看到了他的教学严谨态度，他会对回答的学生提问："体现的是哪方面的错误？错在哪个点？原文是什么？"从而让学生的思维逻辑更加缜密。整个课堂让学生从关注时事、提高创新意识、提高写作能力、加深对成语的理解、锻炼表达能力和表演能力及逻辑思维能力等方面得到了很大的提升，让我不禁为之感慨，这才是真正的教育啊！

学生2：黄滨老师的课堂让我认识到，老师真的在引导学生培育语文的"言语生命意识"。在成语复习中以活动课的形式展开，学生自行创作，能够学会在现实语境中使用成语,从而更好地掌握成语的意义、使用范围、对象等。而运用成语编写剧本,一定程度上也能提高学生的写作能力。"以学生为主体"的教学理念,让学生成为践行者而不是聆听者,老师成为引导者而不是主导者,学生向来觉得枯燥无味的语文课变得生动有趣。老师给了学生一个"支点",学生便发挥出巨大的创造力,让语文富有魅力,让课堂充满生机。这也启示我们师范生,要不断学习探索教学方法,引导更多的人学习新知,提高文化自信。

### (三)媒体报道

#### 1. 南方日报报道

**走近顺德一中"课改先锋"黄滨**
一堂语文演讲课连开 15 年　让每个学生"C 位出道"

图 1　黄滨老师在授课

你见过这样的高中语文老师吗?

他的课堂上,从高一到高三,老师"不用"讲课,而是由学生们课前熟读课文后,自行总结思考再上台发表演讲。

他的学生,不管文科理科,个个能言善辩,他们不把语文当成考试科目,而是变成能照亮未来的终身受用的能力。

他就是来自佛山市顺德区第一中学的高级语文教师黄滨（图1）。"我的语文课应该是充满生长气息的'活动'课堂。"作为"演讲式教学"与"课本作文"的最早探索者和实践者，黄滨虽然已经在教坛耕耘了30年，但对语文"活"法的不懈追求让他成为一往无前的"课改先锋"。

每一次课堂，都是对话；每一次对话，都是一次温暖而百感交集的精神旅程。这是一种创新的智慧，更是坚持的定力。随着新高考改革的到来，语文教学重心已经由"知识本位"转向"素养本位"，黄滨数十年如一日探索语文"活动式"教学而形成的理论和经验显得尤为珍贵。用语文开路，让学生们有了奔向星辰大海的勇气。

## 把课堂交给学生：人人都是"演说家"

暑假过去了一大半，黄滨终于走出了他的书房。过去两个月，结束了和学生们在高考战场的并肩作战，黄滨没有选择去旅游放松，而是伏案疾书他的又一教改新作——《语文在活动中生长》，这是他教改三部曲的最后一部著作，也是他15年坚持教学改革成果的结晶。

"语文到底教什么？语文应该如何教？"2004年，思索良久的黄滨下定决心开始教学突围，并摸索出了对话演讲的教学模式，希望改变教师垄断讲台的地位，让学生成为课堂的主角。

"在精心挖掘教材后，我提前给定探究学习的教材内容，学生3～4人一组进行阅读探究学习。学生可以借助资料对课文进行初步的理解，但探究后形成的发言文字不能人云亦云。"黄滨介绍，在这基础上学生每人要准备好500字左右的发言，于是上课铃一响，黄滨的课堂就成了大型演讲现场。

整节课下来，黄滨除了对学生的演讲进行精简的点评、引导之外，不占用学生任何时间。为了让每位学生都有机会参与演讲，黄滨将一节课的演讲阶段分为抽签演讲、自由演讲和点名演讲三个时段。

"课堂上，老师的职责是一名导演，他负责把握全局，及时指导点评，我们才是主角，不是旁观者。"黄滨的学生李家荣说。在演讲式课堂上，同学们个个抢着举手发言、争着上台演讲。

在这个基础上，黄滨又进一步探索了"课本作文"教学方式，即以教材为蓝本通过个性化的"反思阅读"或"陌生感阅读"而进行作文训练。这种"课本作文"没有统一的命题，学生可以根据对课本的不同解读，各抒己见，比"话题作文"更开放，学生更容易张扬个性、发挥特长，拓宽了写作的思维空间。

回望 15 年教改心路，黄滨把自己的教改比作一场孤独的爬行，有时甚至举步维艰。"到处是'满堂灌'的传统教学，我想改变，但我没地方学习，更没有资料借鉴，我不懂如何操作'真实对话'和进行'小组活动'，我感到很困惑迷茫。"黄滨说，有一段时间他重操起"满堂灌"的旧业，按部就班进行"知识灌输"，可由于课堂失去了"灵魂"，学生们反而不那么喜欢这样的课堂。

总是走过去的路，到达不了新的地方。黄滨再次重燃斗志，决心将教改进行到底。聚焦"新课标"对提高学生语文核心素养的要求，黄滨着力以听、说、读、写为主线，打造让语文在活动中生长的课堂。

从此，他的语文课更加充满个性。除了演讲，还有飞花令、辩论赛、新闻播报、情景剧、相声小品、小组"作文评讲"等形式，枯燥无趣的高三备考复习被黄滨变成妙趣横生的"沉浸式"体验。

"语文即生活"，这是黄滨时常跟学生说的一句话。不仅仅是把课堂还给学生，黄滨还希望自己的语文教学能熔铸对生活的思考、引进阅读的活水、带来个性创意的活动，从而创造一段活力四射的旅程，也指向未来生活的航程，成为学生们终生难忘而又终身受用的语文。

### 语文指向未来：培养一生受用的学习能力

诗意和现实同行，云端漫步与脚踏实地并存，这是黄滨希望将语文立足于生命、生活、生长之上的追求。而他的学生们也没有辜负他的苦心经营。

在许多学生心目中，黄滨的语文课总是那么的"另类"。相对其他科目，他的语文作业少之又少。他也曾听到质疑的声音说，同过去笔头可记满当当的知识点相比，这样的课有时会感到心里好像没底气，感到没什么"实在"收获。可偏偏就是这样"没收获"，却让他的班级在多次大考中语文成绩傲居群首。

分数只是一时，这位课改先锋的探索恰恰是对顺德一中校训——"为学生一生发展奠基"的积极实践。

尽管毕业已经十多年，学生丁智灏还记得短短几分钟的演讲让他受益匪浅。"因为演讲前发挥协作精神写演讲稿，演讲中拿出自己的胆量公开演讲，演讲后凭借老师的点评和自己的理解对演讲稿和演讲方式进行修改。在这三位一体的循环中，大大地提高了写作水平、演讲水平和理解能力。"

毕业于对外经济贸易大学，现在在中国工商银行总行工作的学生齐肖表示,工作之后更能鲜明体会到高中时代的演讲锻炼对于未来的帮助。齐肖说,一方面,演讲提高了他们的口头表达能力,提升了工作和沟通效率。另一方面,通过大量的演讲稿训练,在写作方面不仅做到了勤学苦练、熟能生巧,还训练了去芜存菁、删繁化简的能力,对现在他起草公文材料很有帮助。

在学生李浣筠看来,黄滨的教育真正培养了学生的语文核心素养。"不是为了考试而学习,而是为了一生而学习。这种教育培养的是一生受用的核心能力。"李浣筠说。

"三尺讲台,犹如无垠舞台。"今年刚刚从顺德一中毕业的梁晓彤说,黄滨老师总是极力推荐学生"泛而精"式阅读,鼓励学生敢于涉猎文史哲乃至科普以培养广阔视野,同时多读名作或是经典之作以攫取文笔、构思、思想等精华,三年下来她实实在在感受到自己精神的蜕变与成熟。

"素养之师,人生之师"是学生们送给黄滨的称号。他们认为"教书素养应试两不误,为师治学严谨爱学生"是他们全体同学对他们的"滨哥""滨爷"的最好评价。

### 登上高校讲堂:教改成果辐射"未来之师"

如今,因课堂改革而声名鹊起的黄滨不仅在顺德一中大放光彩,还走上了高校的课堂,当起了硕士研究生的导师。

2017年4月6日,应华南师范大学文学院之邀,黄滨到广雅中学与该校的年轻老师进行杜甫专题的同课异构教学活动。课上,黄滨采用了自己实施多年的"活动式"教学方式,没想到却收获了意想不到的效果。

在评课的环节中,评课主持人、华南师范大学附属中学教师黄德初大为赞叹,他认为黄滨的课充分体现了语文核心素养的培养理念,不仅关注学生获得了什么,更关注学生是如何获得的。

华南师范大学周小蓬教授和董光柱老师则现场邀请黄滨于当月给华南师范大学的研究生上一堂模拟示范课。学生们体验了黄滨的"活动式"教法后表示受益匪浅。

就这样,黄滨走上了大学的讲坛。在接下来的两年里,黄滨先后多次到华南师范大学进行"活动"课的专题讲座,也到佛山科技学院为研究生进行专题讲座。2018年,黄滨被聘为华南师范大学教育硕士专业兼职导师,同年被聘为佛山科技学院文学院副教授,将引领更多的"未来之师"成长。

"接受了十几年应试教育的我,从未经历过像这样的课堂!"听了黄滨的成语活动公开课后,华南师范大学的一位研究生认为,黄滨在课堂中充当一个引导者的角色,而课堂的主讲者很自然地变成了学生,整个课堂让学生在加深对成语的理解,锻炼表达能力和表演能力、逻辑思维能力等方面都得到了很大的提升,让她不禁感慨这才是真正的教育。

事实上,在课堂改革的征程中,黄滨曾如此总结五大改变:课堂形式的改变、学生行为的改变、学生自我判断的改变、师生角色的改变、教学效果的改变。

在不断的学习和教学实践中,黄滨总结和拓展"活动"课型,并发表论文,变成了学术成果。2017—2019年两年间,黄滨先后主持了区、市、省三项教育科学"十三五规划"课题,为新书《语文在活动中生长》的诞生提供了坚实的理论和实践素材。

2019年,黄滨被聘为首届广东省高考研究会专家成员。暑假过后,他又将带着新一届学生开启新的航程。但他始终相信语文是鲜活的,而当生命和充满活力的语文相遇,他将为学生不断绘制精彩绝伦的生活画卷。

(《南方日报》记者 蒋晓敏)

## 二、"活动式"教学走进高校

### 1. 以古文教学显核心素养,于华师讲堂展一中风采——记黄滨老师受邀到华南师范大学讲学

2017年4月27日,顺德区第一中学语文科组长、中学高级教师黄滨老师受邀到华南师范大学文学院开设"语文在活动中生长"讲座,围绕"核心素养下的文言文教学"这一主题与众多华师学子共论文言文教学的改革经验与教学理念。

下午三点半,全场早已座无虚席,有些同学甚至选择站着听讲(图2、图3)。前来听讲座的同学纷纷表示,难得有这样一次近距离接触一线名师、了解教学实践经验的绝佳机会,定要好好把握!本次讲座也受到了华南师范大学文学院老师的高度重视,文学院语文教学法研究领域的专家、硕士研究生导师周小蓬老师以及韩后博士均全程参加。

附：语文活动课的辐射与影响

图2　慕名前来听课的学生全场爆满

图3　认真听讲的学生

讲座伊始，黄滨老师便以诙谐幽默的开场赢得了这些在校大学生的阵阵掌声，拉近了主讲人与听众们的距离，让活动得以在愉悦轻松的氛围中拉开帷幕。尔后黄老师接连抛出了几个关于文言文学习的问题，环环相扣的问题引发了同学们的思考（图4）。在此基础上，黄老师方引领同学们带着问题进入了本次讲座的主体环节——模拟课堂。

图4　黄滨老师巧妙提问华师学生

本次模拟课堂围绕着古文《春夜宴诸从弟桃李园序》的教学进行。黄滨老师将活动课堂设计为个人预习出题、小组合作出题、小组交换做题、小组交换改题、学生发现问题、教师解决问题、教师总结方法、学生再次朗读课文八个环节（图5、图6、图7）。整堂课以朗读为线索，以小组合作学习为模式，以字词句式翻译的掌握为基础，以多方面调动学生主动性为目的，最后以教师的总结和归纳为提升。循序渐进的教学过程让在座的大学生迅速理解并掌握了古文课堂的教学精髓，全场讨论热烈，数次响起了雷鸣般的掌声。

图5　学生上台做题

附：语文活动课的辐射与影响

图6　黄滨老师分析学生出题的内容

图7　学生认真听取分析

紧接着，在经验分享环节中，黄滨老师根据个人的教学经验，创造性地提出了几大文言文学习意识，并阐述了课程设计背后的理论支撑——将核心素养引领下的教学变革融入古文教学中，促进学生主动理解知识、建构知识。在讲座的最后，黄滨老师热情回答了在座大学生提出的困惑，以书法文化为例，阐述了语文课堂与中国文化的结合问题，更提醒这些未来将要踏上教师岗位的在校大学生处理好中学语文与大学语文课堂的差异。

正如讲座主持人周小蓬老师总结的那样，黄滨老师将自己的教学经验和思考传授给大家，其教学模式对众多准教师学习如何掌握教学规律、如何调动学生主动性有着十分积极的意义。黄滨老师在讲座结束之际也动情地寄语在校大学生，要做个感性、博学，同时也紧跟时代的语文老师。

在座大学生们也纷纷表示，古文教学在中学语文教学中越发重要的今天，黄滨老师以他创新的文言文课程设计带来了启迪性的教学示范，激励他们创新教学方式、探索教学方法，为未来的教学工作提前掌握本领。"听君一堂课，胜读十年书！"在场一位同学如是说。甚至还有同学在讲座结束后急切询问道："黄滨老师，您以后能不能再来一趟华师，给我们讲讲怎么上好现代文课？"

（撰稿人：林柔莹　摄影：李海）

**2. 华师课堂扬一中风范，课改创新论古文教学——我校黄滨老师受邀至华南师范大学开设讲座**

2017年12月7日，顺德区第一中学黄滨老师在华南师师范大学大学城校区开设"文言文教学"师范技能培训讲座。

文言文教学历来是语文教学实践中的一大"痛症"，花时多、成效差、教学模式单一、教学过程枯燥，老师教得辛苦，学生学得痛苦。为此，黄滨老师历经多年摸索，逐渐形成了自己一套独特的文言文教学理念与模式，并在此次讲座中毫无保留地分享给了在场的华师学子们（图8）。

图8　黄滨老师在讲座中分享教学经验

讲座之初，黄滨老师便以《逍遥游》一课为例，为同学们提供了一个教学范例。他的"活动式"教学设计分别以"初读文本，了解逍遥""再读文本，体悟逍遥""学以致用，我说逍遥"三个课时逐层攻破《逍遥游》教学中的诸多难题，融汇合作式、问题式、演讲式等多种教学方法，化枯燥为有趣，化僵化学习为主动建构。这全然与众不同的教学设计与教学理念扩大了同学们的视野。由于时间有限，难以在讲座上开展真正的课堂教学活动，然而为了让同学们更好体验高中语文课堂，黄滨老师随机邀请了现场的大学生分享自己品读《逍遥游》的感受。同学流畅深入的发言，更让人深切体会到黄滨老师演讲式教学的魅力所在（图9、图10）。

图9　黄滨老师分享课例

图10　学生提问

在课例分享之余,黄滨老师还从理论角度围绕"文言文教什么"这一话题进行探讨。他指出,文言文教学决不能仅仅停留于字词落实层面,还需教文学、文化知识。黄老师此次华师之行,在加强了大学与中学交流之余,更是将一中的教改精神带至师范大学校园。

(撰稿人:林柔莹)

### 3. 语文在"活动"中生长——我校黄滨老师于华南师范大学开讲

2018年5月27日,黄滨老师受邀出席华南师范大学文学院举办的"会四方学子,展师范新风"总结研讨会。在同学们热烈的掌声中,一场内涵丰富、理念先进的语文教学讲座"惊艳开场"(图11)。开讲之初,华南师范大学文学院副院长李金涛教授即为黄滨老师等颁发了导师聘书,特聘请黄老师担任"华南师范大学委员会师范生技能培训导师"。

图11 黄滨老师在进行语文教学讲座

在讲座的第一个环节中,黄滨老师以《互联·深度:基于"核心素养"的教学变革方向》为题,为同学们描述了未来教育、未来课堂的模样。黄老师指出,未来的课堂是基于数据的课堂、教学智慧的课堂、动态开放的课堂、合作探究的课堂、个性化学习的课堂、高效教学的课堂。他提醒在场的大学生,新时代的语文教师应该通过变革教学方式方法,贯彻一条主线:预习、展示、反馈。落实一个目标:语文课堂要始终贯彻培养学生的创新精神和实践能力。把握三个关键词：想象、创新、实践。用"活动"串联起我们的课堂，让我们的课堂走向深度、走向生长。紧接着，黄老师在第二环节中用自身多年的教学实践经验，为同学们精彩展现如何让语文课堂在"活动"中生长起来。黄老师从理论的高度，阐述了什么是"生长"，什么是"生长"课堂。在语文"活动"生长课的展示中，黄老师向大学生们展示了他长期以来研究的九类活动课型：演讲式教学、课本作文写作、小组合作、读书交流分享、辩论赛、诗词背诵大赛、文学鉴赏活动、颁奖词大赛、故事会大赛。同学们不由得赞叹"眼界大开""原来语文课也可以这么上""原来语文课可以这么活泼、这么有趣"。惊叹之余，同学们也深深敬佩黄老师走在课程改革前沿的勇气与魄力（图12）。

图12　学生们聚精会神地听讲座

尤其是在观看完高二（15）班一场精彩的辩论赛实录课后，同学们纷纷为高二学生能有如此强的辩论能力与组织能力所折服，同时也更加欣赏黄老师用"活动"驱动学生自身生长的良苦用心。做一位语文老师不易，做一位追赶时代潮流的语文老师更难，但黄老师做到了，而且一直在努力做（图13）。

听完黄老师的讲座，华南师范大学文学院的同学们纷纷表示收获颇多，甚至不由得"抱怨"："2小时太短了，我们还想再听呢！"

（撰稿人：吴海）

图 13　课堂中的黄滨老师

4. 落实"新课标",送"宝"进高校——我校黄滨老师应邀到佛山科学技术学院讲学

冬日的暖阳,阳光明媚,气温怡人。2018 年 11 月 28 日下午,顺德区第一中学黄滨老师应邀到佛山科学技术学院人文与教育学院,给该校的教育硕士研究生做"改变,会让你变得更优秀"的学术报告讲座(图 14)。

图 14　黄滨老师应邀到佛山科学技术学院人文与教育学院做讲座

附：语文活动课的辐射与影响

　　如何在教学中体现学科核心素养，这是"新课标"提出的新要求。黄老师首先从一节普通的写作课——"立德树人"颁奖词大赛说起，并讲述了他对语文学科教学的认识：语文在活动中生长。

　　接着，黄老师从"为什么学—学什么—怎么学"几个方面入手，分享了他的语文活动课教改课例。语言建构与应用、实践活动形式、思维与审美、传统和现代……这本是一个个让人看起来晦涩难懂的词语，但在黄老师妙语连珠的讲解中，它们都乖乖地揭开了神秘的面纱。而对于剖析高考成语复习课例——如何让成语"复活"，同学们更是听得津津有味，大呼妙极。

　　黄老师对语文的理解是独特的。作为一名语文教师，培养学生的能力和素养是第一位的；我们要以学生为本，素质教育在课堂。他勇于改变的精神感染了在场的每一位学生。

　　讲座结束之际，研究生们踊跃向黄老师请教实施创新教学的方法，现场气氛十分活跃（图15）。而黄老师也就同学们的提问一一举例解答，在场学生受益匪浅（图16）。

图15　黄滨老师与学生近距离交流

图16　黄滨老师与部分教育硕士研究生合影留念

据悉,黄滨老师早被聘为佛山科学技术学院客座副教授,此次是其在该校的系列讲座之一。

（撰稿人：陈泽锋）

5."经典,在'活动'中传颂"——记我校黄滨老师为南粤大学生做专题讲座

2019年5月25日下午,顺德区第一中学黄滨老师应广东省教育厅语言文字工作委员会之邀,赴东莞职业技术学院为南粤大学生做主题为"经典在活动中永流传"的专题讲座。

这次讲座从属于以"推普脱贫攻坚暨经典诵读乡村行"为主题的2019年南粤大学生暑期社会实践培训会（图17）。与会学生主要是来自华南师范大学、广东外语外贸大学、广州中医药大学、韩山师范学院等七校学习队伍的队长；会上邀请了广东省教育厅朱建华、张毅、张文跃、罗琼等多位领导,还有来自华南师范大学等高校的张舸、丁璇、董光柱等多名专家教授。这是一次级别与规模都相对可观的培训活动,而我校黄滨老师是此次活动中唯一一位被特聘为讲座嘉宾与培训专家的高中教师。

讲座中,黄滨老师先解释了"何为经典"并分析了其特点,接着通过回顾"新课标"关于"语文核心素养"与"经典"的描述,归纳出真实语境中的语言运用与"学生活动"对于传承经典、培养语文核心素养的重要作用,从课标与理论的高度得到了一个相对宏观的全局视野。黄老师从实践的角度切

图17　2019年南粤大学生暑期社会实践培训会

入,结合自身教学与现场实录详细介绍了如何在课堂与舞台上以学生"活动"的形式传承经典。录像中,学生按要求自编自演的《红楼网购》等剧将原本枯燥的成语复习课变得精彩纷呈,令人印象深刻,充分呈现了课堂活动及其设计的显著效果。而在顺德一中"朗读者"决赛视频中,学生对《目送》等篇目的深情诵读与演绎更是深深触动了所有在场的听众,"活动"所带来的对经典传承的作用与效果也再度不言而喻(图18)。

图18　黄滨老师正在做讲座

综观整堂讲座，内容翔实、深入浅出，充分展现了黄滨老师对语文教育的深入思考与深刻理解，具有极强的理论启发与实践指导意义，因而也受到了与会专家与领导的一致好评。

（摄影、撰稿：吴　维　审核：关晔姬）

### 三、"活动式"教学活跃在中学

"活动式"教学在大学开讲之后，引起了广泛的"示范"效应，不少中学教师慕名前来学习。有时，黄滨老师也应邀到其他中学进行讲座（图19～图24）。

图19　2016年9月，黄滨老师为台山市57位骨干教师示范"活动式"教学《鸿门宴》课例

图20　同学非常投入地讨论

附：语文活动课的辐射与影响

图21　2017年4月,《杜甫诗歌专题研究》"活动式"教学在广东广雅中学开展,黄滨老师用书法作品激励优秀小组

图22　2018年12月,黄滨老师为全省教师展示《复活成语,生长复习》"活动式"教学课

图23　2019年3月，黄滨老师在西江中学讲座
《在"活动式"教学中，我怎么办?》

图24　2019年4月，黄滨老师为全市教师展示
《千古文章"意"最高》"活动式"教学

## 四、2019届学生高考成绩

三年来，参与语文活动课教改实验班全体同学2019年高考语文成绩如下：

| | | | | | |
|---|---|---|---|---|---|
| 林珈禧 | 134 | 黄咏欣 | 125 | 梁晓彤 | 122 |
| 何乐轩 | 132 | 谢家曦 | 125 | 卞卓尧 | 122 |
| 麦柏仪 | 131 | 张慧恬 | 125 | 蒙泽锋 | 122 |
| 李新怡 | 130 | 张煜琪 | 124 | 徐 非 | 122 |
| 李思晴 | 129 | 余彤茵 | 124 | 易 雯 | 121 |
| 徐文怡 | 129 | 黄慧玲 | 124 | 茹竹君 | 120 |
| 杨泽正 | 129 | 李敏然 | 124 | 黄蕴禧 | 119 |
| 谢姗姗 | 128 | 林紫敏 | 124 | 张燊巨 | 119 |
| 彭伟昊 | 128 | 左嘉淇 | 124 | 杨雪儿 | 118 |
| 何荣诗 | 127 | 冯晓茵 | 123 | 程引葵 | 118 |
| 刘禧韵 | 126 | 李 悦 | 123 | 周芷璇 | 118 |
| 方 宁 | 125 | 黄润基 | 123 | 吴嘉文 | 117 |
| 何 洋 | 125 | 梁思诺 | 123 | 吴梓琦 | 116 |
| 李祉彦 | 122 | | | | |

# 参 考 文 献

## 一、著作

[1] 中华人民共和国教育部．普通高中语文课程标准（2017年版）[S]．北京：人民教育出版社，2018．

[2] 余文森．核心素养导向的课题教学[M]．上海：上海教育出版社，2017．

[3] 荣维东．语文文本解读实用教程[M]．北京：北京大学出版社，2016．

[4] 杨斌．教育美十讲[M]．上海：华东师范大学出版社，2016．

[5] 孟晓东．用生长定义教育[M]．江苏：江苏凤凰教育出版社，2016．

[6] 黄滨．点燃希望的火种[M]．香港：中国评论学术出版社，2005．

[7] 黄滨．课本作文[M]．香港：中国评论学术出版社，2007．

[8] 佐藤学．静悄悄的革命[M]．李季湄，译．长春：长春出版社，2003．

[9] 钟启泉，催允漷．新课程的理念与创新：师范生读本[M]．北京：高等教育出版社，2003．

[10] 广西教育学院．知行合一 爱满天下[M]．广西：广西科学技术出版社，2018．

[11] 佐藤学．教师花传书：专家型教师的成长[M]．上海：华东师范大学出版社，2016（8）

## 二、论文

[1] 叶澜．一节好课的标准[J]．中小学教育教学，2014（6）．

[2] 钟启泉．从"知识本位"转向"素养本位"[N]．中国教育报，2017（11）．

[3] 翟小宁．培养人才是教育的使命，关怀生命是教育的原点[J]．当代教育论坛，2006（13）．

[4] 彭小明．语文"活动式"教学：建构现代语文教学的新模式[J]．语文建

设，2007（5）.
[5] 彭玉华. 活动教学法初探：语文课堂活动的预设路径和生成策略［J］.中小学教师培训，2017（3）.
[6] 陈鹏录. 反思语文课堂中的伪活动［J］.语文建设，2014（3）.
[7] 陈宝生. 努力办好人民满意的教育［N］.人民日报，2017-09-08.
[8] 邢香英. 语文活动设计初探［J］.中国教育学刊杂志，2012（2）.
[9] 刘力. 皮亚杰的活动教学理论及启示［J］.外国教育资料，1992（4）.
[10] 张金运，张立昌. 基于文化素养养成的课程知识理解［J］.课程与教学，2017（1）.
[11] 罗婉文. 试论皮亚杰的活动教学理论对活动课程建设的启示［J］.广西师范大学学报，1999（6）.
[12] 黄滨，林柔莹. 高中课本作文教学模式实践探究［J］.语文建设，2018（3）.
[13] 黄滨. 合作式教学在文言文基础知识教学中的实践运用［J］.语文课内外，2018（8）.
[14] 黄滨."活动"生长着道德的力量［J］.语文月刊，2018（10）.
[15] 黄滨. 在"构建与运用"活动中彰显成语教学的智慧生成［J］.中学语文教学参考，2019（3）.
[16] 黄滨. 指向"深度学习"的语文活动课［J］.中学语文教学参考，2019（9）.
[17] 麻庭富."互联网+"视域下的阅读教学实践［J］.中学语文教学参考，2019（3）.
[18] 姜勇军. 相思一点为那般［J］.语文教学与研究，2016（6）.
[19] 崔友兴. 基于核心素养培养的深度学习［J］.课程·教材·教法，2019（2）.
[20] 彭茜，王本陆. 我国70年师生教学关系研究的主题分析［J］.课程·教材·教法，2019（2）.

# 后　记

　　当看着满桌散乱的书稿将要变成 30 万字的新书时，我还真有点"春蚕吐丝、蜡烛照明"的感慨。就像完成第一本、第二本书一样，我蛰伏了两个月，寂寞了 60 天。本是一个可以用来"浪掷"的假期，却为了那心中的美好和不改的初心，硬是"躲进小楼"坚守付出。一路走来，虽然有艰辛、有痛苦、有煎熬，但更多的是收获与感谢。

　　感谢我的工作单位——佛山市顺德区第一中学，是一中人性化的管理环境、先进的教学理念给了我成长的空间。

　　感谢我的学生，是你们的聪慧与机敏激发了我的教学智慧，提升了我的教学品位。

　　感谢以姜勇军为代表的语文科组同仁，是战友们的鼓励与帮助让我不畏艰辛、奋勇前行。

　　感谢以林柔莹为代表的年轻教师为我课题的申报做出的无私奉献。

　　感谢华南师范大学文学院李金涛、周小蓬、王萍等教授以及董光柱老师对我的悉心指导和无私关爱。

　　感谢广东省教育厅语言文字工作委委员会，华南师范大学、佛山科学技术学院、广雅中学、罗定中学、西江中学等部门单位的盛情邀请。是你们让我不断走向成熟，是你们让我感受到了"活动"的力量。

　　感谢我的妻子，是你为我解决生活上的后顾之忧，使我全身心地投入工作。

　　要感谢的人还有很多很多，在此不能一一列举，但我都铭记于心！

　　或许，你会笑我，又不是评上什么优秀，又不是中什么大奖，有什么值得左感谢右感谢的。恰巧相反，正因为不是被评上的，这样的感谢才不带功利性，才最真实、最肺腑。

　　最后，要感谢自己三十年如一日的坚守，不忘初心、甘于清贫，始终保持对教学工作的高度热情和对教学改革的孜孜追求。虽没有金杯银杯，但有学生"素养之师"[1]的口碑；虽没有功成名就，但有芬芳满园的天下桃李……每一点进步，都是心血和汗水的浇灌；每一次蜕变，都伴随着辗转与失眠的煎熬。十

# 后　记

　　五年教改的孤独前行，成就了我今天的倔强；学生素养的不断提升，坚定了我教改的信念。三十年教书生涯凝结成的活动"三部曲"[②]，让我欣慰、让我感动，虽然只是星星之火，但它足以点亮我的教学人生。

　　今天的点滴进步离不开顺德一中这一广阔的舞台，我要好好地把握平台的影响力，充实自己、精进自己、成长自己。因为我知道，只有在自己的专业领域持续地深耕下去，才能变得足够强大、足够优秀，也只有这样，才不辜负"顺德一中"这一响当当的名号！

　　新书由构想到成书，整整花了两年的时间。在写作准备的过程中，查阅了大量的图书资料，做了翔实的素材储备，对稿件进行了反复的推敲与修改，但由于本人水平有限，书中难免有错漏之处，希望广大读者批评指正。

注明：

①"素养之师，人生之师"是2019届高三（15）班学生给我的赞誉。

②"三部曲"指《点燃希望的火种》《课本作文》《语文在活动中生长》三部教改著作。

作者于2019年7月2日晚12点